# 矿山生产技术管理

主编　章庆松

北　京
冶　金　工　业　出　版　社
2013

## 内容简介

本书坚持实用性强的原则，从现场技术管理的实际出发，突出可执行性和可操作性。本书主要包括矿山地质技术管理、矿山测量技术管理、采矿技术管理、选冶技术管理和设备技术管理等内容，旨在提高生产矿山技术管理水平，实现生产现场管理科学化、规范化和系统化。

本书可供从事生产矿山地质、测量、采矿、选冶、设备等专业技术管理的人员和相关从业人员参考使用。

**图书在版编目(CIP)数据**

矿山生产技术管理/章庆松主编．—北京：冶金工业出版社，2013.3

ISBN 978-7-5024-6217-8

Ⅰ.①矿…　Ⅱ.①章…　Ⅲ.①矿业—工业企业管理—生产管理　Ⅳ.①F407.162

中国版本图书馆CIP数据核字(2013)第047223号

出版人　谭学余
地　　址　北京北河沿大街嵩祝院北巷39号，邮编100009
电　　话　(010)64027926　电子信箱　yjcbs@cnmip.com.cn
责任编辑　刘小峰　美术编辑　彭子赫　版式设计　孙跃红
责任校对　禹　蕊　责任印制　张祺鑫
ISBN 978-7-5024-6217-8
冶金工业出版社出版发行；各地新华书店经销；北京百善印刷厂印刷
2013年3月第1版，2013年3月第1次印刷
787mm×1092mm　1/16；16.5印张；325千字；248页
**45.00元**

**冶金工业出版社投稿电话：(010)64027932　投稿信箱：tougao@cnmip.com.cn**
**冶金工业出版社发行部　电话：(010)64044283　传真：(010)64027893**
**冶金书店　地址：北京东四西大街46号(100010)　电话：(010)65289081(兼传真)**

# 编　写　人　员


**主　　编**　章庆松

**编写人员**　章庆松　王　石　李希明　黄绍峰　关士良

邵银生　胡小龙　李青云　何红选　陈国良

刘应国　陈　冬　李志国　高淑华　金志伟

宋少华　刘云华

# 前 言

为了加强生产矿山企业技术管理工作，提高技术管理水平，实现生产现场管理科学化、规范化和系统化，我们组织编写了《矿山生产技术管理》一书，主要面向生产矿山地质、测量、采矿、选冶、设备等专业技术管理。

本书坚持实用性强的原则，从现场技术管理的实际出发，突出可执行和可操作性。以相关国家规范、行业规范为依据，并归纳吸收了生产第一线有丰富实践经验的技术管理人员和设计院、研究院、大学的专家教授的宝贵意见。本书在广泛征求意见的基础上，经过反复讨论、修改和完善，最终经审查定稿。

本书内容有5章，总篇幅30余万字。包括矿山地质技术管理、矿山测量技术管理、采矿技术管理、选冶技术管理、设备技术管理。

本书的主要编写人员由章庆松、王石、李希明、黄绍峰、关士良、邵银生、胡小龙、李青云、何红选、陈国良、刘应国、陈冬、李志国、高淑华、金志伟、宋少华、刘云华等组成。本书在编写过程中，湖北三鑫金铜股份有限公司、内蒙古包头鑫达黄金矿业有限责任公司、长春黄金研究院等给予了很大支持，李鹏、叶建武、孙豁然、张宝仁、杨培兴、杨春福、赵晓峰、陶波、李平、刘成平、李伟、柏广善、赵和平等地质、测量、采矿、选冶、设备专家参加了审稿，他们为本书提出了许多宝贵意见，我们已将其一一纳入书中。

由于编写时间较为仓促，难免会有疏漏和不足之处，请广大专家和读者批评指正。

编 者

2012年12月

# 目　录

# 第一章　矿山地质技术管理

## 第一节　概　述

矿山地质技术管理是在矿山开采过程中继续对矿床进行勘探和研究，并进行生产管理的地质工作，包括生产勘探、矿山地质勘探和矿山开采过程的地质管理工作。矿山地质工作是从矿山建设、矿山开采到关闭（闭坑、闭矿）的全过程的地质工作。

### 一、矿山地质工作的内容

矿山地质工作的基本任务是为矿山的生产和建设服务，主要包括：

（1）利用探矿及采矿坑道，深入细致地研究矿体产状、矿石质量及影响采矿的地质条件，以提高对矿产储量的控制程度，及时掌握储量变动情况，保证采掘计划均衡进行。

（2）指导采掘工作，参与探、采工程的施工管理与验收。

（3）矿山资源的合理开采和利用，测定及检查矿石的损失与贫化，检查、验收矿石的质量和产量，以及伴生有益组分的回收利用等。

（4）开展矿山深部和外围探矿，为扩大矿山的生产能力或延长生产年限，增补所需要的矿产储量。

（5）及时解决水文地质、工程地质（如边坡稳定、采空区塌陷）等影响矿山安全生产的各种地质问题。

（6）充分利用矿山生产所提供的丰富资料及有利条件，进行矿床地质理论等方面的研究。

矿山地质工作的要求主要有：

（1）开展矿山基建勘探、生产勘探和矿山地质勘探工作。

（2）及时进行全部探采工程原始地质编录，通过室内整理、现场复查和综合研究，完成矿山必备的图纸、报表及文字等综合地质工作，为矿山生产及时提供所需要的地质资料。

（3）及时进行各种取样、样品加工、测试和分析成果的检验工作，研究矿石质量特征及技术加工性质，进行矿石物质成分的综合查定和综合评价，为进行资源/储量估算和指导采、选生产提供依据。

(4) 严格按工业指标和矿床地质特征进行矿体的圈定和连接，正确确定和求得资源/储量估算的各项参数，定期进行资源/储量估算，掌握矿产资源的保有和变动状况。

(5) 随着采掘（剥）工程的进展，根据地质编录和地质取样成果，及时修改地质资料和勘察设计。定期开展储量升级工作。定期进行采场二次圈定工作，做好地质技术管理，指导探采作业。

(6) 会同有关专业进行矿产开采损失与贫化的计算和管理、分析并提出改进措施；掌握落矿和出矿的综合损失与贫化状况；配合有关专业和部门进行采矿、出矿及副产矿石的质量管理工作。对矿山合理利用资源和矿产开采损失与贫化进行检查监督，对非正常矿产损失会同有关专业尽快提出报告，报请上级主管部门和矿产管理部门予以审查核销。

(7) 开展探采对比和矿床地质经济研究工作，不断提高探采的技术经济效益。

生产矿山探矿方法、手段和技术要求执行相关矿种地质勘察规范：

(1) 槽探、井探主要用于系统控制矿体在地表及近地表浅部的实际位置，揭露地表重要的地质界线。控制矿体的工程要揭露其顶底板，必要时可用沿脉探槽。对覆盖层较厚或氧化带较深的矿体，槽探、井探难以达到目的时须用浅钻代替。

(2) 坑探是地下开采矿山主要的勘探手段。控制矿体走向和厚度的变化多采用沿脉和穿脉；控制矿体沿倾斜方向的变化，多采用天井及辅穿或副中段。坑探工程质量按《地质勘察坑探规程》执行。

(3) 钻探是地质勘察阶段主要手段之一，用于检验物、化探异常，控制矿体延深、延长范围，探获资源/储量。钻探工程质量按《地质调查岩心钻探规程》执行。矿心及 3 ~ 5m 内围岩的平均岩心采取率应不小于 80%。厚大矿体内部矿心采取率低于 80% 的连续长度不能超过 5m，否则应采取补救措施。围岩岩心的分层平均采取率一般应达到 70% 以上。进出矿体应测顶角、方位角和丈量孔深。

矿山坑内岩心钻，一般用于代替部分探矿坑道，加密控制矿体边界及探寻平行矿体，也可用于指导坑道掘进。

## 二、矿山地质编录的总体要求

矿山地质编录可分为原始地质编录和综合地质编录两大类。

(1) 生产矿山要按生产矿山原始地质编录内容及技术要求，对各类探矿工程（槽探、钻探、坑探）、开拓和采准工程、硐室、采场分层等进行原始地质编录。

生产矿山的原始地质编录必须建立统一格式、统一展开式、统一比例尺、统一图例，做到规范化、标准化。

(2) 生产矿山要按生产矿山综合地质编录内容及技术要求进行综合地质编录。综合地质编录一般包括综合地质图件、地质报告、各种综合分析、计算表格数据等。其中，综合地质图件可分为矿区总体综合地质图件、开采管理生产性综合地质图件、矿块综合地质图件、综合研究地质图件等四大类。

生产矿山对每类综合地质图件，要统一图幅、比例尺、图例，做到标准化、规范化。既要有数字化图件，也要有至少一套纸质分幅图，供综合分析、研究、指导生产、编制设计计划等，并随工程进展及时修订。

生产采掘、探矿工程均应进行地质编录，并绘制相应图件。地质编录必须严格执行有关规范的要求。原始地质编录要在现场进行，应及时、准确、客观、齐全；综合地质编录要运用新理论、新方法，全面、深入地分析研究，总结成矿规律。凡地质资源/储量估算、变动、重评、核销，均编制原始和综合图件。

矿山生产企业要建立地质编录原始资料档案，各种手绘图件要符合相关规范要求，地质图件和相关资料要数字化。

## 三、生产矿山原始地质编录

### （一）生产矿山地质测量资料要求

各矿山应具备完整的测绘资料，以全面反映矿区地形、地物、采掘（剥）工程和矿床地质情况等矿山测量原始记录和矿山测量成果计算资料，满足矿山生产建设的需要。

#### 1. 原始记录

地下开采矿山测量原始记录主要有：

（1）平面控制测量、高程测量和地形测量记录簿；

（2）近井点和井上、下联系测量记录簿；

（3）井筒及提升设备等标定和检查记录簿；

（4）井下经纬仪导线及水准测量记录簿；

（5）罗盘测量和细部测量记录簿；

（6）井下各种采掘工程的验收记录簿；

（7）各种设计工程的标设测量记录簿；

（8）重要贯通测量记录簿；

（9）地面工程的施工测量记录簿。

露天矿测量原始记录主要有：

（1）基本控制网点测量记录簿；

（2）工程控制网点测量记录簿；

（3）视距测量、支距测量记录簿；

（4）储矿场实存量测量记录簿；

（5）各项工程施工测量记录簿；

(6) 采掘、勘探、排水等井巷测量记录簿。

地下开采矿山测量成果计算资料主要有：

(1) 矿区基本控制和加密点的计算资料；

(2) 地形测量图根点及水准点的计算资料；

(3) 近井点及井上、井下联系测量的计算资料；

(4) 经纬仪导线和水准测量计算资料，罗盘仪测量计算资料；

(5) 重要贯通测量的设计书及贯通测量计算和总结等资料；

(6) 井筒中心、十字中心点、井下永久控制点和重要技术边界点的平面坐标和高程，竖井提升中心线、斜井井口、平巷中心线的坐标和方位角以及井筒深度、斜井长度和坡度等资料应分别记入专门台账；

(7) 井上、井下各种施工测量和标定工作的计算资料。

露天矿测量成果计算资料主要有：

(1) 基本控制网点的计算资料和成果表；

(2) 工程控制网点的计算资料和成果表；

(3) 剥离量和采出矿量计算簿；

(4) 各项工程施工测量专用计算簿；

(5) 采掘、勘探、排水等井巷测量计算资料。

原始记录要求：

(1) 各种原始记录要使用正规记录本；封面应有名称、编号、测量单位和启用日期；册内应有目录、页码、地点、测量者、记录者、仪器型号、测量日期、天气、温度；封底填明使用页数、截止日期。

(2) 原始记录一律以铅笔填写，书写端正清晰，填写齐全。记录计算的修改以及观测结果的淘汰，禁止擦拭、涂改与刮补。应将错误数字划以横线，再将正确的数字写在原数字的上方。原始记录内容应在现场完成，不得在室内填改。

(3) 各种计算资料应统一装订成册，编好目录和页码，附必要的说明及示意图。所有原始记录手簿、计算资料和成果编录资料，必须经过严格检查后方能提供使用。成果转抄，须经两人核对，并经技术负责人审查。

2. 矿山必备的原图和专用图等矿山测量图

地下开采矿山原图包括：

(1) 矿区总平面图（比例尺：1∶1000 ~ 1∶10000）；

(2) 矿区地形图（比例尺：1∶1000 ~ 1∶2000）；

(3) 矿区历次购地平面图；

(4) 中段平面图（比例尺：1∶200 ~ 1∶1000）；

(5) 矿井纵、横剖面图（比例尺：1∶200 ~ 1∶500）；

（6）采场图册（比例尺：1∶200 ～1∶500）；

（7）硐室工程图册（比例尺：1∶200 ～1∶500）；

（8）工业场地平面图（比例尺：1∶500 ～1∶1000）。

地下开采矿山专用图包括：

（1）矿区分幅图；

（2）坑内、外对照图（比例尺：1∶1000 ～1∶2000）；

（3）井筒断面图（比例尺：1∶200 ～1∶500）；

（4）采掘工程纵投影图和水平投影图（比例尺：1∶200 ～1∶500）；

（5）重要贯通工程图（比例尺：1∶1000 ～1∶2000）；

（6）地表控制网分布图（比例尺：1∶5000 ～1∶10000）；

（7）矿产开采损失与贫化计算图（比例尺：1∶200 ～1∶1000）；

（8）根据需要绘制的其他专用图件，如岩石移动观测平面图，岩石移动观测成果图；采空区、陷落区、充填区平面图、剖面图和纵投影图等。

露天开采矿山原图包括：

（1）矿区总平面图（比例尺：1∶2000 ～1∶10000）；

（2）矿区地形图（比例尺：1∶1000 ～1∶2000）；

（3）阶段综合平面图和剖面图（比例尺：1∶500 ～1∶1000）；

（4）矿区历次购地平面图；

（5）排土场平面图（比例尺：1∶500 ～1∶1000）；

（6）采剥验收平剖面图（比例尺：1∶500 ～1∶1000）。

露天开采矿山专用图包括：

（1）矿区分幅图（比例尺：1∶2000 ～1∶5000）；

（2）防水、排水工程平面图和剖面图（比例尺：1∶500 ～1∶1000）；

（3）矿产开采损失与贫化计算图（比例尺：1∶500 ～1∶10000）；

（4）根据需要绘制的其他图纸。

测量原图是矿山最基本的技术资料。生产矿山要及时绘制原图和数字化。

3. 其他由测量专业建立的台账

其他由测量专业建立的台账包括：

矿山生产矿量计算资料及台账，矿石贫化和损失计算资料，采场分层施测图（比例尺1∶200），贫化率、损失率计算台账；矿块及开采总贫化率、总损失率计算台账、存窿矿量登记及统计台账，副产矿石记录及统计台账，外购矿量记录及统计台账等。

### （二）生产矿山原始地质编录内容及技术要求

1. 原始地质编录资料的内容

各生产矿山要建立原始地质技术资料档案，妥善保管原始地质编录资料。原始地质编录资料应包括现场地质编录记录簿、图表资料、文字资料、标本实物资料等方面的内容。主要有：

(1) 探矿工程（槽探、浅井、坑探、钻探等）原始地质素描图和柱状图，所有成型的采掘（剥）工程（平巷、天井、上山、下山、硐室等）的原始地质素描图；

(2) 实测地质剖面图，露头地质素描图；

(3) 采场地质编录图册；

(4) 野外、井下地质工作手簿；

(5) 矿山地质综合研究和地质试验的原始资料，矿岩物理力学性质测定记录及成果换算表；

(6) 各种取样、加工、化验、登记表及成果计算表，标本及实物资料登记统计表；

(7) 水文地质观测记录簿及其计算表；

(8) 单项工程或矿块平均品位、厚度、面积等储量计算参数计算表；

(9) 岩矿鉴定成果、岩矿湿度测定，同位素地质及地质力学模拟实验等测试结果及计算资料；

(10) 地质标本及实物资料有矿区地层、岩石、矿物、矿石、古生物、重砂等系统标本；化学分析副样、矿（岩）心。有条件的矿山应建立标本陈列室。

2. 坑探及采掘（剥）工程原始地质编录技术要求

(1) 原始地质素描图的比例尺以能全面、准确地表示地质现象为准，根据矿床的具体条件，可采用1∶50、1∶100、1∶200的比例尺。特殊地质现象，应附局部放大的地质素描图。

(2) 原始地质编录图件，应采用一定图式或卡片形式，按统一图例，统一展开式，统一比例尺，进行野外素描。每一素描图幅或卡片应有工程名称、测点位置、起点与终点坐标、素描基线方向和倾角、基线长度、比例尺、文字描述、简易水文地质观测记述、地质取样位置及样品编号、标本采集地点、素描日期、责任表等。

(3) 原始地质编录描述内容一般包括：岩性描述（岩石名称、颜色、结构、构造、矿物成分、地层层位、蚀变类型及产状要素等），构造描述（褶皱、断层、节理、劈理等特征、产状要素、构造性质、断距、角砾及胶结物特征等），矿体/脉描述（矿体/脉的形态、产状要素、矿物成分、矿石构造、矿化类型及特征等）。

(4) 素描图的形式。根据地质条件的复杂程度和矿体（脉）的产出形态，分别采用三（四）壁、一顶一壁素描覆压式或外展式或单顶单壁素描，以及掌子面素描。

(5) 凡经采掘工程所揭露的一切地质现象和采掘工程形状，一律采用现场实测，现场作图和文字记述，不得臆造和目估。要求线条均匀，术语一致，文字清晰。现场工作完毕时，应进行检查核对，发现问题，及时纠正。

原始地质编录应随工程进度进行，一般以不落后于掘进掌子面15m为宜，当工程竣工时，原始地质编录也随之完成。采场一般要求每推进（上采）5m编录一次，露天采场应随堑沟和采剥工作面的推进及时作原始地质编录。

（6）原始地质编录的内业整理一般应在当天完成。

首先要检查素描和记述是否齐全、准确，然后清绘并上墨或着色，野外原始编录因破损、玷污需要复制时，复制者对复制条件必须经过详细校对、无误。

野外编录所代表的实际长度，以工程测量成果为准，其累计误差不得超过1%～2%。在允差范围内应进行平差，超差时，应重新编录。

3. 样品的采集、分析与测试

基本分析样品采集：

（1）矿山应有专人负责管理取样、加工工作。要配置取样人员。建立样品加工室，及时准确地完成地质取样和样品加工任务。

（2）在各类探矿工程中要按矿化程度、矿化类型、岩性、围岩蚀变、地质构造等分段取样，样品要连续，要有代表性。

（3）槽探、井探、坑探工程中通常采用刻槽法取样。

1）采样样长可参考矿体的最小可采厚度，一般为0.8～1.6m。极薄矿脉用（小）剥层法采样，但样品质量要达到化验要求。

2）样槽断面规格：岩金矿为(10cm×3cm)～(10cm×5cm)；铜、铅、锌、镍、钼矿为5cm×3cm或10cm×3cm；银矿10cm×3cm或10cm×5cm；氧化矿石中品位变化较大者还可采用15cm×5cm。其他矿种执行相应规范。

3）穿脉坑道一般在一壁腰线连续取样。矿化不均匀的可在两壁取样，合并计算平均厚度、品位。沿脉坑道在掌子面或顶板取样，样品的走向间距应视矿化变化的情况而定：岩金矿一般为2～4m，变化不大时可放稀至6～8m；铜、铅、锌、银、镍、钼矿床一般为6～8m。

（4）钻孔取样原则上要求全岩心取样。对研究程度高、矿岩界限清楚的矿床，取样范围可视具体情况而定，但一定要在矿体两侧围岩中采取一定数量的样品。岩（矿）心取样应沿其岩（矿）心长轴方向切取一半作为基本分析样。对不同回次岩（矿）心、孔径发生变化，采取率相差太大的要分别采样。矿山坑内岩心钻必须全心采样。

（5）岩心是重要的地质资料。各生产矿山要有专门的岩心库，以妥善保管岩心。岩心的保管和管理执行《地质勘察钻探岩矿心管理通则》(DZ/T 0032—92)。副样保存执行《地质矿产实验室测试质量管理规范》(DZ/T 0130.16—2006)。

物相分析样品：为研究矿床自然分带，应自地表至原生带上部，在各个勘探线按一定的间距进行分别采样，或从相近位置上的基本分析副样中抽取，进行物相分析。

分析项目执行各类矿床相应勘察规范，包括各类矿床矿化主元素含量、硫化态与氧化态含量等。

根据勘察工作程度、矿山生产阶段的不同，按不同的地质工作要求，矿山还要进行相应的光谱全分析、化学全分析、组合分析等测试工作。不同测试目的所需要的样品采集工作，按相关规范执行。

样品测试：

（1）样品分析测试应由国家或省级资质和计量认证的测试单位，或由生产单位自己承担。

（2）化学分析的内、外检。

1）基本分析、组合分析、物相分析的结果要按要求进行内、外检。

2）内检样品由副样中按原分析样品总数的7%～10%抽取，编出密码后送原分析实验室进行复测，合格率要求达95%；外检样品数量为基本分析样品数量的3%～5%，最低不少于30件，送往国家或省级资质和计量认证的测试单位测试，合格率要求达到90%。

3）生产矿山的内、外检工作每季度进行一次。出现内、外检不合格时，要及时查找原因，重新采集相应样品，改进化验工艺流程。

4. 原始地质编录的整理与保管

原始地质编录应在整理后按工程或区段分类，分别妥善存放。工程竣工后，分别整理装订成册或装袋，在封面上注明工程名称、整理日期、整理者，扉页应附目录索引和图例、符号等。

地质测量机构的领导和技术负责人，应经常深入现场指导检查，发现原始地质编录不符合要求时，应督促改正，并对原始编录成果负责。

## 四、生产矿山综合地质编录

综合地质编录是矿山日常地质工作的主要任务之一。综合地质图件的编制工作应及时、正确地反映矿山揭露的地质现象，以满足勘探和开采设计、采掘计划编制、贫化与损失计算和指导生产的需要。同时，也为地质科学研究积累资料。综合地质编录工作要求图件齐全，内容全面正确，图面整洁美观。

（一）综合地质图件

矿山必须具备的基本综合地质图件：

（1）矿田（区）地形地质图（比例尺：1∶5000～1∶10000）；

（2）矿床（体）地形地质图（比例尺：1∶1000～1∶2000）；

（3）勘探线地质剖面图（比例尺：1∶500，1∶1000，1∶2000）；

（4）矿脉（体）垂直纵投影图或水平投影图（比例尺：1∶500～1∶1000）；

（5）中段（露采阶段）地质平面图（比例尺：1∶500～1∶1000）；

（6）缓倾斜矿体顶底板等高线图（比例尺：1∶500，1∶1000，1∶2000）；

（7）矿体样品分布及矿体圈定图（比例尺：1∶200，1∶500，1∶1000）；

（8）露采穿孔取样平面图（比例尺：1∶500）；

（9）开采矿块地质图（中段坑道地质平面图、天井剖面图、辅穿地质平面图、矿块矿体纵投影图）（比例尺：1∶200～1∶500）；

（10）储量计算图（比例尺：1∶200～1∶1000）；

（11）矿区（床）水文地质图（比例尺：1∶1000～1∶2000）；

（12）坑道水文地质平面图（比例尺：1∶500～1∶1000）；

（13）专题研究或专项设计等图件。

（二）综合地质表格和文字资料

矿山必须建立下列综合地质表格和文字资料：

（1）矿块储量计算表及变动表；

（2）矿体（脉）、坑口（中段）、矿区储量统计表、变动表、储量平衡表、累计探明储量计算表及汇总台账；

（3）勘探工程完成情况统计表；

（4）钻探工程成果表；

（5）矿产损失与贫化计算统计表、核销的损失储量统计表、副产矿量统计表及台账；

（6）矿区（矿段）勘探报告（附图、附表、附件齐全）；

（7）水文地质、工程地质、环境地质、岩矿鉴定、矿岩物理力学性质测试等专题技术总结报告（附图、附件齐全）；

（8）地质科研报告等资料。

（三）综合地质编录资料的整理与保管

综合地质编录资料应分类整理并编号，表格可采用活页式，随时装订成册，封面注明资料名称，扉页附目录和说明等。

随着矿山勘探、采掘（剥）工程的进展，应及时或定期对综合地质图件进行填绘、修改和补充。

地测部门的领导和技术负责人应组织、领导综合地质编录工作；指导、检查综合地质图件、资料的编制；并对综合地质编录成果负责。

## 第二节 生产勘探

生产勘探是地质勘探及基建勘探的继续，其工作目的包括：

（1）提高资源储量可靠程度，逐步进行资源储量类型探矿升级，为矿山中段开拓、矿块采准采矿设计、编制采掘计划、指导施工和生产提供依据。

（2）充分利用采准采矿工程，对矿体进行二次圈定，更好地指导采矿，减少矿石的贫化、损失。

（3）做好探采对比、总结成矿规律，为深部和矿区外围找矿提供依据。

生产勘探的工程手段与地质勘探基本相同，各矿山可根据实际情况选用适合本矿山实用的工程手段。地下开采矿山要发挥好坑内钻和中深孔凿岩设备的作用，做到以坑探为主，坑钻结合。

生产勘探工程总体布置必须与生产采矿紧密结合，中段的生产探矿与开拓紧密结合，适度超前开拓，矿块的生产探矿与矿块的采准紧密结合，适度超前采准。并体现连续性、灵活性和经济性的原则；工程布置的方式、工程间距的选定均要依据相关矿种的技术规范、要求和矿山的生产实际来确定。

生产勘探设计及其实施计划要纳入同期生产采掘计划，连同预算报集团公司审批后执行。

各矿山对已完成的生产探矿、采准采矿工程必须全面进行地质编录和采样，建立相应记录、台账并定期存档。生产勘探过程中的原始地质编录、综合地质编录，以及样品的采集、加工及化验成果等均依照相关矿种的有关规定执行。

地质资料的综合整理和综合研究工作依照《地质资料综合整理、综合研究规定》(DZ/T 0079—1993）执行。

生产勘探各项工程的施工质量符合《矿山井巷工程施工及验收规范》(GBJ 213—90）及有关工程施工及验收规范的要求。

矿山应建立、保存完整的原始资料和综合资料。建立健全资料室，及时资料归档。地质资料及绘图的标准、规格、图幅、图例、比例尺、责任签等相关信息要统一（所需资料的内容可根据需要自己增加）。

矿山采矿人员和地质人员要紧密配合，根据矿山实际情况和经验，从设计到施工、从开拓、采准到回采的全过程，做好“探采结合”工作。

对生产勘探过程中，如有重大找矿发现，则应纳入生产矿山地质探矿增储的工作范围。

## 第三节 地质探矿增储管理

“地质探矿增储”是指在生产矿山边部、深部及外围进行的，以增加地质资源/储量为主要目的的探矿增储工作。

以储量升级为主的生产探矿不属于探矿增储工作范围。

探矿增储工作的指导思想是：以矿山生产为中心，认真总结成矿和控矿规律，努力降低找矿风险，提高找矿效率，不断增加新的资源/储量，扩大矿山生产规模，延长服务年限。

生产矿山主管部门负责协调、指导、督促和检查生产矿山探矿增储工作，制定探矿增储相关规章制度，对生产矿山的探矿增储项目进行立项审批、设计审查、成果验收等。

生产矿山负责探矿增储项目的设计、实施及工程、技术管理等工作，负责对探矿增储项目工程投资、工期、质量进行控制，并对探矿增储成果负责。

## 一、探矿增储项目的立项及设计

探矿增储项目的立项由生产矿山根据企业发展规划，编制年度探矿增储计划，确定年度探矿增储目标，上报上级预算管理部门。

上级管理部门根据发展规划、投资方向及各生产矿山实际情况，确定各生产矿山年度探矿增储任务，报预算审查批准并下达年度探矿增储目标。

生产矿山根据上级管理部门下达的年度探矿增储目标编制探矿增储项目设计。生产矿山无能力独立编制探矿增储项目设计时，原则上可委托具有乙级以上地质勘察资质的勘察单位进行设计。

承担设计的勘察单位必须具有承担同类项目的工作经历，在近三年取得了良好的业绩，在技术、设备、资金等方面达到相应设计能力。

探矿增储项目的设计内容和质量须符合公司有关地质管理规定、国家地勘行业规范，符合相应地质勘察阶段的基本要求，符合安全环保有关规定；立足于充分利用新技术、新方法，以提高探矿效果、缩短工期和降低探矿风险；做到任务明确、部署合理、方法得当、措施有力、技术可行、经济合理。

探矿增储项目设计内容应根据项目性质（预查、普查、详查、勘探）符合相关规范的要求。设计内容主要包括：项目名称、工作范围及起止时间；以往地质工作研究程度及综合分析；设计目的、任务；靶区选择依据；选用的技术方法、手段；工程布设原则及依据；设计实物工程量（含水、工、环等地质工作）及相应工程技术参数要求和采用的技术规范、规程、标准；施工组织及费用预算；预期成果（含具体要提交的各类地质图件、报告、科研论文和专著，最终成果提交的方式等）；工程质量管理与监控；承担单位和实施单位的基本情况；组织管理及保障措施等。

## 二、探矿增储项目设计审查

生产矿山探矿增储项目设计由上级管理部门组织审查。根据项目性质和审查内容组成审查专家组。专家组对探矿增储项目设计书进行审查后出具审查意见。

探矿增储项目设计审查的主要依据为：相关地质勘察技术标准、规范和规程，财务预算管理规定及财务管理制度等。

探矿增储项目设计审查的主要内容为：设计所依据的基础工作是否完善，工作部署是否正确，技术方法是否科学合理，施工方案是否安全、可行，费用预算是否合适，预期成果是否可靠等。

生产矿山按审查意见完成探矿增储项目设计的修改后，以纸质和电子文档的形式报上级管理部门审批。经批准的设计是探矿增储项目实施、质量监控及其成果评审的主要依据。

经审查、批准的探矿增储项目要纳入生产矿山全面预算管理，未列入生产矿山全面预算的探矿增储项目，不得擅自组织实施。

## 三、探矿增储项目设计的变更

生产矿山须严格按照上级管理部门下达的预算完成探矿增储任务，原则上不得调整，尤其是探矿增储预算。

当地质条件较大变化，需要更改原项目设计的，应及时提出变更事由及变更设计，以文件形式上报上级管理部门。上级管理部门组织审查并批准，审查意见将作为项目设计变更及项目验收的依据。

## 四、探矿增储项目工程管理

探矿增储项目一经审批，生产矿山即可按审批的设计方案组织探矿增储项目工程实施。

探矿增储项目设计者必须深入现场向施工单位人员进行技术交底，明确设计意图。在施工过程中，设计人员应深入施工一线，检查指导，解决施工中的技术问题。

对探矿增储项目工程中的地质填图、工程测设、钻孔施工，坑探掘进编录、样品采集、基本分析、样品加工、化验以及其他工程管理工作和阶段性的工作总结，原则上须由生产矿山承担。

生产矿山对探矿增储项目工程施工无能力独立完成时，可委托给有资质的勘察单位来承担。但化验分析必须由生产矿山委托给获得国家或省级资质和计量认证的单位承担。

生产矿山和地勘单位签订合同书时，要严格约定项目工程承担单位对项目工程的资料及成果的保密并全部移交给生产矿山，不得私自留存，不得以任何方式、任何理由向第三方披露或提供。

生产矿山要把探矿增储项目工程合同纳入生产矿山统一的合同管理范围，做到管理层次清楚、职责明确、程序规范，使合同的签订、履行、考核、纠纷处理都处于有效的控制状态。

生产矿山必须加强探矿增储项目工程的地质技术管理，做好施工监管工作，确保工程、技术以及安全、环保等各方面满足相应的要求，及时掌握探矿工程施工进度及探矿效果。当已揭露的构造、岩性、矿体（矿化）等地质情况与设计意图差别较大时，生产矿山须及时分析原因、提出调整设计或停止工程施工等解决方案，并以文件形式上报上级管理部门审批。

生产矿山要根据国家及所在省（区、市）的有关安全政策，结合各自生产矿山的实际制定相应的安全管理细则，加强安全管理，明确安全责任，确保探矿增储项目工程施工安全。

探矿增储项目工程管理实行项目报告制度。报告分月报、半年报、年报、专报四种形式。第二季度季报与半年报合并编报，第四季度季报与年报合并编报。专报为不定期报告，凡有重要进展或其他特殊情况，须及时报专题报告。

## 五、探矿增储项目工程质量管理

生产矿山的上级管理部门负责探矿增储项目工程质量管理的指导、监督和检查。生产矿山负责各自探矿增储项目工程质量的日常管理，并对工程质量负责。

生产矿山须加强探矿增储项目工程实施过程的质量管理，做好工程质量检查及探矿工程的月验收和单项工程的完工验收工作。将探矿增储项目工程质量管理纳入生产矿山管理的范畴，做到与生产紧密结合，做到“两促进”、“两不误”，确保探矿增储任务的完成。

根据探矿增储项目施工进度，上级管理部门要适时组织检查组或委托生产矿山对工程质量和原始资料进行抽查。

检查组对探矿增储项目工程及原始资料检查结束后，对探矿增储项目工程野外工作质量进行评估，提出检查意见。对不符合质量要求的原始资料，提出修改补充意见；对探矿增储项目工程组织管理、工程质量、工程进度、资金使用等方面出现的问题提出处理意见或建议。

探矿增储项目工程质量及野外原始资料质量检查的基本要求：

（1）上级管理部门负责探矿增储项目工程质量管理的指导、监督和检查，负责对重大质量事故进行查处，以及根据探矿增储项目施工进度，适时组织监审专家或委托生产矿山、有关单位组成检查组，对工程质量和原始资料进行抽查。

（2）生产矿山负责各自探矿增储项目工程质量的日常管理及野外原始资料检查工作的管理、组织与协调，并对工程质量负责。

（3）生产矿山须按照 GB/T 19000 标准的要求，建立完善探增储项目工程质量管理体系，把原始资料的经常性检查工作纳入质量体系运行过程中，并建立严格的质量责任制和检查验收制。

（4）探矿增储项目工程质量及野外原始资料检查以设计书和设计审查意见书为主要依据，以《固体矿产地质勘察规范总则》(GB/T 13908—2002)、《岩金矿地质勘察规范》(DZ/T 0205—2002）和《固体矿产勘察原始地质编录规定》(DZ/T 0078—93）等为主要技术标准。

（5）检查组对探矿增储项目工程质量及野外原始资料检查结束后，提交检查报告或专题报告，如实反映检查的情况。对不符合质量要求的探矿增储项目工程质量及野外原始资料，提出修改补充意见；对存在重大质量问题的原始资料，在查清原因后，写出专题报告，提出处理意见。

（6）生产矿山须将原始资料的检查报告或专题报告等作为技术资料归档保存，并按照检查组提出的意见进行修改、完善后，向上级管理部门提交修改、落实情况的书面报告，上级管理部门将对检查结果予以通报。

（7）探矿增储项目工程质量及野外原始资料质量检查主要内容和基本要求：

1）槽、井、坑探原始地质编录资料质量：工程布置和施工质量达到地质目的；各种地质矿产现象、特征的记录和素描图资料齐全完整、准确，并与实际吻合；样品采集齐全，有代表性，采样方法和规格符合相关要求；采样编录完整、准确无误；样品副样保管完好，注记清晰、无误无漏；对现场编录资料、样品分析测试成果及时进行整理，并及时提交有关原始资料；检、抽查及问题处理及时，记录完整、客观。

2）钻探原始地质编录资料质量：布孔和施工质量符合设计要求；各种地质矿产现象、特征的记录和柱状图资料齐全完整、准确，并与实际吻合；样品采集齐全，有代表性，采样方法和规格符合相关要求；采样编录完整、准确无误；岩心及样品副样保管完好，注记清晰、无误无漏；对现场编录资料、样品分析测试成果及时进行整理，并及时提交有关原始资料；检、抽查及问题处理及时，记录完整、客观。

3）实测地质剖面原始地质编录：剖面选择和控制程度达到地质目的；各点位及各种地质矿产现象、特征的记录和素描图资料齐全完整、准确，并与实际吻合；剖面图、柱状图上各项要素齐全、表达准确合理，并与记录相符、与实际吻合；样品采集齐全，有代表性，采样方法和规格符合相关要求；采样编录完整、准确无误；对现场编录资料、样品分析测试成果及时进行整理，并及时提交有关原始资料；检、抽查及问题处理及时，记录完整、客观。

4）地质填图原始地质编录：各种地质矿产现象、特征的记录和素描图资料齐全完整、准确，并与实际吻合；野外手图、实际材料图内容齐全、简明准确，并与记录相符、与实际吻合；样品采集齐全，有代表性，采样方法和规格符合相关要求；采样编录及注记完整、准确无误；对现场编录资料、样品分析测试成果及时进行整理，并及时提交有关原始资料；检、抽查及问题处理及时，记录完整、客观。

5）矿区有关地质图件编录：矿区平面地质图、工程布置图、勘探线剖面图、采样平面图等必要的基本工作图件齐全；各种资料在图件上表示及时、准确；图面美观、简洁、清晰。

6）采样原始地质编录：样品采集符合要求；样品登记表齐全、准确，并与有关图、文相互吻合；样品分析报告整理及时、准确；内、外检样品比例符合规范要求。

7）矿区水文地质原始地质编录：地质观测线、观测点布置合理，标志、标记清楚；资料收集全面、准确，观测点记录翔实；文、图、表齐全、完善、美观、清晰并相互吻合。

8）原始地质编录资料的管理：原始编录资料保管程序及责任明确；原始编录资料修改按程序进行并注明修改原因，批注人及日期；原始编录资料使用得当。

9）质量管理情况：原始资料检查、抽查记录及修改记录齐全；各类技术标准的实施细则齐全；各类工作质量检验标准齐备，其内容齐全、合适，所引用的标准、规范或规定合适；工作作业指导书齐全、得当。

对未列入检查内容及要求的，比照相关专业的具体要求执行。

## 六、探矿增储项目验收

探矿增储项目野外地质工作结束5～10日内，生产矿山要组织工程技术人员对探矿工程及野外地质工作进行竣工验收，形成验收报告，并作为探矿增储报告的附件。

项目验收所需资料主要包括：

（1）野外探矿增储项目工作简报。

（2）全部野外图件（野外工作手图、野外工作总图、实际材料图、实测和修测剖面图以及物化探资料等）。

（3）野外记录本和相册、表格、卡片。

（4）野外各种编录资料以及使用的前人资料。

（5）岩矿鉴定、各类样品分析测试鉴定成果。

（6）典型矿物、岩石、矿石、构造等标本实物。

（7）项目申请论证报告、设计书及审批意见、半年和年度简报、阶段性总结，质量记录资料等。

（8）各类原始地质图件及综合地质图件和相应的文字报告。

探矿增储项目竣工验收实行回避制度，凡有可能影响验收工作公正进行的人员均应当回避。

对验收中所提出的意见和建议，生产矿山须及时进行修改、补充和完善，并将结果在探矿增储报告中予以说明。

对验收意见中明确需要补充野外工作的，生产矿山应按要求及时组织施工，确保探矿效果，完成增储任务。

## 七、探矿增储报告审查与管理

探矿增储报告的编制要符合有关要求。生产矿山要对报告进行初审，形成初审意见，连同探矿增储报告及时报上级管理部门。

上级管理部门收到生产矿山所提交的探矿增储报告后，适时组织专家并会同相关部门对探矿增储报告进行审查，形成评审意见。

探矿增储报告审查的主要依据为：相关地质勘察技术标准、规范和规程，探矿增储项目设计书、设计书审批意见、项目验收意见、财务预算管理规定及财务管理制度等。

探矿增储报告审查内容主要包括：

（1）主要实物工作量是否按批准的设计进行布置和实施，工作质量是否符合有关规范、规定的要求以及野外验收后补充工作的完成情况等。

（2）各项技术资料是否完整、准确并及时归档。

（3）提交的成果资料（报告、图件、表格、影像等）、资源/储量估算是否符合规范的要求，地质图中各项综合资料与原始资料（实际材料图）是否吻合，地质编录原图内容、精度及编绘质量是否满足要求等。

（4）项目竣工决算。

（5）存在的主要问题及今后工作的建议。

生产矿山根据评审意见完成探矿增储报告的修改、完善后，按档案管理的相关要求向上级管理部门提交探矿增储报告资料纸质和电子文档。

上级管理部门根据审查意见及经生产矿山修改、完善后的探矿增储报告，对各生产矿山的新增资源/储量进行认定，并纳入当年储量平衡表。

探矿增储项目实施过程中形成的所有原始资料、实物资料和成果报告归生产企业所有，属于商业机密。未经同意，不得以任何方式、任何理由向第三方披露或提供。

## 八、探矿增储项目资金管理

探矿增储项目资金的来源主要由生产矿山自筹资金解决，特大或重大项目由上级管理部门协助融资借款解决。对于列入上级管理部门现金流量资金支持预算的探矿增储项目，资金拨付实行统一管理和按资金使用计划安排使用。

具体使用时要由生产矿山提出资金申请，以文件形式报上级管理部门。上级管理部门根据探矿增储项目工程进展及现金流量预算情况，经审批后直接拨付。

探矿增储项目资金申请书的主要内容：

（1）探矿增储项目概况（项目名称、目的任务、设计内容）。

（2）探矿增储项目工程前期已完成实物工程量、资金使用及探矿效果。

（3）目前工作进展、预期成果、下步工作安排及拟申请资金。

（4）工作要求及保证措施。

（5）附表及附件（探矿增储项目计划预算表，探矿增储项目工程进度安排表、探矿增储项目已完成投资及实物工程量表、探矿增储项目设计批复复印件等）。

生产矿山对经批准实施的探矿增储项目资金必须保证落实到位。但生产矿山在支付探矿增储项目资金时，须根据工程进度并经验收合格后方可向工程施工方支付。

已结算的探矿增储项目工程应按有关财务核算办法要求分别进入当期成本以及相关资产科目。

### 九、探矿增储项目工作考核、奖励

生产矿山探矿增储项目工作要列入企业年度经营业绩考核。

对精心设计、精心组织、精心施工，投入少、成本低，社会效益显著，成果质量较好的探矿增储项目，要给予奖励；对重大探矿成果要给予特殊奖励。

## 第四节　矿山储量动态管理

矿山储量动态管理是为了加强生产矿山地质资源/储量管理，适时、准确掌握矿山地质资源/储量保有、变化情况及变化的原因，促进生产矿山地质资源/储量的有效、合理利用，确保矿山企业走资源节约和综合利用的发展道路。

地质资源/储量是矿山建设、生产的依据，是生产矿山的核心资产。加强储量管理，充分合理地利用有限的地质资源/储量是生产矿山管理的基础。

生产矿山地质资源/储量管理的任务是：根据矿山建设生产的不同阶段，结合矿床地质条件、地质资源/储量保有程度、矿山开采顺序，研究提高地质资源/储量可靠程度和探求各类生产矿量的方案，为矿山建设生产提供技术依据；做好各阶段的地质资源/储量的变动分析，核实变动的原因，落实地质资源/储量变动的具体地段和部位；及时掌握和分析资源/储量的利用状况，查清地质资源/储量损失的原因和地段，提出降低开采损失、贫化的意见；适时测定、修订和优化地质资源/储量估算参数及其他参数，做到既能有效保护和合理利用资源，又能保证生产矿山的经济效益；及时更新地质资源/储量估算图件与管理台账；按照有关要求，按时编报地质资源/储量报表，履行地质资源/储量核销手续。

### 一、矿山地质资源/储量管理机构

矿山地质资源/储量管理机构职责及制度要求：

（1）大、中型矿山生产企业必须配备地质测量人员，建立矿山地质测量机构。小型矿山必须配备地质测量人员。地质测量机构的地测技术人员属于矿山生产人员。

（2）矿山地质测量机构是地质资源/储量管理的主要业务部门。其职责是依据国家有关技术规范、要求，承担矿山生产有关的矿山地质、测量等工作，负责矿山储量管理，建立、健全储量计算原始数据资料登记册和记录簿台账，矿山储量台账，编制矿山生产有关综合图件及矿山地质资源/储量平衡分析报告、年度探矿增储报告等。

（3）生产矿山总经理（矿长）是生产矿山地质资源/储量管理的负责人和直接责任者，应领导和组织地测部门建立、健全有关地质资源/储量估算和管理的各项业务管理制度，组织、领导设计和施工部门贯彻技术经济政策，充分利用资源。

各生产矿山地质测量机构要根据本企业机构及专业设置情况编制相应岗位及业务管理制度。主要业务管理制度应包括：

（1）地质工作细则及标准；

（2）原始地质编录工作细则；

（3）地质资料综合整理、综合图件编制规定；

（4）矿山统一地质图例；

（5）采样工作细则；

（6）探矿工程设计与管理规定；

（7）探矿工程的监督和验收规定；

（8）资源/储量估算、统计、管理细则；

（9）生产矿量计算和管理办法；

（10）贫化与损失计算细则管理办法；

（11）测量工作细则及标准；

（12）钻探（坑内）工作细则；

（13）采场地质编录图册编制技术标准；

（14）采场测量图册编制技术标准；

（15）地测资料管理办法。

## 二、资源/储量分类

资源/储量的分类应严格执行《固体矿产资源/储量分类》(GB/T 17766—1999) 和国土资源部印发的相关文件。

生产矿山设计开采范围内的探明和控制的资源/储量为储量和基础储量；设计开采范围以外的查明资源量为内蕴经济资源量。未进行正规设计的生产矿山，采矿许可范围内查明资源量视为基础储量。

## 三、资源/储量估算

（一）矿床工业指标

工业指标的制定：

（1）工业指标是评价矿床的工业价值、圈定矿体、估算矿产资源/储量的标准和依据。工业指标的数值随矿种不同、矿床地质特征不同而异，具体矿床的工业指标应具体制订。

（2）生产矿山应随产品销售价格、开采技术条件、开采设备自动化程度、市场变化及其他技术经济因素的变化，实行动态的工业指标。需修订原矿床工业指标时，由生产矿山提出修订工业指标的建议意见和由有设计资质的单位出具的可行性论证报告，报上级管理部门审查，经批准后下达执行。

（3）生产矿山工业指标变更后，要及时按照《固体矿产资源/储量核实报告编写规定》（国土资发〔2007〕26号）的要求编写核实报告，并反映在当年年底填报的资源/储量表与台账中，其变化量记入重算增减。

工业指标的主要内容包括：

（1）边界品位：是圈定矿体时区分矿与非矿的单个样品元素含量的最低要求。金、银矿石用克/吨（或$10^{-6}$，质量分数）表示，铜、铅、锌、镍、钼等矿石用质量分数（%）表示。

（2）最低工业品位：是圈定矿体时单工程（或样品段）应达到的平均品位。金、银矿石用克/吨（或$10^{-6}$）表示，铜、铅、锌、镍、钼等矿石用质量分数（%）表示。采用地质统计学方法，运用计算机对矿产资源/储量进行估算时，只用边界品位和矿床平均品位估算。

（3）矿床平均品位：矿床应达到的、能使矿床开发有效益的最低品位要求。金、银矿石用克/吨（或$10^{-6}$）表示，铜、铅、锌、镍、钼等矿石用质量分数（%）表示。

（4）最小可采厚度：由开采方式和方法所确定的、矿体应达到的最小厚度，以真厚度计算，用米表示。

（5）夹石剔除厚度：圈定矿体时，分布于矿体中、允许作为矿石圈入矿体中的夹石的最大厚度，以真厚度计算，用米表示。大于或等于该厚度的无矿地段必须作为夹石剔除。

（6）米·克/吨值：金、银等贵金属矿的最低工业品位和最小可采厚度的乘积。当矿体厚度小于最小可采厚度、但品位较高时，如果矿体厚度和品位的乘积等于或大于该值时，可圈入矿体。米百分值和它含义相同，应用于其他相关矿种。

（7）无矿段剔除长度：地下开采的矿床，由于矿化的不均匀性，上、下中段坑道所控制的矿体，沿走向会出现无矿地段。当无矿地段长度大于该值时，应作为废石或

“天窗”剔除。用米表示。

（8）露天开采剥采比：用（t/t 或 $m^3/m^3$）表示。

（9）其他指标：伴生/共生有益组分最低含量指标；有害杂质的最大允许含量；氧化矿的氧化率等。

（10）对矿床中达到最低工业品位要求的共生有用组分和具有综合利用价值的伴生有用组分，可以与主元素一起制定综合工业指标。

（二）资源/储量估算的一般原则

资源/储量估算的一般原则包括：

（1）资源/储量估算必须在充分综合研究矿床地质条件、控矿因素，并掌握勘察工程控制程度及分布，完成综合地质图编制的基础上，严格按有关主管部门正式审批下达的工业指标正确圈定矿体的前提下进行。

（2）参与资源/储量估算的各项工程的质量和分析样品的测试，应符合有关规范、规程和规定的要求。

（3）根据工程控制程度，划分矿块（块段），确定资源/储量类型。应用 Micromine 软件估算资源/储量时，参考搜索椭球体的搜索结果确定矿产资源/储量类型。

（4）按块段分别估算各矿体及矿床的矿石量、平均品位和金属量，按矿体、矿床进行统计汇总。其中储量用扣除了设计、采矿损失的可实际开采的数量表示，基础储量、资源量用未扣除设计、采矿损失的数量表示。相应的资源/储量估算图件上应标明各类资源/储量在地质空间上的分布。

（5）矿床中氧化带、混合带、原生带发育或矿石类型选冶性能差异大，有可能进行分采、分选时，应考虑按矿石类型分别估算资源/储量。混合带不发育时，可视情况将其划入氧化带或原生带进行估算。

（6）达到工业要求（以审批下达的工业指标为准）的共生组分，应分别圈定矿体估算矿产资源/储量。

（7）估算伴生矿产的资源/储量时，无需单独圈定矿体。而采用按主元素划分的块段或矿体的矿石量和在此矿石量范围内用伴生元素样品的品位或组合样品的品位，计算出的平均品位，计算矿体和矿床中伴生矿产的金属量和平均品位，即伴生矿产的矿石量和主组分矿石量相同。

（8）资源/储量估算的时间要求：

1）矿山根据勘探程度和生产准备程度，随着采掘（剥）工程进展及时定期地进行地质资源/储量和生产矿量的计算工作。

2）达到相应勘探程度的矿块，要随时进行矿块地质资源/储量升级的计算工作；达到相应生产准备程度的中段（或阶段）和开采矿块，要随时进行生产矿量变级的计算工作。

3）每半年（6月底和12月底）要进行一次全矿区（或坑口）的地质资源/储量和生产矿量的估算、统计、变动、汇总，并修改完善地质资源管理软件模型。

4）每年12月底要编写《年度探矿增储报告》，并于次年1月31日前将报告和新增资源/储量计算模型上报上级管理部门。

（9）资源/储量估量单位及精度：

1）岩金矿、银矿资源/储量估算的单位：矿石量为吨（t），金属量为千克（kg），品位为克/吨（g/t或$10^{-6}$）。矿石量、面积、体积的有效数据取到整数；金属量、厚度、品位、矿石密度的有效数据取到小数点后两位。

2）铜、铅、锌、镍、钼、铁矿资源/储量估算的单位，矿石量为万吨，金属量为吨（t）。铜、铅、锌、镍、钼的矿石品位以质量分数（%）计。金属量、面积、体积的有效数据取到整数；矿石量、厚度、品位、矿石密度的有效数据取到小数点后两位。

估算矿产资源/储量时，应分别估算当期探获的矿产资源/储量和当期采出的矿产资源/储量。当期采出的矿产资源/储量应在总量中扣除。

（三）矿体的圈定

矿体圈定的方法为：

（1）单工程矿体的圈定必须从等于或大于边界品位的样品圈起，大于夹石剔除厚度的应从中予以圈出。

（2）对于矿体厚度小于最小可采厚度的薄和极薄矿体，可按米·克/吨值（或米百分值）圈定。

（3）矿体的连接和推断，必须是在编绘好地质图的基础上，先连接地质界线，再根据主要控矿地质特征连接矿体。连接矿体一般采用直线，在充分掌握矿体地质规律的情况下，也可以用自然趋势曲线连接。但无论哪种方法，其工程间矿体的厚度不应大于两工程的平均见矿厚度。

（4）用传统的资源/储量估算方法时，在平面、剖面图和投影图上外推圈矿的要求是：

1）单工程见矿，相邻工程无矿，以相应资源/储量类型工程间距的1/2尖推（有限外推）；当矿体沿走向或倾斜方向在见矿工程外无工程控制时，按相应资源/储量类型工程间距1/4矩形外推（无限外推）；以米·克/吨值（或米百分值）圈定矿体边界，不外推。

2）使用沿脉坑道追索和控制矿体时，应该准确使用“无矿段剔除长度”圈矿。当样品平均品位连续低于边界品位，走向长度达到剔除要求时，也应按工业指标规定上下对应或不对应的要求，单独圈出，视为非矿地段。

（5）应用地质专业软件估算年度新增及当前保有资源/储量时，要按相应的储量类型对工程控制程度的要求，以实际勘探工程为矿块边界，合理划分矿块，分段圈定矿体，对每个矿块单独估算储量。

(6) 老采空区的边界线根据采空区的测量成果，用测点的坐标直接形成地质专业软件格式的线文件（不必进行矿块的划分），据此生成采空区实体模型，进行储量估算。

(7) 当年开采的矿体，其边界要根据采场分层编录及实测资料进行二次圈定，并根据采场样品分析数据重新估算采出的储量，储量增减量计入重算增减。

(8) 经生产勘探后，要根据新增勘探工程进行二次圈定，重新估算资源/储量，资源/储量增减量计入生探升级增减。

(四) 特高品位处理

金矿床单个样品品位高于矿体（床）平均品位 6 ~ 8 倍的品位值称为特高品位。确定特高品位时，当矿体品位变化系数大于 160% 时，取 8 倍值；变化系数小于 100% 时取 6 倍值；介于 100% ~ 160% 时取 7 倍值。

处理金矿床的特高品位前，首先应对被视为特高品位的样品的副样进行第二次内检分析。当两次分析的结果在允许误差范围内，则确定为特高品位，用第一次的结果作为待处理的特高品位值。处理的方法是用特高品位参加其所影响到的块段或单工程平均品位计算，用计算出的块段或单工程（矿体厚度较大时）平均品位，代替该样品品位参与块段或单工程平均品位的正常计算。如果特高品位呈有规律分布，且可以圈出高品位带时，则可将高品位带单独圈出富矿段，分别估算资源/储量，不再进行特高品位处理。

其他矿种按相应规范进行特高品位处理。

(五) 资源/储量估算方法

1. 基本要求

(1) 生产矿山要根据矿床自身的特点，并结合勘察工作实际，以有效、准确、简便、能满足要求为依据，合理选择资源/储量估算方法。同时，要使用地质专业软件对资源/储量进行对比验证。

(2) 使用地质专业软件估算资源/储量，数据的格式要符合软件和《地质模型数据格式及地质可靠程度代码》的有关要求。

(3) 地质专业软件估算资源/储量的方法为距离反比加权法，并使用封闭多面体法进行对比。两种算法的矿石量相对误差应小于 3%，品位相对误差应小于 5%。

(4) 用地质专业软件估算资源/储量，按“距离反比加权法估算储量的主要步骤”的有关要求操作。

(5) 地质可靠程度的种类。地质可靠程度反映了矿产勘察阶段工作成果的不同精度，分为探明的、控制的、推断的和预测的四种。

运用地质专业软件估算资源/储量过程中，由地质控制程度，参考估值过程中的搜索次数、参与估值的工程数确定地质可靠程度。备采矿量及利用采场分层地质编录资料估算的储量，其地质可靠程度为探明的，代码为1。

2. 地质模型数据格式及地质可靠程度代码

（1）地质模型数据格式。

建模主要数据表格有：储量报告表、井口文件、岩性文件、测斜文件、样品分析文件、探槽（巷道）取样点文件、探槽（巷道）样品分析文件、巷道坐标文件、采空区坐标文件、地形点文件等（见表1-1～表1-9）。表中东坐标、北坐标、高程等测量数据，保留三位小数；方位角、倾角保留一位小数；其余未注明项目，数据均保留两位小数。

**表1-1　井口文件**

| 序　号 | 钻孔名称 | 东坐标（m） | 北坐标（m） | 高程（m） | 终孔深度（m） | 数据形成时间 |
|---|---|---|---|---|---|---|
| | | | | | | |
| | | | | | | |

**表1-2　岩性文件**

| 序　号 | 钻孔名称 | 从（m） | 到（m） | 岩性名称 | 数据形成时间 |
|---|---|---|---|---|---|
| | | | | | |
| | | | | | |

**表1-3　测斜文件**

| 序　号 | 钻孔名称 | 井深(m) | 方位角(°) | 倾角(°),上为+、下为− | 数据形成时间 |
|---|---|---|---|---|---|
| | | | | | |
| | | | | | |

**表1-4　样品分析文件**

| 序　号 | 钻孔名称 | 样品编号 | 从（m） | 到（m） | 样长（m） | 金品位（g/t） | 数据形成时间 |
|---|---|---|---|---|---|---|---|
| | | | | | | | |
| | | | | | | | |

**表1-5　探槽（巷道）取样点文件**

| 序　号 | 工程编号 | 样品编号 | 东坐标（m） | 北坐标（m） | 高程（m） | 单个样长（m） | 取样段总长度（m） | 数据形成时间 |
|---|---|---|---|---|---|---|---|---|
| | | | | | | | | |
| | | | | | | | | |

注：坐标值标注为探槽起点、终点、拐点坐标值。

**表 1-6　探槽（巷道）样品分析文件**

| 序　号 | 工程编号 | 样品编号 | 从（m） | 到（m） | 样长（m） | 岩性 | 金品位（g/t） | 数据形成时间 |
|---|---|---|---|---|---|---|---|---|
| | | | | | | | | |
| | | | | | | | | |

**表 1-7　巷道坐标文件**

| 序　号 | 巷道名称 | 东坐标（m） | 北坐标（m） | 高程（m） | 连接域 | 数据形成时间 |
|---|---|---|---|---|---|---|
| | | | | | | |
| | | | | | | |

**表 1-8　采空区坐标文件**

| 序　号 | 矿体名称 | 采场名称 | 东坐标（m） | 北坐标（m） | 高程（m） | 连接域 | 数据形成时间 |
|---|---|---|---|---|---|---|---|
| | | | | | | | |
| | | | | | | | |

**表 1-9　地形点文件**

| 序　号 | 点　号 | 东坐标（m） | 北坐标（m） | 高程（m） | 数据形成时间 |
|---|---|---|---|---|---|
| | | | | | |
| | | | | | |

企业可以根据具体情况，适当调整上述表格内容。

(2) 地质可靠程度和代码。

根据搜索椭球体的搜索次数及参与估值的工程数，可确定地质可靠程度代码（见表 1-10）。

**表 1-10　地质可靠程度和代码表**

| 搜索半径 | 最小计数域 | 地质可靠程度 | 地质可靠程度代码 |
|---|---|---|---|
| 0.5 倍工程间距 | 2 | 探明的 | 1 |
| 1.25 ~ 1.5 倍工程间距 | 2 | 控制的 | 2 |
| 2 倍工程间距 | 2 | 推断的 | 3 |
| 4 倍工程间距 | 1 | 预测的 | 4 |
| 8 倍工程间距 | 1 | | |

3. 距离反比加权法估算资源/储量的主要步骤

距离反比加权法估算资源/储量的主要步骤如下：

(1) 生成井中坐标。

在主菜单中选择钻孔—生成—井中坐标，弹出三维坐标对话框。

选定钻孔数据库，在数据库框中双击选择数据所在的数据库，设置相对应的区间文件。如果点选孔口/测斜文件，就需要相对应的输入井口、区间和（可选的）测斜文件的名称。根据需要，通过定义过滤器来选择性地控制对记录的处理。

勾选创建新的坐标字段（见图1-1）。

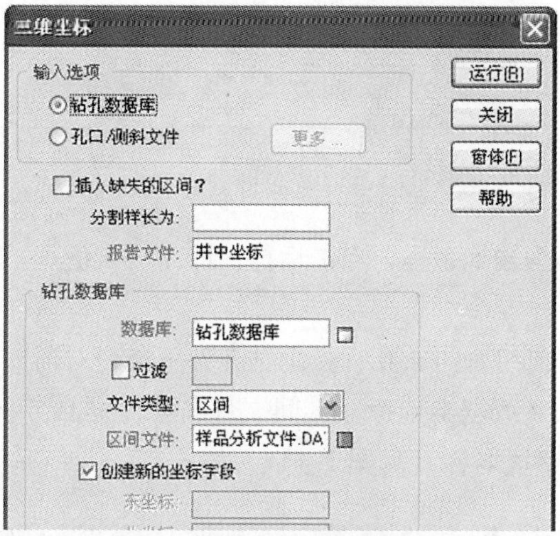


图1-1 三维坐标对话框

点击运行后，会出现一系列井中坐标处理钻孔文件的状态信息，创建坐标文件。如果检测到错误，就会显示一条描述错误的信息。

（2）线框赋值。

在主菜单栏选择线框——赋值，弹出线框赋值对话框。

选择点数据，在输入文件框输入（或双击选择）要赋值的文件名。在线框处选择单一，输入（或双击选择）类型或矿体名称（见图1-2）。

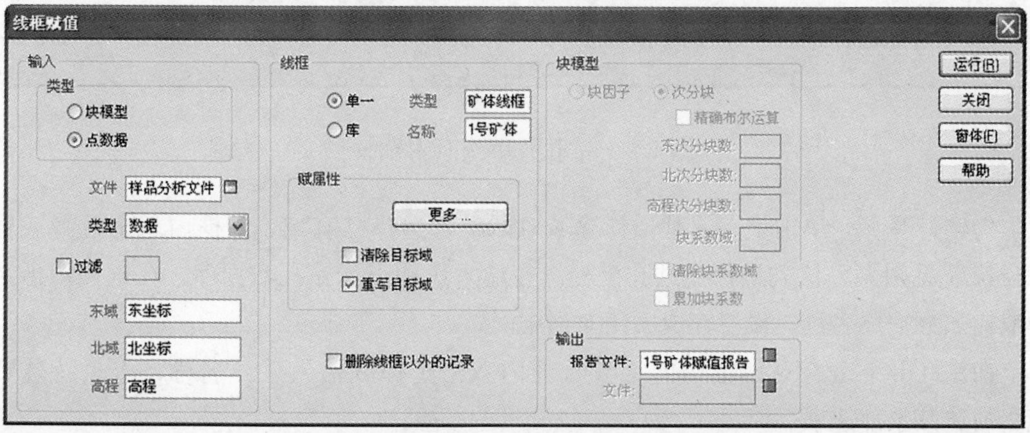


图1-2 线框赋值对话框

在赋属性中点击［更多］。在赋属性对话框中双击选择属性 NAME，双击赋给框选择矿体名称。如样品分析文件无矿体名称项，可在文件名上击右键选择［修改］增加矿体名称项（见图 1-3）。

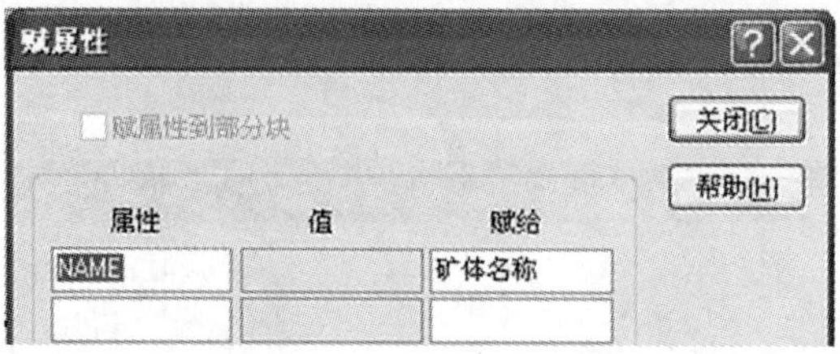


图 1-3　赋属性对话框

在输出报告文件框为输入名称，点击运行，即完成赋值。

(3) 钻孔组合。

主菜单中选择钻孔—组合—钻孔，弹出钻孔井下组合对话框。

在区间文件框输入（或双击选择）区间文件名称即样品分析文件，单击域，输入（或双击选择）相应的字段名称（见图 1-4）。

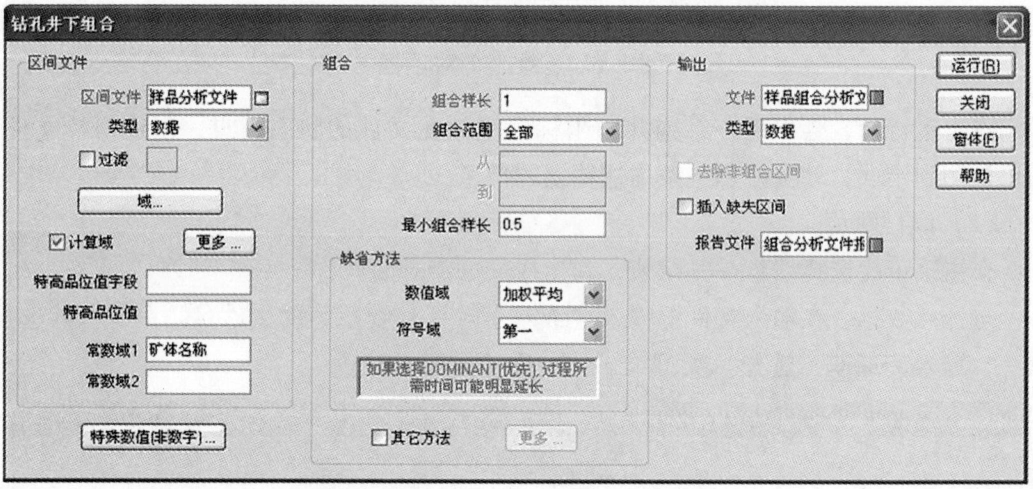


图 1-4　钻孔井下组合对话框

勾选计算域，单击更多，弹出计算域对话框，选择已有域，在框内双击选择或输入样长（见图 1-5）。勾选产生井孔坐标。在输入选项点选钻孔数据库，在框内双击选择或输入数据库名称。设置完成关闭对话框。

在钻孔井下组合对话框中的常数域框内双击选择或输入矿体名称，点击特殊数值，勾选其全部选项。

在组合样长中填写多数样品的长度值；组合范围下拉菜单选择全部，最小组合样

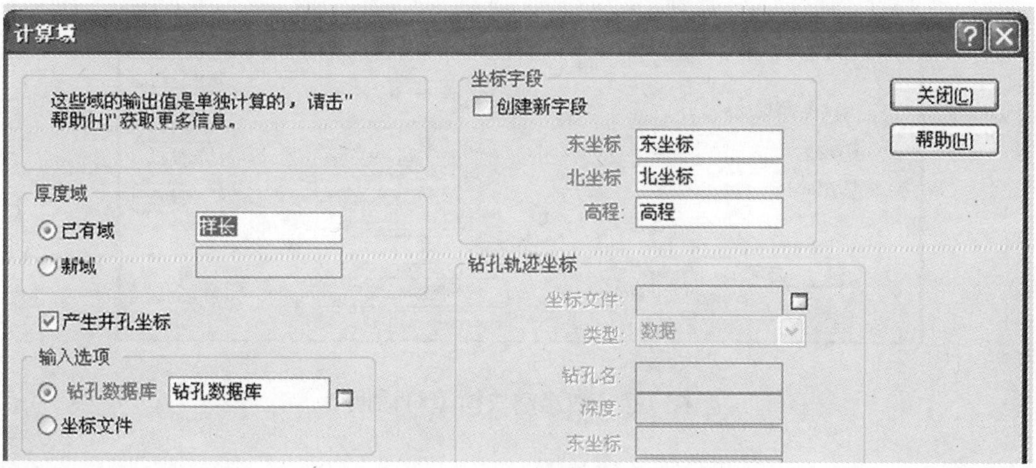


图 1-5　计算域对话框

长为 0.5m。数值域为加权平均，符号域可选择为第一或优先（见图 1-6）。

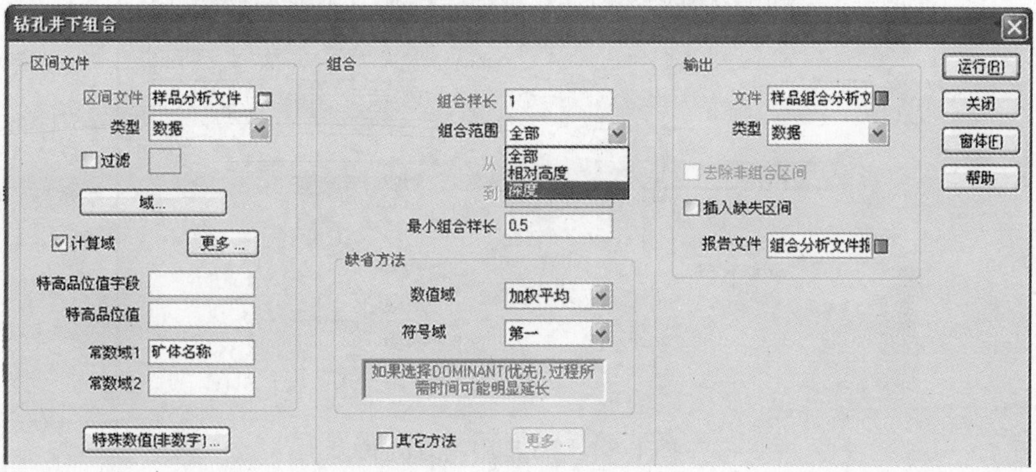


图 1-6　钻孔井下组合中数据的填写

在输出文件框内输入输出文件名称，在报告文件框内输入报告名称。点击运行，即完成钻孔组合。

（4）建立空块模型。

主菜单上选择建模—三维矿块估算—创建空的矿块模型，弹出创建空块模型对话框。

勾选限制空块模型（见图 1-7）。

选择线框，点击更多，出现用线框限制对话框。选择单一，在类型框内双击选择或输入线框类型，在名称框内双击选择或输入线框名称。勾选次分块方法，选择块

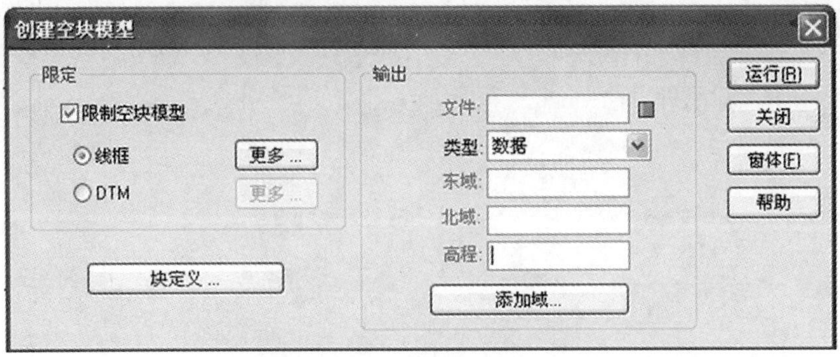


图 1-7 创建空块模型对话框

因子。

在次块化的块系数域中输入块系数，在东、北、高程次分块数框输入分块数 2（见图 1-8）。

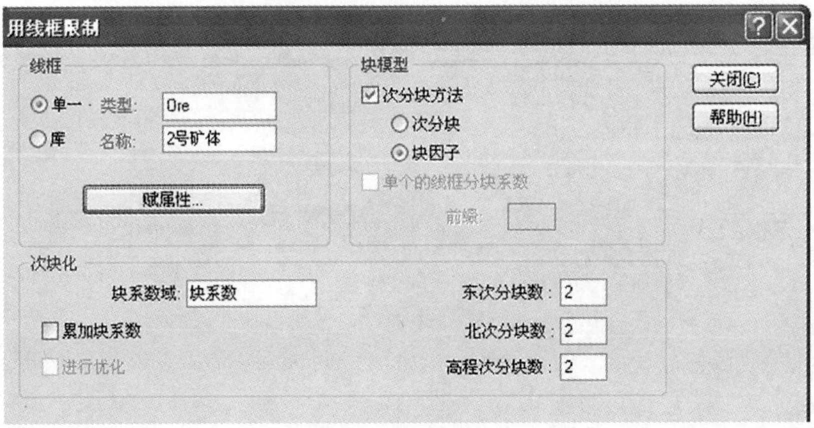


图 1-8 用线框限制对话框

点击赋属性，出现赋属性对话框。在属性框内双击选择或输入 NAME，在赋给框中输入矿体名称（最好采用复制、粘贴的方法将线框名称复制到赋给框中）。设置完毕关闭对话框（见图 1-9）。

在创建空块模型对话框点击块定义，弹出块定义对话框，输入各项参数（见图 1-10）。

在输出文件框内输入输出文件名，选择文件输出类型，在其他字段框内输入相应的字段值如东域输入东坐标。设置完成点击运行，关闭对话框。

（5）搜索椭球体。

在窗体集-3D 浏览器中双击 ⊕ 搜索椭球体，弹出装载数据搜索椭球对话框。

在数据搜索框内击鼠标右键，选择编辑。在弹出的创建新的窗体集对话框中输入

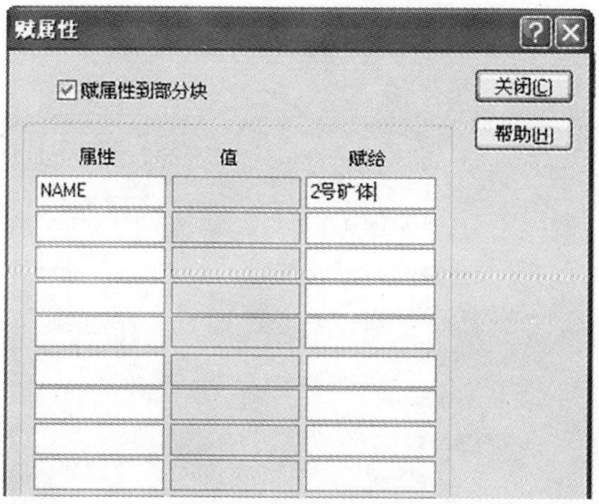


图 1-9 赋属性对话框

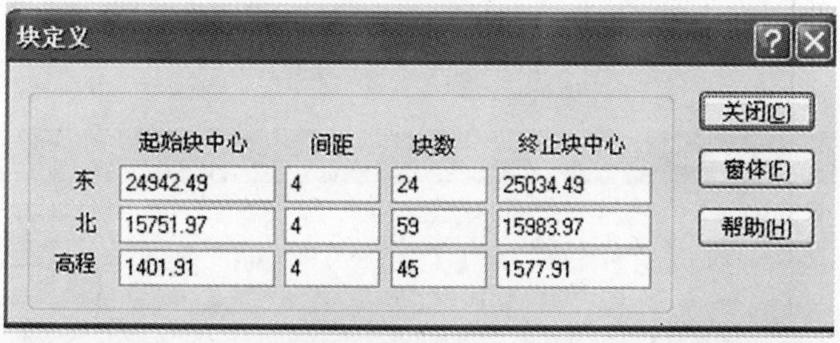


图 1-10 块定义对话框

搜索椭球体的名称。确定后弹出搜索数据对话框。

首先设置搜索椭球的初始搜索半径，初始搜索半径可定为勘探线间距的 1.25～1.5 倍。扇区可根据需要来定义扇区数，如果数据量不大选择一个或两个扇区，如果数据量较大，选择 8 个或 16 个扇区是比较合适的。勾选椭球体，定义搜索椭球的每个扇区最多和最少点数。最多为 6 个，意味着每个扇区总共有 6 个点将被用到，6 个距离估值点最近的点将被用于参与估值计算，扇区内的其他点将不被使用。如果最少设置为 2 个，意味着在搜索范围内，如果只有一个样品被发现，估值点将不被估算。

方位角、倾伏（侧伏）角、倾角根据矿体形态和产状而定，方位角因子为 1，倾角因子及厚度因子为矿体的倾向长及矿体厚度与矿体走向长度的比值。设置完成点击确定对话框会自动关闭，此处软件会自动保存窗体，并返回装载数据搜索椭球对话框（见图 1-11）。

单击块定义将空块模型的块定义数据通过打开窗体显示到块定义中，或者输入也可，要确保你的搜索椭球体与空块模型线框有同样的空间块定义数据。在椭球位置输入块定义块数的一半的数值，保证椭球位置在矿体的中央。设置椭球和扇形的透明度（见图 1-12）。

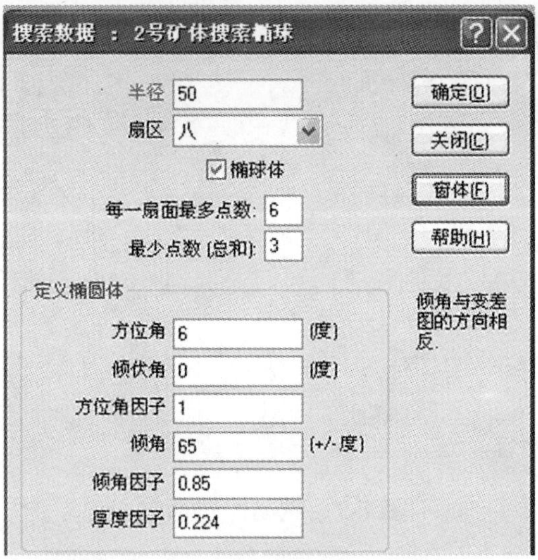


图 1-11　搜索数据对话框

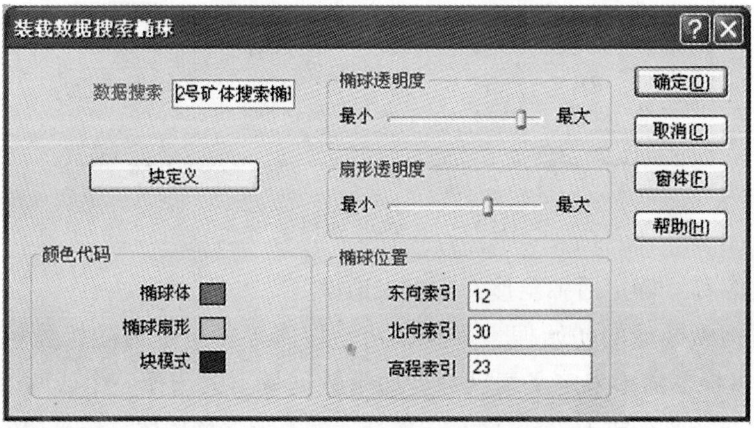


图 1-12　装载数据搜索椭球对话框

设置完成确定后完成搜索椭球的设置。

（6）品位插值。

主菜单中选择建模—三维矿块估算—距离反比加权，弹出三维块距离反比法估算对话框（见图 1-13）。

在输入文件框内双击选择或输入钻孔组合分析文件名称，文件类型为数据。

如想过滤掉不需要的数据可以勾选过滤，右击过滤框，在弹出的过滤对话框中设置过滤条件（见图 1-14）。在文件框内双击选择或输入钻孔组合分析文件，在域名框内双击选择或输入要计算的金属及矿体名称，在值框内输入要过滤的值和要插值的矿体。

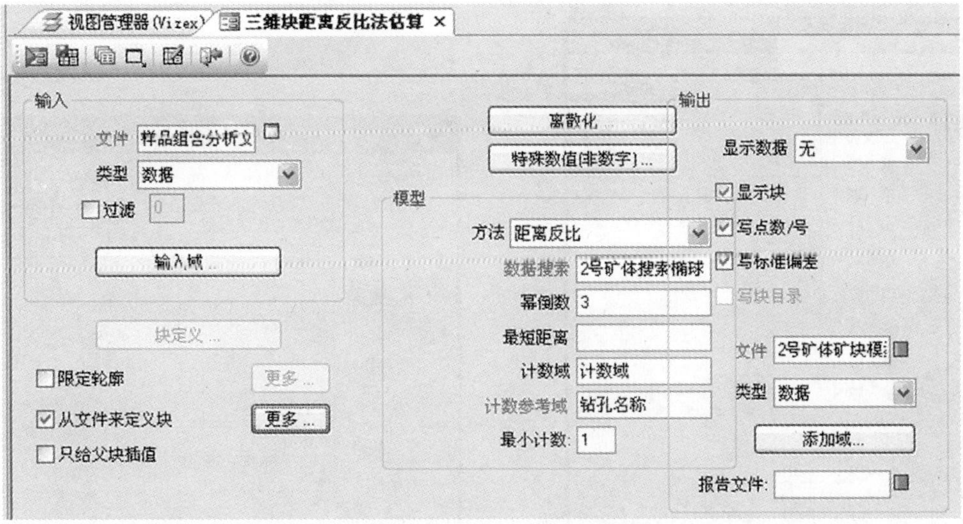


图 1-13　三维块距离反比法估算对话框

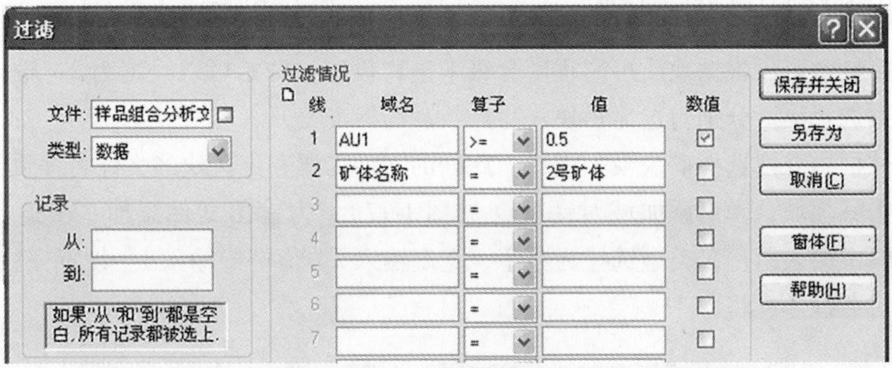


图 1-14　过滤对话框

单击三维块距离反比法估算对话框的输入域，出现输入域对话框（见图 1-15），在输入域对话框内双击选择或输入相应字段。设置后关闭对话框。

勾选从文件来定义块，点击［更多］，弹出模型文件对话框（见图 1-16），在文件框内双击选择或输入矿体的空块模型及东、北、高程域。此处的文件名称要和输出的文件名称一致。

点击离散化，弹出离散化对话框，在东、北、高程分区分别输入 2。点击特殊数值，弹出特殊数值对话框，将三项全部勾选。

在方法框中选择距离反比，在数据搜索框中双击选择或者输入搜索椭球的名称。

幂倒数的设置，可根据矿体的复杂程度在 1 ~ 5 之间进行设置。一般简单矿体选择 2（次）幂，复杂矿体选择 3（次）幂。

计数域框中输入计数域。双击计数参考域框，选择钻孔名称。

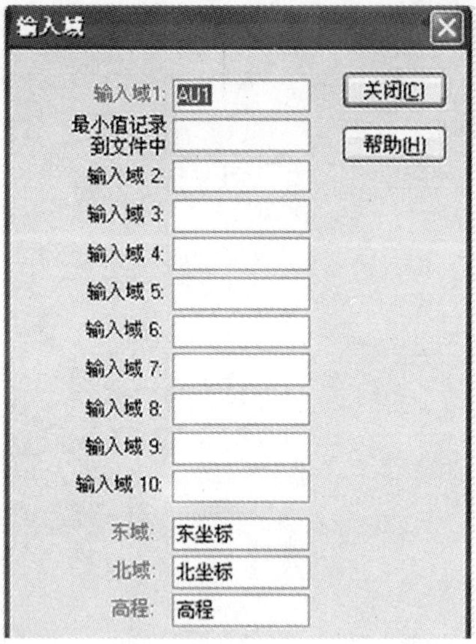


图 1-15　输入域对话框

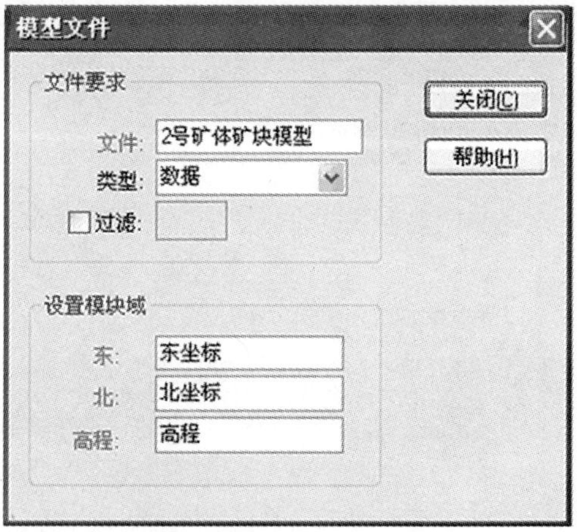


图 1-16　模型文件对话框

最小计数可以根据地质可靠程度分级来进行设置，开始可以设置为 2。输出框中，显示数据选择无。分别勾选显示块、写点数、写标准偏差。

文件框内双击选择矿块模型文件，此处的文件名要和定义块的文件名一致。

点击添加域，弹出添加域对话框（见图 1-17），为输出文件添加一个运行字段。在名字框中输入运行，类型选择为数字，宽度输入 2，值框中输入 1。设置完成点击确定关闭对话框。

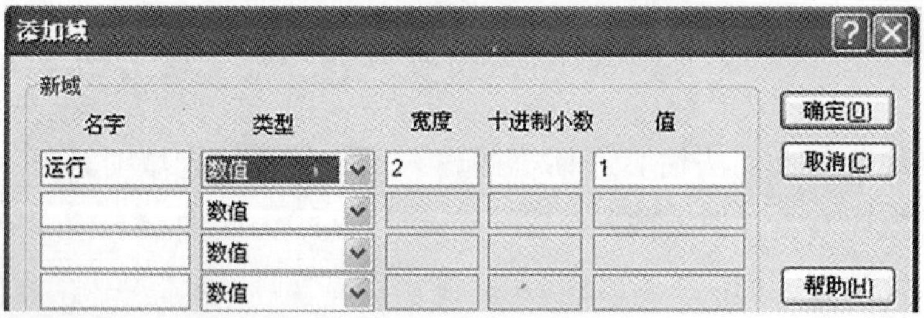


图 1-17　添加域对话框

点击 （执行）完成插值。

进行第二次插值，第三次插值，……，直到从运行结果的有效记录中看，已完成了对整个矿块插值。

（7）资源量报告。

在主菜单上选择建模—模型报告—矿块模型报告，弹出创建一个块模型报告对话框。

在输入文件框中双击选择已被插值的空块模型文件（反比插值后输出的品位赋值模型文件）。如需过滤掉不用的数据可勾选过滤，右击过滤框，在过滤对话框中设置过滤条件。密度缺省值框内输入矿石的密度值。双击块系数域选择块系数。

勾选使用边界品位设置，在边界品位框右键，弹出边界值设置对话框（见图1-18），选择报告顺序，输入不同的品位值区间。设置完成点击窗体保存。

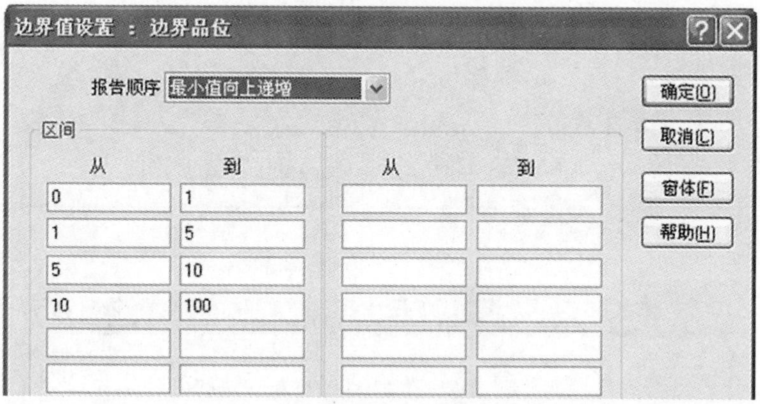


图 1-18　边界值设置对话框

在估计域中，双击 1 框选择需要估算的元素。勾选金属（根据体积）框。在输出文件框内输入一个储量报告文件名，设置完成点击运行。

右击输出报告文件，选择编辑或查看可以看到计算结果（见图 1-19）。

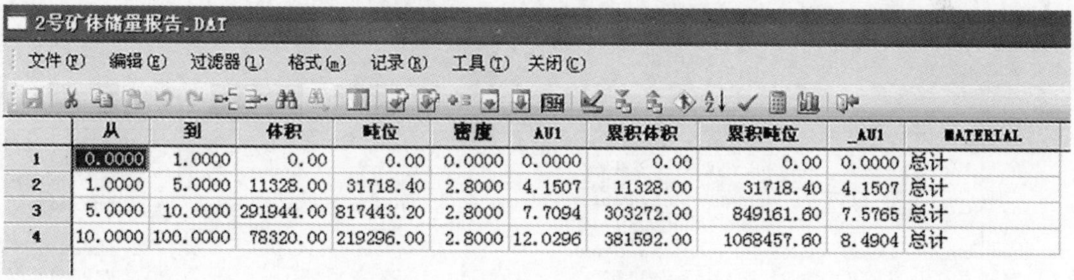
2号矿体储量报告.DAT

文件(F)　编辑(E)　过滤器(L)　格式(m)　记录(R)　工具(T)　关闭(C)

| | 从 | 到 | 体积 | 吨位 | 密度 | AU1 | 累积体积 | 累积吨位 | _AU1 | MATERIAL |
|---|---|---|---|---|---|---|---|---|---|---|
| 1 | 0.0000 | 1.0000 | 0.00 | 0.00 | 0.0000 | 0.0000 | 0.00 | 0.00 | 0.0000 | 总计 |
| 2 | 1.0000 | 5.0000 | 11328.00 | 31718.40 | 2.8000 | 4.1507 | 11328.00 | 31718.40 | 4.1507 | 总计 |
| 3 | 5.0000 | 10.0000 | 291944.00 | 817443.20 | 2.8000 | 7.7094 | 303272.00 | 849161.60 | 7.5765 | 总计 |
| 4 | 10.0000 | 100.0000 | 78320.00 | 219296.00 | 2.8000 | 12.0296 | 381592.00 | 1068457.60 | 8.4904 | 总计 |

图 1-19　查看计算结果

选择计算按钮可按图 1-20 计算金属量。设置完后确定自动出结果。

如想形成分类报告，须在创建一个块模型报告对话框中勾选分类报告，设置厚度域（－高程）和变量域（高程）。

点击添加域，在添加域对话框中增加一个金属量的字段（见图 1-21）。

设置完毕点击运行。形成每一块层的分类报告（见图 1-22）。

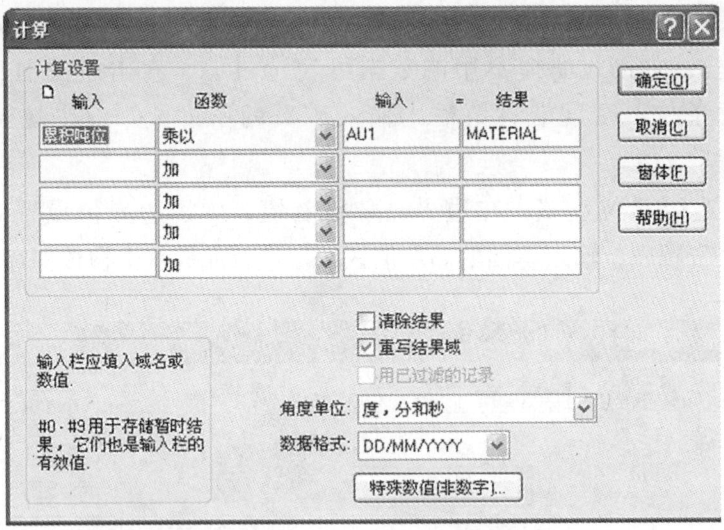


图 1-20 计算金属量

图 1-21 添加域中添加金属量字段

| | 从 | 到 | 体积 | 吨位 | 密度 | AU1 | 累积体积 | 累积吨位 | _AU1 | 金属量 | MATERIAL |
|---|---|---|---|---|---|---|---|---|---|---|---|
| 66 | 0.0000 | 1.0000 | 0.00 | 0.00 | 0.0000 | 0.0000 | 0.00 | 0.00 | 0.0000 | 0.00 | 1413.910 |
| 67 | 1.0000 | 5.0000 | 0.00 | 0.00 | 0.0000 | 0.0000 | 0.00 | 0.00 | 0.0000 | 0.00 | 1413.910 |
| 68 | 5.0000 | 10.0000 | 3128.00 | 8758.40 | 2.8000 | 8.6940 | 3128.00 | 8758.40 | 8.6940 | 76145.53 | 1413.910 |
| 69 | 10.0000 | 100.0000 | 504.00 | 1411.20 | 2.8000 | 10.2924 | 3632.00 | 10169.60 | 8.9158 | 90670.12 | 1413.910 |
| 70 | | | | | | | | | | 0.00 | |
| 71 | 0.0000 | 1.0000 | 0.00 | 0.00 | 0.0000 | 0.0000 | 0.00 | 0.00 | 0.0000 | 0.00 | 1469.910 |
| 72 | 1.0000 | 5.0000 | 88.00 | 246.40 | 2.8000 | 4.7617 | 88.00 | 246.40 | 4.7617 | 1173.28 | 1469.910 |
| 73 | 5.0000 | 10.0000 | 9840.00 | 27552.00 | 2.8000 | 7.9363 | 9928.00 | 27798.40 | 7.9082 | 219835.31 | 1469.910 |
| 74 | 10.0000 | 100.0000 | 3184.00 | 8915.20 | 2.8000 | 11.5913 | 13112.00 | 36713.60 | 8.8026 | 323175.14 | 1469.910 |
| 75 | | | | | | | | | | 0.00 | |
| 76 | 0.0000 | 1.0000 | 0.00 | 0.00 | 0.0000 | 0.0000 | 0.00 | 0.00 | 0.0000 | 0.00 | 1473.910 |
| 77 | 1.0000 | 5.0000 | 112.00 | 313.60 | 2.8000 | 4.7561 | 112.00 | 313.60 | 4.7561 | 1491.51 | 1473.910 |
| 78 | 5.0000 | 10.0000 | 9584.00 | 26835.20 | 2.8000 | 7.6302 | 9696.00 | 27148.80 | 7.5970 | 206249.43 | 1473.910 |
| 79 | 10.0000 | 100.0000 | 3840.00 | 10752.00 | 2.8000 | 11.6849 | 13536.00 | 37900.80 | 8.7567 | 331885.94 | 1473.910 |
| 80 | | | | | | | | | | 0.00 | |
| 81 | 0.0000 | 1.0000 | 0.00 | 0.00 | 0.0000 | 0.0000 | 0.00 | 0.00 | 0.0000 | 0.00 | 1409.910 |
| 82 | 1.0000 | 5.0000 | 0.00 | 0.00 | 0.0000 | 0.0000 | 0.00 | 0.00 | 0.0000 | 0.00 | 1409.910 |
| 83 | 5.0000 | 10.0000 | 1816.00 | 5084.80 | 2.8000 | 8.8742 | 1816.00 | 5084.80 | 8.8742 | 45123.53 | 1409.910 |
| 84 | 10.0000 | 100.0000 | 368.00 | 1030.40 | 2.8000 | 10.4444 | 2184.00 | 6115.20 | 9.1387 | 55884.98 | 1409.910 |
| 85 | | | | | | | | | | 0.00 | |

图 1-22 形成分类报告

## 四 生产矿量管理

生产矿量管理是矿山地质测量机构的重要职责，是地质资源/储量管理的重要内容。生产矿山应有专人负责生产矿量管理，以便掌握储量的增加、消耗、变动及保有状况，并根据地质资源/储量和生产矿量的平衡情况，及时提出探矿、生产调整意见。

### （一）生产矿量的划分和计算

根据生产准备程度，地下开采方式生产矿量分为开拓矿量、采准矿量、备采矿量等三级，统称三级矿量。露天开采方式的生产矿量分为开拓、备采两级矿量。

地下开采矿山三级矿量的划分和计算：

（1）开拓矿量。

1）凡是按设计规定的开拓系统工程均已施工完毕；完成122b类型以上具有经济意义的控制和探明的储量和基础储量；构成了完整的运输系统、通风系统、排水系统、通信系统等；能进行放矿、运输和提升矿石；能在此基础上进行采准工程的施工。在此开拓系统以上的储量或基础储量，列为开拓矿量。

2）开拓矿量的边界：开拓中段以上可以推算一个中段高度；对超过一个中段高度又不能再另行开拓中段时的储量也可列为开拓矿量；对开拓中段以下的下延矿体，不超过一个中段高度，又不另开中段，可采用下向采矿方法回采的储量，也可列为开拓矿量。

3）为保护地表河流、水体、建筑物、运输线以及地下重要工程，如竖井、斜井、溜矿井等所列的永久性矿柱的矿量，在保护期间不能作为开拓矿量，只有废除其保护作用，并完成相应开拓系统，允许回采时方可列为开拓矿量。

（2）采准矿量。

1）在矿体开拓范围内，是开拓矿量的一部分；已完成相应工程间距要求的生产探矿，求得可靠程度较高的地质储量（通常为121b类型及以上）；已划分为可采矿块；按采矿设计规定的各项采准工程已经施工完毕；符合开采顺序的矿量，列为采准矿量。

2）采准矿量的边界：在回采顺序内，采矿矿块已经划定，在矿块内如设计规定的顶底柱、矿壁不和矿房同时回采时，则采准矿量的边界即为矿房的边界。如同时回采时，则设计要采的矿块边界，为采准矿量的边界。各类矿柱矿量，只有在完成矿柱回采设计所规定的采准工程之后，方可为采准矿量的边界。

（3）备采矿量。

1）在矿量准备回采范围内，是采准矿量的一部分；是经过采准工程结束后，进行二次圈定的地质储量，可靠程度更高，通常为111类型储量；完成了一切采准切割工作（回采设计的切割巷道、切割层的切采、漏斗、人行通道、电耙硐室、安全出口等)；并完成采矿设备准备工作的块段，立即能进行回采矿房的矿量，列为备采矿量。

2）备采矿量的边界：做好采矿准备的矿房边界；做好采矿准备的矿柱边界；已开采的矿块因地质、安全等原因变更采矿方法只有完善以上工作才可列为备采矿量的边界。

露天开采矿山生产矿量的划分和计算：

(1) 开拓矿量。

1）凡在计划开采的区域内，已将覆盖在矿体上面的岩石和表土剥掉，露出矿体表面，并完成了通往开采阶段的运输堑沟或斜坡路等开拓工程者，则此阶段上的矿量，均属开拓矿量。当采用露天与地下联合开拓方式，除完成剥离工程外，还需做好通往露天采场的地下开拓工程，如放矿井、运输平巷、竖井或斜井等工程才能算作开拓矿量。

2）为保护露天采场边界上运输线路、河流、水体和地面建筑物等所留的永久矿柱，在保护上述对象期间，不能列入开拓矿量，只有在废除上述被保护物或允许回采时，方可列入开拓矿量。

3）开拓矿量的边界：上部以阶段上矿体暴露面为界，但必须留出设计所规定的最小工作宽度；下部算至堑沟底部一个段高的水平；矿体顶盘侧各阶段的境界，以设计所规定的高度和自上向下，逐段留出最小平台宽度为界；底盘侧各段境界，一般以矿体自然倾斜为界，但当为了维护底盘边界的稳定和防止滚石，留有安全平台时，则以平台的边界为界。

4）最小工作平台宽度由矿山结合具体条件自行规定，以不影响上、下阶段平台作业为原则。

(2) 备采矿量。

在露天采场平台内的矿体，其上部和侧面均已暴露，并完成设计规定的备采工程，工作平台达到设计宽度，敷设线路和采矿设备安装准备工作提供采矿的全部条件已完成，残矿和废石已清理，能进行正常采矿者，则该阶段上的矿量，称为备采矿量。

### (二) 三级矿量地质软件模型颜色设置

用地质专业软件建立三级矿量的地质模型，要按“三级矿量及不同资源/储量类型地质模型显示颜色设置”的要求，用不同的颜色区分开拓、采准、备采三级矿量。

三级矿量及不同资源/储量类型模型显示颜色设置：

(1) 三级矿量颜色设置（见图1-23）。

保有储量用红色，颜色编号240；

备采矿量用绿色，颜色编号240；

采准矿量用蓝色，颜色编号240；开拓矿量用黄色，颜色编号（红240+绿240)。

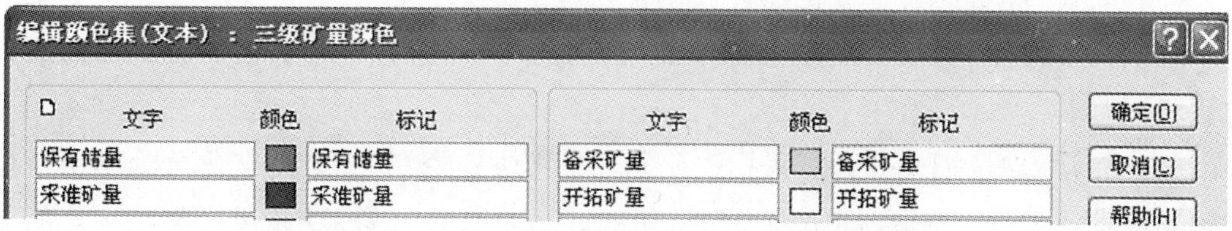


图 1-23 三级矿量颜色设置对话框

(2) 不同资源/储量类型颜色设置(见图 1-24)。

111、111b 用红色,颜色编号 130;121、121b 用红色,颜色编号 180;122、122b 用红色,颜色编号 240。

2M11、2M21 用蓝色,颜色编号 130;2M22 用蓝色,颜色编号 180;2S11、2S21 用蓝色,颜色编号 240;2S22 用蓝色,颜色编号 255;331 用绿色,颜色编号 130;332 用绿色,颜色编号 240;333 用绿色,颜色编号 240;334 用绿色,颜色编号 255。

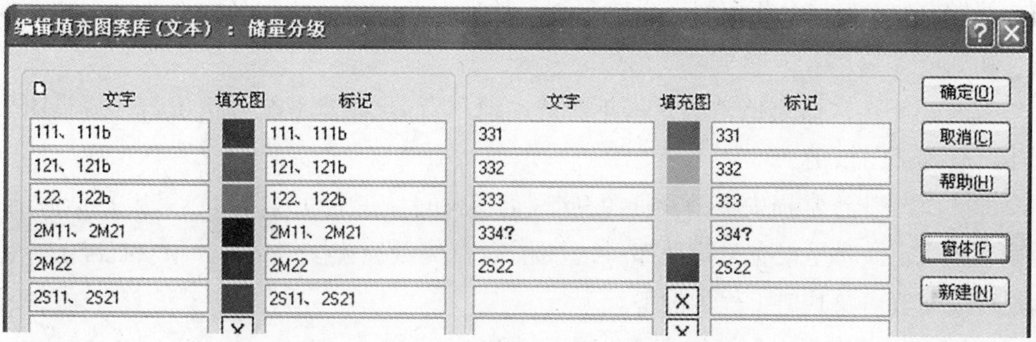


图 1-24 不同资源/储量类型颜色设置

(3) 采空区颜色设置。空区用深灰色,颜色编号(红 80 + 绿 80 + 蓝 80)。

## 五、资源/储量损失、贫化管理与核销

资源/储量损失、贫化管理:

(1) 矿山资源/储量损失率和贫化率是反映矿山资源利用、生产管理水平的重要指标,矿山应正确测量、统计、计算矿山资源/储量及损失、贫化情况。

矿山开采损失与贫化管理是矿山生产全过程中综合性的技术和生产管理工作。各矿山生产企业总经理(矿长)等主要领导要直接领导这一工作。加强采掘(剥)工程技术管理、质量检查和竣工验收工作。充分发挥各职能部门和采掘(剥)施工单位的作用。采取有效措施,不断降低矿产开采损失率和贫化率。

(2) 资源/储量损失、贫化的计算范围,一般指从采场开采至回采结束,将矿石运出坑口(露天采场)的整个采、出矿过程。

（3）资源/储量损失、贫化的计算单位，地下开采一般以采场（矿块）为基本估算单位，并按同一采矿方法进行估算和汇总；露天开采应按开采台阶、分工作面进行估算和汇总。

（4）资源/储量损失分为开采损失、非开采损失；资源/储量的贫化分为不可避免贫化和可避免贫化。资源/储量损失与贫化的计算要符合《资源/储量损失与贫化的分类及计算》的有关要求。

（5）回采率。回采率是矿山开采过程中资源/储量开采消耗情况的直接反映，是考核生产矿山资源开发利用、开采技术和管理水平的重要标准。

回采率与损失率的关系是：回采率（%）=1－总损失率（%）。

生产矿山以矿块作为回采率考核单元。以经法定程序批准的矿山设计或矿产资源开发利用方案确定的回采率或国土资源有关主管部门核定的回采率为考核标准。

资源/储量的核销：

（1）生产矿山核销的储量，必须是确实不能回收的，由采矿设计部门详细阐明原因，并做出技术经济分析资料，由地测部门整理有关图纸资料。经本企业内审和总经理（矿长）签署后，方能呈请核销。

（2）属于正常损失核销的，每年随矿山地质资源/储量平衡分析报告，报集团公司生产管理部门核销。

（3）属于非正常损失核销及资源/储量负变大的，在中段（阶段、采区）结束前，应按有关规定及时呈报有关管理部门，并附资源/储量损失核销材料。未获批准前，矿山不得废除坑道及其他工程和设备。

（4）矿山非正常损失核销应提供以下材料：

1）拟核销资源/储量分布地段开采情况与地质勘察对比资料；

2）拟核销资源/储量的巷道或采场塌落、涌水或其他情况的说明；

3）资源/储量损失的详细原因说明；

4）拟核销资源/储量分布地段的平面、剖面地质图、资源/储量估算图及其他有关图件；

5）申请核销资源/储量估算表。

## 六、地质资源/储量和生产矿量的保有期的计算

地质资源/储量是矿山生产的物质基础。地质资源/储量保有程度是维持矿山持续生产的条件。三级矿量不平衡时，应加强生产勘探和地质勘探，进行资源/储量升级和增加新的资源/储量。

生产矿量保有期限是衡量和检查矿山采、掘（剥）关系是否平衡的重要标志。不同生产矿山因生产规模、矿体大小、资源丰富程度的不同，以及开拓方式、掘进速度、

采矿方法、技术和施工管理水平的差异，应保有的各级生产矿量和期限也可不一样。各级生产矿量应确保平衡衔接，确保稳定生产。

保有期的计算按“地质资源/储量和生产矿量的保有期的计算”的有关要求执行。

地质资源/储量和生产矿量的保有期的计算：

（1）地质资源/储量保有期限的确定。

1）地质资源/储量是矿山生产的物质基础。地质资源/储量保有程度是维持矿山持续生产的条件，各级地质资源/储量保有程度是衡量矿山采掘是否平衡，地质资源/储量是否欠账，保证矿山正常生产的基础。

2）地质资源/储量保有期的计算方法，可用下式进行计算：

$$\text{保有期(年)} = \frac{\text{保有地质资源/储量} \times (1 - \text{总损失率})}{\text{年处理矿量} \times (1 - \text{总贫化率})}$$

注：①保有地质资源/储量系指一个单独有选厂的生产矿山或生产坑口；②年处理矿量、总损失率、总贫化率系指生产矿山或坑口的实际指标或核定指标。

（2）生产矿量保有期的确定。

1）生产矿量是矿山生产平衡的基础，通过各级生产矿量保有期的确定和计算，使矿山及时分析、研究采掘（剥）比例关系，不断平衡各级矿量，保证均衡、持续生产。

2）生产矿量保有期的确定，可按下式计算：

$$\text{①开拓矿量保有期(月)} = \frac{\text{计算期末开拓矿量} \times (1 - \text{总损失率}) \times 12}{\text{选厂年处理矿量} \times (1 - \text{总贫化率})};$$

$$\text{②采准矿量保有期(月)} = \frac{\text{计算期末采准矿量} \times (1 - \text{总损失率}) \times 12}{\text{选厂年处理矿量} \times (1 - \text{总贫化率})};$$

$$\text{③备采矿量保有期(月)} = \frac{\text{计算期末备采矿量} \times (1 - \text{总损失率}) \times 12}{\text{选厂年处理矿量} \times (1 - \text{总贫化率})}。$$

注：生产矿山（或坑口）各级期末生产矿量、总贫化率、总损失率为实际计算数；选厂年处理矿量为实际能力或上级核定的能力。

## 七、生产矿山地质资源/储量台账

生产矿山地质资源/储量台账是全面、准确反映生产矿山资源/储量情况的基础资料，是矿山储量动态管理的基础。生产矿山必须及时修改、更新台账的各项内容。各生产矿山可根据《生产矿山资源/储量台账格式》，结合矿种实际制定本企业的台账格式。

（1）各生产矿山要建立以矿块为基本单元的资源/储量估算台账。台账应表明矿块从建立、探矿升级、开采利用、损失减少，直到矿块消失的历史过程。该台账是矿山进行矿体（脉）、坑口、矿区资源/储量统计、汇总、变动的基础，是累积探明资源/储量、资源/储量探采对比的基础。

（2）查明资源/储量台账。该台账应将地质勘察提交的资源/储量详细登记。经多次进行地质勘察的矿床，应依次分别登记各次勘察的资源/储量增减及累计查明资源/储量；不同矿石（工业、自然）类型、矿石品级的各类基础储量、资源量也应分别登记；附记各次勘察的范围（拐点坐标）、标高、工程间距、采用的工业指标和资源/储量估算参数。

（3）开采设计资源/储量台账。根据矿山开采设计编制，应按设计期次依次登记，并依照设计计算的详细程度，按资源/储量类型、矿石类型、品级或煤类以及阶段（中段）、矿块、设计境界内、外资源/储量分别登记。附记境界范围（平面坐标和标高）、设计时间、所依据的勘察报告、设计批准单位等。

（4）资源/储量变动台账。要求全面记录保有、开采、损失、查明、升级以及重算引起的各类资源/储量的变化情况，并按开采单元和开采年限分别建立资源/储量变动台账，记录阶段的、矿块（房）的、矿体和矿床的资源/储量变动情况及历年的资源/储量变动情况。不同矿石类型应分别登记。

（5）开采结束资源/储量比较台账。一个开采单元开采结束，应计算其采空部位的地质矿量，编制资源/储量比较台账。该台账是对“查明资源/储量”、“设计资源/储量”、“实际资源/储量”和“核销资源/储量”进行比较的综合资料，是探采对比与资源/储量最终核实的基础。

（6）资源/储量损失统计台账。资源/储量损失统计台账是矿石损失管理工作的成果，是矿山开采过程中资源/储量利用程度的基础信息资料，也是核定、考核矿山回采率指标的基础资料。资源/储量损失统计台账分别按月、季、年进行统计，并分别对采场、阶段（中段）、采区（坑口）和矿区的矿石损失率的计划与完成情况进行统计。

生产矿山资源/储量台账格式。台账主要包括矿块资源/储量估算台账、矿山查明资源/储量台账、开采设计资源/储量台账、矿山资源/储量变动台账、开采结束资源/储量比较台账、贫化与损失统计台账等。各种台账格式见表1-11～表1-16。

## 八、矿山地质资源/储量平衡分析报告

生产矿山每年要总结当年资源消耗、增加、三级矿量、矿权、储量平衡等情况，编写《矿山地质资源/储量平衡分析报告》。平衡分析报告的编写要符合矿山地质资源/储量平衡分析报告书写要求。

**表 1-11　矿块资源/储量估算台账格式**

企业名称：　　所属矿区（井田）：　　采矿许可证号：　　矿种：

| 矿块位置 | 矿体名称 | 矿块名称 | 资源/储量类型 | 储量计算方法 | 面积 | | 密度 | 体积 | 矿石量 | 品位 | 金属量 | 备注 |
|---|---|---|---|---|---|---|---|---|---|---|---|---|
| | | | | | $S_1$ | $S_2$ | | | | | | |
| | | | | | | | | | | | | |
| | | | | | | | | | | | | |
| | | | | | | | | | | | | |
| | | | | | | | | | | | | |
| | | | | | | | | | | | | |
| | | | | | | | | | | | | |
| | | | | | | | | | | | | |
| | | | | | | | | | | | | |
| | | | | | | | | | | | | |
| | | | | | | | | | | | | |
| | | | | | | | | | | | | |
| | | | | | | | | | | | | |
| | | | | | | | | | | | | |
| | | | | | | | | | | | | |
| | | | | | | | | | | | | |
| | | | | | | | | | | | | |
| | | | | | | | | | | | | |
| | | | | | | | | | | | | |

计算机文件名称：　　制表人：　　年　月　日

**表 1-12 矿山查明资源/储量台账（表）格式**

企业名称：　　　　所属矿区（井田）：　　　　采矿许可证号：　　　　矿种：

| 第 次勘察 | | 勘察时间： 年 月 日 | | 勘察性质： | | 勘察单位： | 审批单位： | 勘察范围 | |
|---|---|---|---|---|---|---|---|---|---|
| 矿区（矿体） | 阶段（中段） | 矿石类型 | 资源/储量类型 | 资源/储量单位 | | 查明资源/储量 | 备注 | 水平 | 垂直 |
| | | | | | | | | | |
| | | | | 矿石量 | | | | 工程间距 | |
| | | | | 品位 | | | | 探明的 | 控制的 |
| | | | | 金属量 | | | | | |
| | | | | 矿石量 | | | | 工业指标 | |
| | | | | 品位 | | | | 可采品位 | 可采厚度 |
| | | | | 金属量 | | | | | |
| | | | | | | | | 计算参数 | |
| 合计 | | | | | | | | 品位 | 密度 |
| 与前次比较增减 | | | | | | | | | |
| 累计查明 | | | | | | | | | |

计算机文件名称：　　　　制表人：　　　　年 月 日

**表 1-13　开采设计资源/储量台账（表）格式**

所属矿区名称：　　　　属矿区（井田）：　　　　资源/储量单位：　　　　矿种：

| 设计时间： | | | | 设计性质： | 设计单位： | 审批单位： |
|---|---|---|---|---|---|---|
| 矿区（矿体） | 阶段（中段） | 矿石类型 | 资源/储量类型 | 资源/储量单位 | 设计开采资源/储量 | 备　注 |
| | | | | 矿石量 | | |
| | | | | 品位 | | |
| | | | | 金属量 | | |
| | | | | | | |
| 合　计 | | | | | | |
| 设计依据的勘察报告： | | | | 境界范围： | 境外量： | |
| 资源/储量计算参数： | | | | 工业指标： | | |

计算机文件名称：　　　　制表人：　　　　年　月　日

**表 1-14 矿山资源/储量变动台账（表）格式**

企业名称：　　所属矿区（井田）：　　采矿许可证号：　　矿种

| 矿体名称 | 矿石类型 | 矿块号 | 资源/储量类型 | 资源/储量单位 | | 年初保有 | 矿体年初累计 | 开采量 | 损失量 | 地探增减 | 生探升级增减 | 重算增减 | 年末保有 | 矿体年末累计 | 备注 |
|---|---|---|---|---|---|---|---|---|---|---|---|---|---|---|---|
| | | | | 矿石量 | | | | | | | | | | | |
| | | | | 品位 | | | | | | | | | | | |
| | | | | 资源量 | | | | | | | | | | | |
| | | | | 矿石量 | | | | | | | | | | | |
| | | | | 品位 | | | | | | | | | | | |
| | | | | 资源量 | | | | | | | | | | | |
| | | | | 矿石量 | | | | | | | | | | | |
| | | | | 品位 | | | | | | | | | | | |
| | | | | 资源量 | | | | | | | | | | | |
| | | | | 矿石量 | | | | | | | | | | | |

计算机文件名称：　　制表人：　　年　月　日

### 表 1-15 开采结束资源/储量比较台账（表）格式

所属矿区名称：　　　　所属矿区（井田）：　　　　矿种：

| 矿区（矿体） | 阶段（中段） | 开采时间 | 矿石类别 | 地质勘探查明资源/储量 | | | 设计开采资源量 | | | 实际消耗资源/储量 | | | | | 备注 |
|---|---|---|---|---|---|---|---|---|---|---|---|---|---|---|---|
| | | | | 矿石量 | 品位 | 资源/储量 | 矿石量 | 品位 | 资源/储量 | 矿石量 | 品位 | 开采量 | 损失量 | 合计 | |
| | | | | | | | | | | | | | | | |
| | | | | | | | | | | | | | | | |
| | | | | | | | | | | | | | | | |
| | | | | | | | | | | | | | | | |
| | | | | | | | | | | | | | | | |
| | | | | | | | | | | | | | | | |
| | | | | | | | | | | | | | | | |
| | | | | | | | | | | | | | | | |
| | | | | | | | | | | | | | | | |

计算机文件名称：　　　　制表人：　　　　年　月　日

**表 1-16 贫化与损失统计台账格式**

企业名称： 属矿区（井田）： 矿种：

| 日期 | 采矿方法 | 采下矿石 | | | 采下围岩 | | | 采下矿岩总量 | | | 贫化率（%） | 采下矿石 | | | 未采下矿石 | | | 采场工业矿量 | | | 损失率（%） | 备注 |
|---|---|---|---|---|---|---|---|---|---|---|---|---|---|---|---|---|---|---|---|---|---|---|
| | | 矿石量 | 品位 | 金属量 | 矿石量 | 品位 | 金属量 | 矿石量 | 品位 | 金属量 | | 矿石量 | 品位 | 金属量 | 矿石量 | 品位 | 金属量 | 矿石量 | 品位 | 金属量 | | |
| | | | | | | | | | | | | | | | | | | | | | | |
| 1 | 2 | 3 | 4 | 5 | 6 | 7 | 8 | 9 | 10 | 11 | 12 | 13 | 14 | 15 | 16 | 17 | 18 | 19 | 20 | 21 | 22 | 23 |
| | | | | | | | | | | | | | | | | | | | | | | |
| | | | | | | | | | | | | | | | | | | | | | | |

(一)《矿山地质资源/储量平衡分析报告》正文及表格

《矿山地质资源/储量平衡分析报告》正文及表格应包括以下内容：

(1) 累计查明资源（储量、基础储量、资源量)。

(2) 保有查明资源（储量、基础储量、资源量)。

(3) 当年动用（采出和损失）资源/储量。

(4) 当年勘察增减及重新计算增减的资源/储量。

(5) 矿石质量变化情况。

(6) 下一年度计划动用的资源/储量。

(7) 储量平衡表、保有储量统计表、地质探矿新增储量统计表、矿权汇总表、三级矿量统计表。

(8) 资源/储量平衡状况总结分析。

(9) 其他与生产矿山储量管理及国土资源主管部门资源/储量管理有关的问题。

《矿山地质资源/储量平衡分析报告》附表，主要包括储量平衡表、保有资源/储量统计表、地质探矿新增资源/储量统计表、矿权汇总表、三级矿量统计表等。具体格式要求见表1-17～表1-23。

(二)《矿山地质资源/储量平衡分析报告》附图

附图应能反映矿山储量开采现状、当年采空区分布、下一年度计划动用的资源/储量分布地段、保有资源/储量及类型分布。

主要图件有采剥（露天开采）或采掘（井下开采）现状（包括下一年度计划动用的资源/储量分布地段）平面图、井上、井下工程对照图、资源/储量估算图。

附图应包括以下主要内容（可参照不同矿种有关矿山地质测量技术规范作相应调整)：坐标网（水平投影图）或坐标线与标高水平线（垂直投影图)，矿界范围；矿体（层）露头线及编号，构造线及断层编号，剖面线及钻孔编号，主要巷道工程，采空区范围及开采时间，地表重要建筑物，不可采范围，保安矿柱；见矿点真厚度、品位，资源/储量计算块段划分界线，以圆圈或表格形式表示出计算块段的编号、编码、矿层厚度、倾角、面积、矿石量和金属量或矿物量；当矿区有两个以上矿体（层）或不同的矿体（层）时，应分别编制投影图；与储量计算有关的其他图件。

(三)《矿山地质资源/储量平衡分析报告》编写提纲及封面和扉页样式

1. 编写提纲

(1) 企业概况：包括矿山采矿权设置、开拓方式、生产能力、主要生产技术指标以及年度生产计划和完成情况。

(2) 探采对比。简述矿山开拓、采准后，矿体形态、空间位置、矿体厚度、矿石品位以及水文地质、工程地质和其他开采技术条件等的变化情况。

**表 1-17 年底储量平衡表格式**

企业名称（公章）： 填报时间：

| 矿区名称 | 矿体编号 | 资源/储量类型 | 年12月底保有资源/储量 | | | 年资源/储量增减情况 | | | | | | | | | | | | | | | 年12月底保有资源/储量 | | | 备注 |
|---|---|---|---|---|---|---|---|---|---|---|---|---|---|---|---|---|---|---|---|---|---|---|---|---|
| | | | | | | 1. 生探升级增减 | | | 2. 采矿消耗 | | | 3. 采矿损失 | | | 4. 重算增减 | | | 5. 地质探矿新增资源/储量 | | | | | | |
| | | | | | | | | | | | | | | | | | | 矿区井田范围地质探矿增储 | | | 新矿权区新增资源/储量 | | | |
| | | | 矿石量 | 品位 | 金属量 | 矿石量 | 品位 | 金属量 | 矿石量 | 品位 | 金属量 | 矿石量 | 品位 | 金属量 | 矿石量 | 品位 | 金属量 | 矿石量 | 品位 | 金属量 | 矿石量 | 品位 | 金属量 | 矿石量 | 品位 | 金属量 | |
| 本企业 | 合计 | 122b 及以上 +333 | | | | | | | | | | | | | | | | | | | | | | | | | |
| | | 122b 及以上 | | | | | | | | | | | | | | | | | | | | | | | | | |
| | | 333 | | | | | | | | | | | | | | | | | | | | | | | | | |
| 1. X1 矿区（或坑口等） | 小计 | 122b 及以上 +333 | | | | | | | | | | | | | | | | | | | | | | | | | |
| | | 122b 及以上 | | | | | | | | | | | | | | | | | | | | | | | | | |
| | | 333 | | | | | | | | | | | | | | | | | | | | | | | | | |
| | A 矿体 | 122b 及以上 +333 | | | | | | | | | | | | | | | | | | | | | | | | | |
| | | 122b 及以上 | | | | | | | | | | | | | | | | | | | | | | | | | |
| | | 333 | | | | | | | | | | | | | | | | | | | | | | | | | |
| | B 矿体 | 122b 及以上 +333 | | | | | | | | | | | | | | | | | | | | | | | | | |
| | | 122b 及以上 | | | | | | | | | | | | | | | | | | | | | | | | | |
| | | 333 | | | | | | | | | | | | | | | | | | | | | | | | | |
| 2. X2 矿区（或生产区、坑口等） | 小计 | 122b 及以上 +333 | | | | | | | | | | | | | | | | | | | | | | | | | |
| | | 122b 及以上 | | | | | | | | | | | | | | | | | | | | | | | | | |
| | | 333 | | | | | | | | | | | | | | | | | | | | | | | | | |
| | A 矿体 | 122b 及以上 +333 | | | | | | | | | | | | | | | | | | | | | | | | | |
| | | 122b 及以上 | | | | | | | | | | | | | | | | | | | | | | | | | |
| | | 333 | | | | | | | | | | | | | | | | | | | | | | | | | |

注：1. 表中的矿区（或坑口等）、矿体名称、中段、矿权区等名称按企业实际情况进行填写；2. 本企业资源总量按矿区、矿体统计；3. 储量/资源量减少量为负值，数字前要加“-”号；增加量为正值，数字前不填符号；4. “采矿消耗”量不包括“采矿损失”量，二者之和为总采出矿产量。

企业负责人： 制表人： 联系电话： E-mail：

### 表 1-18　年底保有资源/储量统计表格式

企业名称（公章）：　　　　　　　　　　　　填报日期：

| 单位名称 | 矿体编号 | 中段或水平 | 资源/储量类型 | 保有资源/储量 | | | | | | | | | 边（次）际资源/储量 | | | | | | 备注 |
|---|---|---|---|---|---|---|---|---|---|---|---|---|---|---|---|---|---|---|---|
| | | | | 年底保有资源/储量 | | | 年资源/储量增(+)减(-) | | | 年底保有资源/储量 | | | 边际经济储量 | | | 次边际经济资源量 | | | |
| | | | | 矿石量 | 品位 | 金属量 | 矿石量 | 品位 | 金属量 | 矿石量 | 品位 | 金属量 | 矿石量 | 品位 | 金属量 | 矿石量 | 品位 | 金属量 | |
| 本企业总计 | | | 122b 及以上 +333 | | | | | | | | | | | | | | | | |
| | | | 122b 及以上 | | | | | | | | | | | | | | | | |
| | | | 333 | | | | | | | | | | | | | | | | |
| X 矿区(或坑口等) | A 矿体 | 小计 | 122b 及以上 +333 | | | | | | | | | | | | | | | | |
| | | | 122b 及以上 | | | | | | | | | | | | | | | | |
| | | | 333 | | | | | | | | | | | | | | | | |
| | | XX 中段 | 122b 及以上 +333 | | | | | | | | | | | | | | | | |
| | | | 122b 及以上 | | | | | | | | | | | | | | | | |
| | | | 333 | | | | | | | | | | | | | | | | |
| | | YY 中段 | 122b 及以上 +333 | | | | | | | | | | | | | | | | |
| | | | 122b 及以上 | | | | | | | | | | | | | | | | |
| | | | 333 | | | | | | | | | | | | | | | | |
| | B 矿体 | 小计 | 333 | | | | | | | | | | | | | | | | |
| | | | 122b | | | | | | | | | | | | | | | | |
| | | | 333 | | | | | | | | | | | | | | | | |
| | | XX 中段 | 122b 及以上 +333 | | | | | | | | | | | | | | | | |
| | | | 122b 及以上 | | | | | | | | | | | | | | | | |
| | | | 333 | | | | | | | | | | | | | | | | |

注：1. 表中的矿区（或坑口等）、矿体名称、中段、矿权区等名称按企业实际情况进行填写；2. 本表要按企业进行总合计，各生产区（或坑口）要按矿体进行小计；3. 储量/资源量减少量为负值，数字前要加“－”号；增加量为正值，数字前不填符号。

企业负责人：　　　　　制表人：　　　　　电话：　　　　　E-mail：

**表 1-19 年地质探矿新增资源/储量统计表格式**

企业名称（公章）： 填报日期：

| 矿区或矿权区名称 | 年新增资源/储量（122b 及以上+333） | | | | | | | | | | | | | | | | | | | | | | 年新增资源/储量（边际经济的+次边际经济的） | | | | | | | | | |
|---|---|---|---|---|---|---|---|---|---|---|---|---|---|---|---|---|---|---|---|---|---|---|---|---|---|---|---|---|---|---|---|---|
| | 矿体编号 | 合计 | | | 1. 矿区井田范围内 | | | | | | | | | 2. 新矿权区 | | | | | | | | | 矿体编号 | 合计 | | | 1. 矿区井田范围内 | | | 2. 新矿权区 | | |
| | | | | | 合计 | | | （1）122b 及以上 | | | （2）333 | | | 合计 | | | （3）122b 及以上 | | | （4）333 | | | | | | | | | | | | |
| | | 矿石量 | 品位 | 金属量 | 矿石量 | 品位 | 金属量 | 矿石量 | 品位 | 金属量 | 矿石量 | 品位 | 金属量 | 矿石量 | 品位 | 金属量 | 矿石量 | 品位 | 金属量 | 矿石量 | 品位 | 金属量 | | 矿石量 | 品位 | 金属量 | 矿石量 | 品位 | 金属量 | 矿石量 | 品位 | 金属量 |
| 本企业 | | | | | | | | | | | | | | | | | | | | | | | | | | | | | | | | |
| X矿区（或坑口） | 合计 | | | | | | | | | | | | | | | | | | | | | | | | | | | | | | | |
| | A矿体 | | | | | | | | | | | | | | | | | | | | | | | | | | | | | | | |
| | 其中： | | | | | | | | | | | | | | | | | | | | | | | | | | | | | | | |
| | XX中段 | | | | | | | | | | | | | | | | | | | | | | | | | | | | | | | |
| | YY中段 | | | | | | | | | | | | | | | | | | | | | | | | | | | | | | | |
| | B矿体 | | | | | | | | | | | | | | | | | | | | | | | | | | | | | | | |
| | 其中： | | | | | | | | | | | | | | | | | | | | | | | | | | | | | | | |
| | XX中段 | | | | | | | | | | | | | | | | | | | | | | | | | | | | | | | |
| | YY中段 | | | | | | | | | | | | | | | | | | | | | | | | | | | | | | | |

注：1. 表中的矿区（或坑口等）、矿体名称、中段、矿权区等名称按企业实际情况进行填写；2. 本企业资源总量按矿区/矿权区、矿体、中段进行逐级分解。

企业负责人： 制表人： 电话： E-mail：

**表 1-20 年底拥有矿权汇总表格式**

企业名称（公章） 填报日期：

| 序号 | 矿权类别 | | 矿山/勘察项目名称 | 证件编号 | 矿权面积（$km^2$） | 采矿权所有人 | 开采深度（m） | 矿权有效期限 | 目前地质勘察工作程度及成果 | 投资额 | | 备注 |
|---|---|---|---|---|---|---|---|---|---|---|---|---|
| | | | | | | | | | | 获取矿权实际投资额（万元） | 取得矿权后实际发生投资额（万元） | |
| 1 | 已有矿权 | 探矿权 | | | | | | | | | | |
| 2 | | | | | | | | | | | | |
| 3 | | | | | | | | | | | | |
| 4 | | 采矿权 | | | | | | | | | | |
| 5 | | | | | | | | | | | | |
| 6 | | | | | | | | | | | | |
| 7 | 拟延续矿权 | 探矿权 | | | | | | | | | | |
| 8 | | | | | | | | | | | | |
| 9 | | | | | | | | | | | | |
| 10 | | 采矿权 | | | | | | | | | | |
| 11 | | | | | | | | | | | | |
| 12 | | | | | | | | | | | | |
| 13 | 待批准矿权 | 探矿权 | | | | | | | | | | |
| 14 | | | | | | | | | | | | |
| 15 | | | | | | | | | | | | |
| 16 | | 采矿权 | | | | | | | | | | |
| 17 | | | | | | | | | | | | |
| 18 | | | | | | | | | | | | |
| 19 | 拟申请矿权 | 探矿权 | | | | | | | | | | |
| 20 | | | | | | | | | | | | |
| 21 | | | | | | | | | | | | |
| 22 | | 采矿权 | | | | | | | | | | |
| 23 | | | | | | | | | | | | |
| 24 | | | | | | | | | | | | |

企业负责人： 制表人： 电话： E-mail：

表 1-21　年末开拓矿量统计表格式

| 序号 | 矿区/坑口/露天采场 | 矿块号 | 资源/储量类型 | 矿石量 | 品位 | 金属量 | 备注 |
|---|---|---|---|---|---|---|---|
| | | | | | | | |
| | | | | | | | |
| | 合　计 | | | | | | |

表 1-22　年末采准矿量统计表格式

| 序号 | 矿区/坑口/露天采场 | 矿块号 | 资源/储量类型 | 矿石量 | 品位 | 金属量 | 备注 |
|---|---|---|---|---|---|---|---|
| | | | | | | | |
| | | | | | | | |
| | 合　计 | | | | | | |

表 1-23　年末备采矿量统计表格式

| 序号 | 矿区/坑口/露天采场 | 矿块号 | 资源/储量类型 | 矿石量 | 品位 | 金属量 | 备注 |
|---|---|---|---|---|---|---|---|
| | | | | | | | |
| | | | | | | | |
| | 合　计 | | | | | | |

（3）资源/储量估算。简要说明圈矿工业指标、计算方法、计算参数、矿山资源/储量圈定与外推原则等。

统计累计查明资源/储量，估算当年动用资源/储量（开采量、损失量）、重算和勘察增减资源/储量、保有资源/储量、下一年度计划动用的资源/储量、矿石质量变化情况。

资源/储量计算需说明的其他问题。

（4）结论：对矿山资源/储量平衡状况进行评述分析，提出存在的问题及建议等。

2. 封面和扉页样式（见附 1-1 和附 1-2）

附 1-1 《矿山地质资源/储量平衡分析报告》封面样式

# ××省××县(区、市)××矿××年度
# 地质资源/储量平衡分析报告

报告提交单位:

报告编写单位:

报告提交日期: 年 月 日

附 1-2 《矿山地质资源/储量平衡分析报告》扉页样式

## ××省××县(区、市)××矿××年度
## 资源/储量平衡分析报告

报告提交单位:
单位负责人:
单位技术负责人:

报告编写单位:
单位负责人:
报告编写人:
报告审查人:
报告提交日期:

## 九、年度探矿增储报告

生产矿山每年年底前要编写《年度探矿增储报告》，总结当年探矿增储情况。

《年度探矿增储报告》的编写要符合有关要求；新增资源/储量估算表参照《新增资源/储量估算主要附表格式要求》编制；图件的编制格式要符合《地质资源/储量相关图件格式及比例尺要求》的有关规定。

（一）《年度探矿增储报告》的主要内容

《年度探矿增储报告》正文应包括以下内容：

（1）当年探矿工程完成情况。

（2）当年探矿增储主要矿体地质特征。

（3）勘察类型确定依据及勘察工作质量评述。

（4）当年新增的资源/储量。

（5）工业指标及资源/储量估算方法。

（6）新增资源/储量中当年动用（采出和损失）部分。

（7）新增矿产资源的矿石质量变化情况。

（8）新增储量矿体的探矿经验总结及下一步探矿安排。

（9）使用地质专业软件的各项参数。

《年度探矿增储报告》附表应包括：

（1）各类样品分析、测试、鉴定成果表。

（2）化验结果质量（或内、外检对照表）统计表。

（3）新增资源/储量估算表。

1）单工程矿体（层）厚度、平均品位计算表；

2）断面或块段平均厚度、品位计算表；

3）密度、湿度测定结果表（也可作正文插表）；

4）块段资源/储量计算表。

《年度探矿增储报告》附图必须反映以下内容：新增储量矿体探矿平面图件，包括以往探矿工程、当年探矿工程；新增储矿体样品分布图件及化验结果表；新增资源/储量估算图件等。各矿山要按国家相关规范，编制统一的地质图例。主要附图有：

（1）矿区交通位置图（可作报告插图）。

（2）矿区（井田、矿段）地形地质图（图中应反映矿权范围、拐点号及坐标），比例尺：1∶1000或1∶2000。

（3）含矿岩系（或矿层）柱状对比图。

（4）与年度资源/储量估算相关勘探线剖面图（采用剖面法估算资源/储量的，可与资源/储量估算图合并），比例尺：1∶500或1∶1000。

（5）资源/储量分布纵投影图（陡产状矿体剖面法估算资源/储量时附），比例尺：1∶500或1∶1000。

（6）资源/储量分布平面图（缓产状矿体剖面法估算资源/储量时附），比例尺：1∶500或1∶1000。

（7）资源/储量估算图（平面、纵投影图），比例尺：1∶500或1∶1000。

上述附图(5)~(7)中，除应表示本年度估算资源/储量内容外，还应反映上年度勘察报告资源/储量分布范围。

（8）本年度新增工程原始编录图（坑、槽探素描图、钻孔柱状图）、中段平面图，比例尺：1∶200或1∶500。

（9）与本度资源/储量估算相关的采场编录图，比例尺：1∶200或1∶500。

《年度探矿增储报告》附件主要包括：有关确定工业指标的批复文件；矿石加工技术性能或物理性能试验报告；探矿增储项目工程验收记录或纪要。

（二）《年度探矿增储报告》正文编写提纲

《年度探矿增储报告》正文应包括前言、工作区地质、矿石加工技术性能、矿床开采技术条件、勘察地质工作及其质量评述、资源/储量估算、共（伴）生矿产资源/储量估算、结语共8个部分。

1. 前言

（1）企业概况。

企业（矿山）名称、地理位置与交通状况；矿业权设置情况，包括许可证起止边界拐点号、地理坐标、面积及有效期；矿山建设和生产概况等，详细叙述建设、开采时间、设计采选矿石规模、采矿方法、采出矿石量、金属量、主要生产指标（损失率、贫化率、采矿回收率、选矿回收率等），说明当前矿山生产成本（吨矿成本、克金成本等）、供销情况及经济效益。

（2）以往地质勘察简述。

历次地质勘察、生产勘探工作的时间、勘察单位、勘察工作依据、主要工作量、储量估算方法及获得的资源/储量类别和数量、勘察报告评审认定情况等。

（3）本年度地质工作情况。

简述本年度矿山地质工作和勘察工作开展情况。叙述本年度探矿范围、探矿投入、完成各项工作量，取得的主要地质成果等。列出估算的各类资源/储量。

2. 工作区地质

按区域大地构造位置、地层、构造、岩浆岩、变质岩的顺序简述区域地质特征；矿床与区域地质背景之间的联系。

（1）矿床地质特征。

综合叙述矿体（层）赋存层（部）位、控矿条件、矿体（层）数量、总体分布范围（具体地段、长度、宽度、延深）、总体产状以及对矿床的新认识。

（2）矿体（层）地质特征。

分矿体叙述（经开采的则对矿体的保有部分分别叙述）。

简述主矿体（层）的具体赋存部位、空间位置、分布范围、与上、下矿体的关系（或距离），矿体（层）形态、产状、规模（长度、宽度、延深）、矿层厚度、有用组分（品位含量）、含矿率（含矿系数）、荒料率及变化。对次要矿体（层或小矿体）可列表反映基本特征。以插图形式反映矿区内矿体（层）平面分布范围。

矿体（层）规模、数量、形态发生重大变化的矿区和因变更工业指标而需核实的，应补充以下内容：矿体（层）连接对比标志、依据，矿体最大最小埋深、赋存标高、矿层厚度、品位变化规律，主矿体（层）控制程度和资源/储量所占比例。并以插图形式反映矿密度新圈定前后的变化情况。

（3）矿石质量。

1）矿石物质组成。

简述矿石物质组成，矿石结构、构造，矿物共生关系。

2）矿石化学成分。

叙述矿石主要有用、有益、有害组分含量、赋存状态、变化和变化规律；对利用化学组分用途改变为以物理性能为主要指标的矿种，应对其物理性能进行详细评价。

3）矿石风（氧）化特征。

简述矿石风（氧）化特征，阐明氧化、混合、原生带划分依据，“三带”的分布范围、深度。

（4）矿石类型和品级。

简述矿石自然类型、工业类型（品级），说明各自然（工业或品级）类型矿石在矿体（层）中所占比例及分布规律。

（5）矿体（层）围岩和夹石。

简述主矿体（层）上下盘围岩岩性及矿体（层）夹石岩性、数量、分布、规模（长、宽、厚度）及有用、有益、有害组分的大致含量，对矿体（层）完整性的影响程度；围岩蚀变。

（6）矿床共（伴）生矿产。

简述共（伴）生矿产种类，结合新成果说明各组分含量、总量，评价综合开采的技术可行性和经济意义。

（7）矿床成因及找矿标志。

3. 矿石加工技术性能

简述生产选矿工艺流程，矿石入选品位，精矿、尾矿品位、产率、回收率或物性指标等；对矿石主要组分工业利用和共（伴）生矿产回收进行评述。

年度勘察完成后又进行了矿石加工技术试验的矿区应详细叙述新成果。

4. 矿床开采技术条件

（1）水文地质。

叙述矿区水文地质条件的现状：阐明未采矿体主要分布标高，矿体最低标高，当地侵蚀基准面标高及矿井最低排泄面标高。指出矿山开采过程中发生的主要水文地质问题，产生原因，矿山采取的应对措施及效果，评述对矿山开采的影响；预测分析矿山深部开采可能诱发或者加剧水文地质问题及变化趋势，提出防、治措施的建议。说明矿山供水水源地现状。对矿区水文地质条件复杂程度评价。

（2）工程地质条件及开采后的变化。

1）工程地质条件现状评价。阐述井巷和采区揭露的工程地质情况及稳固性评价；评述矿区内已发生的工程地质问题、发生部位、产生原因、对采矿的影响程度，矿山采取的工程措施及其效果。

2）工程地质条件预测评价。预测未来矿山开采过程中可能诱发或加剧的主要工程地质问题，提出防、治措施的建议；工程地质条件复杂程度评价。

（3）环境地质条件及开采后的变化。

1）矿区环境地质现状评价。评述矿区存在的自然灾害对开采的影响；叙述矿山建设以来，工程经济活动中诱发的矿山环境地质问题，危害对象及影响程度，分析影响和破坏的主导因素，矿山采取的防、治措施及其效果。

2）矿区环境地质预测评价。分析预测矿山未来的工程经济活动可能诱发或加剧的环境地质问题；根据矿山类型、生产规模、开采方式，结合地质环境背景条件对可能发生的主要环境地质问题作出预测评价；对上述环境地质问题提出防、治措施的建议。

（4）其他开采技术条件变化、评价及防治措施建议。

（5）开采技术条件小结。

简述矿区水文地质、工程地质、环境地质条件的主要问题和类型，在综合上述条件的基础上重新确定矿床开采技术条件复杂程度的综合类型（3类9型）。

5. 勘察地质工作及其质量评述

（1）勘察方法及工程布置。

详述勘察类型及确定依据；勘察手段的选择及依据；工程布置原则，主要勘探对象、探矿地点、工程间距、工程量等。

（2）勘察工程质量评述。

评述探矿工程（钻探、坑探、槽探、地质填图等）的质量、工程测量质量，是否符合规范和勘察阶段的要求。

（3）地质编录、采样、化验和岩矿鉴定工作及其质量评述。

1）地质编录。

简述对不同探矿工程的地质编录方法及质量评述。

2）采样工作及其质量评述。

简述采样方法、评述采样工作质量。

3）化验分析、内检、外检情况及其质量评述。

简述样品加工、化验分析的承担单位、工作流程，并评述质量；简述内检、外检过程，并评述质量。样品内检、外检结果应作为本报告附件。

6. 资源/储量估算

（1）资源/储量估算的工业指标。

工业指标的批复单位、批复文件名称及文号；工业指标的各项内容。工业指标批复文件应作为本报告附件。

（2）资源/储量估算方法。

生产矿山均应使用地质专业软件提交资源/储量报告。不具备条件暂未使用地质专业软件的，应说明所选用的资源/储量估算方法及选用依据。

1）数据格式。

简述不同勘察工程数据的格式。

2）数据校验。

工程数据校验及结果。

3）地质解译。

地质解译可以按勘探线解译、按勘探工程解译，简述解译过程。划分不同矿块的根据矿块解译。

4）线框模型。

简述建立线框模型过程。

5）线框赋值。

简述线框赋值过程。

6）组合样长。

根据最小可采厚度，确定组合样样品的长度。简述组合样长参数和过程。

7）矿块模型。

简述确定块大小的依据，划分空块模型和子块的过程。制作矿块模型参数表（见表1-24）。

8）搜索椭球体。

简述建立搜索椭球体的过程，制作椭球体定义表（见表1-25）。

表 1-24 矿块模型参数表

| 矿体编号 | 方 向 | 范 围 | | 矿块模型 | | |
|---|---|---|---|---|---|---|
| | | 最小值（m） | 最大值（m） | 块尺寸（m） | 子块尺寸（m） | 块个数 |
| | | | | | | |
| | | | | | | |
| | | | | | | |
| | | | | | | |
| | | | | | | |
| | | | | | | |

表 1-25 矿块模型搜索椭球体定义表

| | | |
|---|---|---|
| 矿块模型编号 | | |
| 半 径 | | |
| 扇区数 | | |
| 每扇面最多点数 | | |
| 最少点数（总和） | | |
| 方位角 | | |
| 倾伏角 | | |
| 方位角因子 | | |
| 倾 角 | | |
| 倾角因子 | | |
| 厚度因子 | | |

(3) 资源量估算参数。

使用地质专业软件估算资源/储量的，简述确定单工程厚度、矿体平均品位、矿石密度、特高品位处理、搜索椭球体、子块尺寸等相关参数的方法。

使用其他估算方法的，要说明面积、单工程厚度、品位、特高品位、矿石密度等相应计算参数的确定方法。

(4) 矿体圈定的原则。

简述圈定三维矿体及外推的原则。

(5) 资源/储量类型的确定。

从地质可靠程度、可行性研究、经济评价三方面，说明不同资源/储量类型的确定原则；简述划分矿块的方法。

使用地质专业软件估算资源/储量的，还要根据软件要求简述确定资源/勘察类型的原则。

（6）资源/储量估算结果。详列各种资源/储量类型的数量（包括矿石量、品位、金属量）。

用距离反比加权法估算资源/储量的，还要与封闭多面体法进行对比，验证可靠程度（见表1-26）。

**表1-26 资源/储量可靠性验证表**

| 项目 | | 体积 | 矿石量 | 品位 | 金属量 |
|---|---|---|---|---|---|
| 距离反比加权法 | | | | | |
| 封闭多面体法 | | | | | |
| 平均值 | | | | | |
| 误差 | 绝对误差 | | | | |
| | 相对误差 | | | | |

注：平均值＝(距离反比加权值＋封闭多面体值)/2；

绝对误差＝距离反比加权值－平均值；

相对误差＝$\frac{\text{距离反比加权值}-\text{平均值}}{\text{距离反比加权值}}$。

7. 共（伴）生矿产资源/储量估算

说明共（伴）生矿产资源/储量估算采用的工业指标，计算方法、参数确定原则、计算结果（可用插表或与主矿产资源/储量表合并），并评价其可靠程度。

8. 结语

（1）对本年度探矿取得的主要成果、新认识、资料完备程度作出概括的、结论性的评述，对今后矿山开发经济效果做概括性的评述。

（2）评价开采技术条件，指出需防治的主要问题。

（3）指出矿山今后生产勘探（探矿）和开采、矿石利用等方面的问题和建议。

（三）《年度探矿增储报告》封面、扉页格式（见附1-3和附1-4）

（四）新增资源/储量估算主要附表格式要求

用传统方法估算资源/储量附表包括单工程矿体（层）平均品位及平均厚度计算表、矿块（块段）平均品位及平均厚度计算表、矿块（块段）平均品位及平均厚度计算表、新增资源/储量汇总表等，各表格格式见表1-27～表1-30。

附 1-3 《年度探矿增储报告》封面样式

## ××省(市、自治区)××县(市、自治县)<br>××矿区(矿床)××矿段(井田)<br>××矿(矿种)××年度探矿增储报告

报告提交单位:

报告编制单位:

报告提交日期: 年 月 日

附 1-4 《年度探矿增储报告》扉页样式

## ××省(市、自治区)××县(市、自治县)
## ××矿区(矿床)××矿段(井田)××矿(矿种)
## ××年度探矿增储报告

报告提交单位:

单位负责人:

单位技术负责人:

报告编写单位:

单位负责人:

报告编写人:

报告审查人:

报告提交日期:

**表 1-27 ______年度新增资源/储量估算表（一）**

单工程矿体（层）平均品位及平均厚度计算表

企业名称： 日期：

| 矿区/采区 | 矿脉名称 | 矿体名称 | 矿块（块段）号 | 中段 | 资源/储量类型 | 工程名称 | 样号 | 样长（m） | 品位（ ） | 矿脉倾角（°） | 矿体真厚度（m） | 米·克/吨值（米百分值） | 单工程平均品位（ ） | 单工程平均真厚度（m） | 备注 |
|---|---|---|---|---|---|---|---|---|---|---|---|---|---|---|---|
| | | | | | | | | | | | | | | | |
| | | | | | | | | | | | | | | | |

**表 1-28 ______年度新增资源/储量估算表（二）**

矿块（块段）平均品位及平均厚度计算表

企业名称： 日期：

| 矿区/采区 | 矿脉名称 | 矿体名称 | 块矿（块段）号 | 控矿单项工程 | | | | | | 矿块（块段） | | 备注 |
|---|---|---|---|---|---|---|---|---|---|---|---|---|
| | | | | 中段 | 工程名称 | 控矿长（厚）度 $L$(m) | 平均品位 $C$（ ） | 平均厚度（m） | 加权值（$L \times C$） | 平均品位（ ） | 平均厚度（m） | |
| | | | | | | | | | | | | |
| | | | | | | | | | | | | |

**表 1-29　______年度新增资源/储量估算表（三）**

矿块（块段）平均品位及平均厚度计算表

企业名称：　　　　　　　　　　　　　　　　　　日期：

| 矿区/采区 | 矿脉名称 | 矿体名称 | 中段 | 矿块(块段)号 | 资源/储量类型 | 矿块(块段)平均厚度(m) | 矿块(块段)面积计算 | | | 矿块(块段)体积(m³) | 密度(t/m³) | 矿块(块段)资源/储量 | | | 工程采出资源/储量 | | | 实际保有资源/储量 | | | 备注 |
|---|---|---|---|---|---|---|---|---|---|---|---|---|---|---|---|---|---|---|---|---|---|
| | | | | | | | 倾角(°) | 矿块(块段)投影(剖面)面积(m²) | 矿块(块段)真实面积(m²) | | | 矿石量(t) | 平均品位( ) | 金属量( ) | 矿石量(t) | 品位( ) | 采出金属量( ) | 矿石量(t) | 品位( ) | 金属量( ) | |
| | | | | | | | | | | | | | | | | | | | | | |
| | | | | | | | | | | | | | | | | | | | | | |

**表 1-30　______年度新增资源/储量估算表（四）**

新增资源/储量汇总表

企业名称：　　　　　　　　　　　　　　　　　　日期：

| 矿区/采区 | 矿脉名称 | 矿体名称 | 资源/储量类型 | 矿石量(t) | 品位( ) | 金展量( ) | 备注 |
|---|---|---|---|---|---|---|---|
| | | | | | | | |
| | | | | | | | |
| 合计 | | | 122b 及以上 + 333 | | | | |
| | | | 122b 及以上 | | | | |
| | | | 333 | | | | |

填表说明：1. 要分别按矿体—矿脉—矿区/采区小计，并区分资源/储量类型；2. 在前述小计的基础上，进行企业新增资源/储量的合计，并区分资源/储量类型。

用地质专业软件估算资源/储量，见表1-31。

**表1-31　____年度新增资源/储量估算表**

| 采区/矿区 | 矿脉名称 | 矿体名称 | 资源/储量类型 | 矿体厚度（m） | 体　积（$m^3$） | 密度（$t/m^3$） | 矿石量（t） | 品位（　） | 金属量（　） | 数据形成时间 |
|---|---|---|---|---|---|---|---|---|---|---|
| | | | | | | | | | | |
| | | | | | | | | | | |
| 合　计 | | | | | | | | | | |

注：1. 填表时要根据矿种不同，改变表格中的相应单位；2. 矿石量取整数，其余项目保留两位小数。

（五）地质探矿设计、探矿增储报告、资源/储量平衡分析报告的结构及格式要求

1. 报告的结构

报告由前置部分、正文部分、后置部分组成。

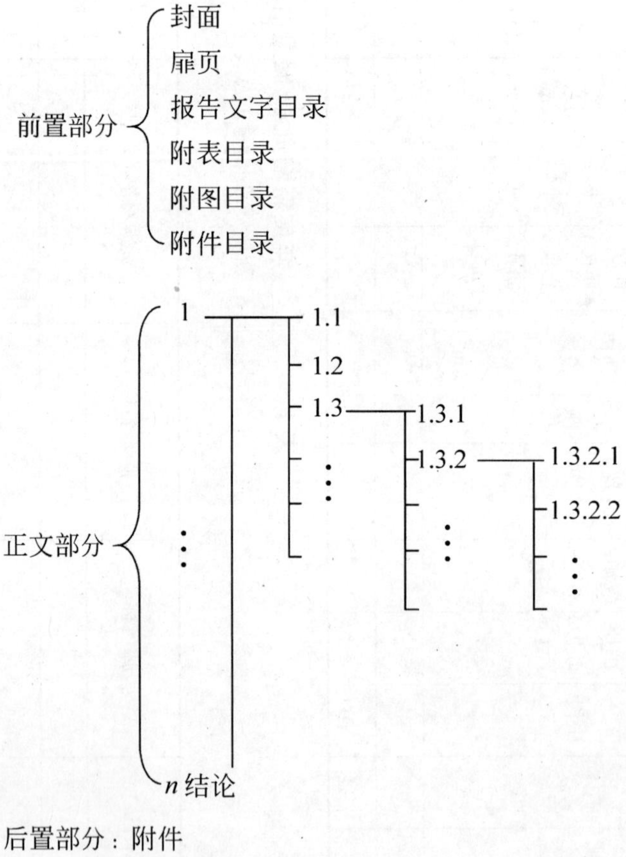


2. 报告格式要求

（1）封面。

分一行或多行居中排布。回行时要注意保持词意完整，排列对称（例如，不要把“地探增储”的“地”与“探”、“增”与“储”断为两行）。

年度探矿增储报告名称统一为：××省（市、自治区）××县（市、自治县）××矿区（矿床）××矿段（井田）××矿（矿种）××年度探矿增储报告。字体为二号黑体字，行间距为单倍行距。

矿山地质资源/储量平衡分析报告名称：××省××县（区、市）××矿××××年资源/储量平衡分析报告。字体为二号黑体字，行间距为单倍行距。

报告提交单位：为权属矿山生产企业规范全称，并加盖公章。字体为三号仿宋体。

报告编制单位：为编制增储报告的权属矿山生产企业或地勘单位规范全称，并加盖公章。字体为三号仿宋体。

报告提交日期：用汉字标注，“零”应写作“〇”。

（2）扉页。

报告名称及要求与封面中的要求一致。字体为小二号黑体。以下扉页内容字体为小三号仿宋体。

报告提交单位，与封面要求一致。

报告提交单位主要管理人员，包括董事长、总经理、总工程师（或分管副总经理）、技术负责人等。

报告编制单位，与封面要求一致。

报告编制单位主要管理人员及报告编写人员，包括总经理、总工程师（或分管副总经理）、项目经理、报告编写人员等。

报告编制日期，要求同封面。

（3）正文目录。

正文目录使用小四号仿宋字体。

（4）附表目录。

为报告正文附表之外的表格目录。按正文引用顺序确定表格序号。

（5）附图目录。

为报告正文附图之外的图件目录。按区域地质图、矿区地形地质图、勘探线剖面图、坑探平面图、储量计算图编序等。

附图的图幅、结构、内容要符合地质图件的有关标准要求。

（6）附件目录。

与报告相关的独立文件目录。

（7）正文中的插图、附表要求。

1）图：精选，要具有代表性；清楚，坐标比例要适中，同一图上不同曲线的点用不同形状标出并说明；图中的术语、符号、单位等应同文字表述所用一致；图序及图名居中置于图的正下方。

2）表：表中参数应标明量和单位的符号；表序及表名置于表的上方。

3）公式：公式的编号用括号括起写在右边行末，其间不加虚线。

图、表、公式等与正文之间要有一行的间距。

文中的图、表、附注、公式一律采用阿拉伯数字分章（或连续）编号。如：图2-5，表3-2，公式（5-1）等。

（8）页码。

页码从正文开始按阿拉伯数字连续编排，前置部分用阿拉伯数字单独编排；页码位于页面底端，居中书写。

（9）字体及字号要求（见表1-32）。

**表1-32　字体及字号要求**

| | | |
|---|---|---|
| 大标题 | 1　概况 | 黑体二号 |
| 一级节标题 | 4.1　资源/储量估算 | 黑体小二号 |
| 二级节标题 | 4.2.2　工业指标 | 黑体三号 |
| 三级节标题 | 2.3.3.2　参数校正 | 黑体四号 |
| 正　文 | 探矿增储 | 仿宋体四号 |
| 表题与图题 | 图2.13 研究区大地构造地质简图 | 仿宋体五号 |

（10）段落及行间距要求。

大标题（章）之后空一行；全文行间距一律取“1倍行距”；段间距（段前、段后）均取“0行距”。

（六）相关图件格式及比例尺要求

1. 图件格式要求

（1）设计图纸的幅面尺寸（见表1-33）及内容按以下图表的规定设置。

**表1-33　设计图纸的幅面尺寸（mm）**

| 基本幅面代号 | 0 | 1 | 2 | 3 | 4 |
|---|---|---|---|---|---|
| $B \times L$ | 841×1189 | 594×841 | 420×594 | 297×420 | 297×210 |
| $c$ | 10 | | | 5 | |
| $a$ | 25 | | | | |
| 规格系数（以1号幅面为单位） | 2 | 1 | 0.5 | 0.25 | 0.125 |

（2）无论图纸是否装订，均应用粗实线画出图框，其格式如图1-25所示。

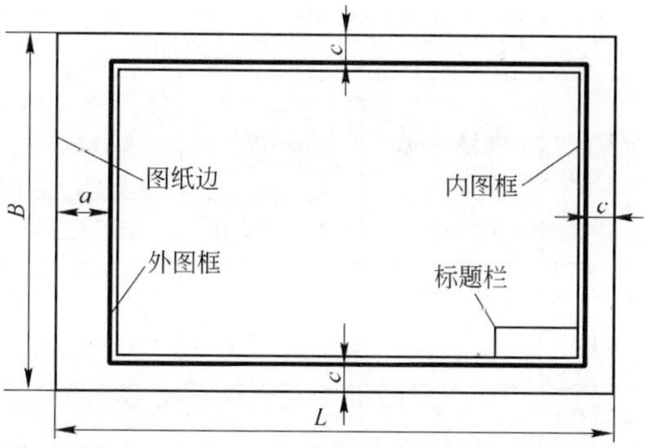


图 1-25　设计图纸的幅面设置要求（mm）

（3）必要时可以将表 1-33 中 1 ~ 3 号图纸的长度、宽度加长，0 号图纸只能加长长边。加长部分的尺寸应为边长的 1/8 及其倍数，参见表 1-34 规格选取。特殊情况（如受地质原始资料限制，可按需要确定图幅大小。

**表 1-34　设计图纸加长/加宽规格**（mm）

| 基本幅面 | | 长边延长 | | 短边加宽 | | 两边放大 | |
|---|---|---|---|---|---|---|---|
| 代号 | 规格系数 | $B \times L$ | 规格系数 | $B \times L$ | 规格系数 | $B \times L$ | 规格系数 |
| $B \times L$ | | | | | | | |
| 0 | 2 | 841 × 1137 | 2. 25 | | | | |
| | | 841 × 1486 | 2. 5 | | | | |
| 841 × 1189 | | 841 × 1635 | 2. 75 | | | | |
| | | 841 × 1783 | 3 | | | | |
| 1 | 1 | 594 × 946 | 1. 125 | 668 × 841 | 1. 125 | 668 × 946 | 1. 27 |
| | | 594 × 1051 | 1. 25 | 743 × 841 | 1. 25 | 743 × 1051 | 1. 56 |
| | | 594 × 1156 | 1. 375 | 817 × 841 | 1. 375 | 817 × 1156 | 1. 89 |
| 594 × 841 | | 594 × 1261 | 1. 5 | 892 × 841 | 1. 5 | | |
| | | 594 × 1366 | 1. 625 | | | | |
| | | 594 × 1472 | 1. 75 | | | | |
| 2 | 0. 5 | 420 × 713 | 0. 625 | 525 × 594 | 0. 625 | | |
| 420 × 594 | | 420 × 892 | 0. 75 | 631 × 594 | 0. 75 | | |
| | | 420 × 1040 | 0. 875 | 736 × 594 | 0. 875 | | |
| | | 420 × 1189 | 1 | | | | |
| | | 420 × 1337 | 1. 125 | | | | |
| | | 420 × 1486 | 1. 25 | | | | |

续表 1-34

| 基本幅面 | | 长边延长 | | 短边加宽 | | 两边放大 | |
|---|---|---|---|---|---|---|---|
| 代号 | 规格系数 | $B \times L$ | 规格系数 | $B \times L$ | 规格系数 | $B \times L$ | 规格系数 |
| $B \times L$ | | | | | | | |
| 3 | 0. 25 | 297×525 | 0. 3125 | 371×420 | 0. 3125 | | |
| | | 297×631 | 0. 375 | | | | |
| | | 297×736 | 0. 4375 | | | | |
| 297×420 | | 297×841 | 0. 5 | | | | |
| | | 297×946 | 0. 5625 | | | | |
| | | 297×1051 | 0. 625 | | | | |
| 4 | 0. 125 | | | | | | |
| 297×210 | | | | | | | |

（4）图纸的右下角都须设有标题栏，按图 1-26 所示表明图纸的性质、内容和职责。

图 1-26　图纸标题栏内容及要求（mm）

2. 比例尺

（1）图纸必须按比例绘制，打印时不准随意缩放。不是按比例绘制或打印时进行缩放的，必须注有“示意图”字样。

（2）制图比例要选择适当，使图面布局合理、美观、清晰、紧凑，尽量选用 1∶（1～5）$\times 10^n$ 的比例。

（3）同一视图，有时也可采用纵向和横向两种不同比例绘制，但需注明。

（4）比例采用线性比例尺和数字比例尺标注。

（七）其他要求

（1）矿山应按照国家相关矿种的规范，结合矿山实际情况，制定地质资源储量估算及管理办法。对工业指标的应用、矿体的圈定、块段的划分、资源储量类型确定、资源储量估算方法、计算参数计算和测定，以及资源储量管理等作出明确规定。

（2）各生产矿山必须取准和取全探、采工程的地质资料和样品及化验分析测试数据，及其验证检查资料。在编绘的大比例尺地质图上运用工业指标圈定矿体，划分块段。以块段为基本单元估算资源储量和生产矿量，并建立台账。及时准确地掌握各时期矿量的采出、损失、重评、勘探增减及保有程度和变动情况。按月或季统计全矿山开采的矿量情况，编制资源储量变动报告平衡表。及时向相关资源储量管理部门呈报矿产储量平衡表。

（3）为经济合理和最大限度利用资源，企业要根据矿产品市场价格、矿床开采技术条件、选冶技术指标的变化适时调整工业指标。对地质资源作出评价，并上报审批。未批准前，各矿山不得任意改动工业指标。

（4）储量核销按国家有关规定执行，在没有批准核销之前，矿山不得自行处理或拆除生产设施，废除生产系统。

（5）矿山可根据国家对矿山地质资源/储量管理的有关规定，结合矿山实际情况，制定生产矿量估算及管理办法，对生产矿量分级标准和保有期限，做出具体规定，并上报审批后执行。

（6）各矿山要执行“采掘（剥）并举，掘进（剥离）先行”的采掘技术方针。做好生产矿量的平衡工作。矿山地测部门应对生产矿量的保有情况进行经常的检查与分析，并督促有关部门及时采取措施，保证达到保有期限指标要求。

（7）对采掘比例失调的矿山，地质部门应及时提出意见，调整采掘比例，保证矿山持续、稳定的生产。当地质资源储量危机时，及时提出加强开展矿山地质探矿工作。

## 第五节　供矿矿石质量管理

矿山地质部门应按照采掘技术计划，编制供矿矿石质量计划，矿石质量计划的编制时间，随矿山采掘计划的编制时间而定，一般可编年、季、月计划，必要时可安排旬及当班计划。

通过质量计划的编制，应当解决以下几方面的问题：

（1）依据各时期所生产矿段计划动用的矿块数量和它的资源储量及品位情况，进行计算、分析、平衡，以确保供矿矿石质量指标。

（2）根据计划采矿地段内矿体的具体条件，采准采矿矿块，设计和计划的贫化率、损失率指标，提出保证矿石质量指标实现的具体措施。

（3）掌握存窿矿量、副产矿石、出矿点和放矿溜井的采样化验品位资料，均衡各出矿点的出矿量进行采矿、出矿矿石质量均衡（配矿）工作的具体安排。按计划均衡出矿（供矿）品位，确保矿山生产计划的完成。

## 第六节 现场施工中的地质管理

地质人员应按设计指导施工，及时掌握井巷探矿工程的掘进方向、规格、坡度和终止位置，井巷工程的质量按《矿山井巷工程施工及验收规范》（GBJ 213—90）管理。掌握地质构造变化情况。根据施工现场的实际情况及时调整（修改）探矿设计及施工计划。

地质人员应参与井巷工程的验收工作。参与安全施工的管理，对有透水隐患的地段要做到“有疑必探，先探后掘”。对工程地质条件较差的地段应及时向生产部门发出预告，并会同有关部门商讨预防事故的措施。

地质人员应进行开采边界管理。特别是对于形态变化复杂的矿体，在回采工作中应与采矿人员密切配合，管理好开采边界（如地下开采的矿山、采矿场的矿壁线）。其办法可及时用油漆或粉浆等标出开采边界，以指导生产；对采场两帮残留矿石也应及时标出及时扩帮。

露天矿要掌握剥离境界，指导矿、岩分别爆破及分别装运。必要时矿山地质部门应提供“爆破区地质图”之类的图件，并用一定的标志（如小旗、木牌等）在现场直接标出矿、岩分界。

进行现场矿石质量管理，指导不同类型、不同品级矿石的分爆、分装及分运；指导现场矿石质量均衡工作等。

矿山地测人员对露天采场要定期观测边坡稳定情况，及时发现因断层、软夹层或水文地质因素等引起的不稳定地段，与采矿人员共同研究预防边坡滑动或垮落的措施。

各矿山对正施工的采掘工程和正回采的矿房要定期进行地质编录（具体时间各矿山根据实际情况和相关规范确定），一般要求在验收前完成工程编录，取样等资料的收集工作，采掘工程完成后或采场回采结束后，要把所有的编录资料进行汇总，整理并存档。

## 第七节 采掘单元停采或结束时的地质管理工作

一个大型采掘单元（如矿山或坑口）的停采其主要工作内容有：

（1）完成了已停采的采掘单元内已有采掘工程的地质调查与原始地质编录工作。

（2）系统整理出停采地段的综合地质图件及其他地质资料。

（3）统计出已采矿量和尚存的资源储量。

（4）对停采地段（中段、坑口或矿山）的小矿体，残采矿矿柱，确实无法回采，应有系统地质资料和说明。损失矿量（资料）已经有关部门批准。

（5）停采地段，确实已探清、采完、出净，并有科学论证。

（6）做好探采对比工作。

小型采掘单元（如地下采场）结束时的管理工作较为简单，地质管理的主要内容为：

（1）检查设计中的应采矿石是否已全部采完。

（2）检查采下矿石是否已全部出完。

（3）确定残矿是否需补采或补出。

（4）重新核实原始储量，统计采出矿量与开采中的损失及贫化。

（5）系统整理出有关该单元的地质资料归档。

小型采掘单元因开采技术条件影响及重大事故等原因而被迫停采结束等情况下，地质管理工作的主要内容为：

（1）会同采矿及安全技术等部门检查鉴定是否确属已无法复产。

（2）统计已采矿量与残存矿量，计算其损失及贫化。

（3）系统整理有关该单元的地质资料并归档。

生产探矿工程应由地质人员根据实际情况决定工程的停、掘。

大型采掘单元结束正常开采，尚应着重检查应采的矿柱或矿体分支等是否已全部回采，以及在结束地段范围内或其附近是否已确无再发现盲矿体的可能。除此之外，对于地、测、采部门应共同提出正式的采掘单元结束的总结资料，按《固体矿产勘察　矿山闭坑地质报告编写规范》（DZ/T 0023—2002）编写，并报送有关部门审查和批准。

# 第二章　矿山测量技术管理

## 第一节　概　　述

矿山测量是矿山企业生产建设的一项基础技术工作，是正确指导生产、进行科学管理，实现矿山生产技术现代化工作中的一个重要组成部分。它的主要任务是及时进行生产测量和施工测设；执行生产监督，实现正规采掘与矿产资源的合理开发利用。

矿山测量技术工作的主要内容：

（1）建立或利用矿区测量控制网。

（2）测绘或补测矿区地形图。

（3）进行地上、地下各种工程的施工测设。

（4）填绘反映生产现状的各种采掘（剥）工程图和专用图。

（5）验收采掘（剥）充填工程量和生产量。

（6）开展岩石移动、地压与边坡滑动的观测研究。

书中的各种精度指标与要求，是根据矿山生产建设工作的需要，考虑经济合理的原则及技术现状而确定的。

测量成果的精度评定以中误差为标准，当观测误差与观测值本身大小有关时，应同时用相对误差来评定观测结果的质量。允许误差（限差）一般采用中误差的2倍值。

外业观测和内业计算，应有检核。凡提交使用的一切测绘资料和成果，必须经过检查和负责人的签字。

要建立测绘仪器、工具的维护与使用制度，加强日常管理和维护保养，并定期检查、校正和维修。进行重要测绘工作前，还应按规定作检核。

矿山测绘资料是正确进行采矿工作的重要依据，是矿山建设和生产管理的重要技术资料，必须长期妥善保存，并要建立相应的使用与保管制度。

开展矿山测量研究，改革测绘方法与仪器、工具。积极推广应用测量先进技术、设备和计算机软件。

要注意总结测量经验，积累资料，求出矿山各种测绘误差的基本参数，满足生产需要。

矿山测量工作对考核矿山企业的工程质量、生产量及保证安全生产方面具有十分重要的作用。测量人员必须严肃认真实事求是，严格执行规范，确保工程质量，充分发挥测量工作在矿山生产中的作用。

## 第二节 矿区近井网控制测量

### 一、基本要求

矿区在地质勘探时期所建立的矿区平面基本控制网点，在矿区基本建设和生产时，应对其测量点的保有情况和原始数据及精度进行全面的分析和检查，在满足规范要求时原则上不需重新布网。

近井网可在原矿区三四等网的基础上，用插网（锁）、插点或精密导线的形式布设，有条件的也可用光电测距仪测附合导线的方法测设。

在矿井基建和生产阶段，如果利用原控制网成果精度不足，或不便于进行采矿工程测量时，则需要重建矿区近井控制网，也叫专用工程控制网。

近井网系统和起算数据，要和矿区原控制网（国家系统）相一致，原控制网起算数据精度不足时，基线和起始边可重新测量。

近井网控制点要结合选用原控制网点，以便新旧两套成果校核，当新旧成果相差不大时，即不直接影响到1：500 ~ 1：5000大比例尺成图时，则对原控制网成果不存在改算问题，可分级使用。

### 二、近井网的精度要求

近井点的点位最低精度要求，由于两井间进行巷道贯通在假定$x$轴方向（即水平方向）的允许偏差$m_x$，允许按一般规定$m_x$为0.5m算，则其中误差为0.25m（允许误差采用中误差的2倍）。在利用两个近井点进行贯通测量时，一般要求两近井点相对的点位中误差引起贯通在假定$x$轴方向的偏差中误差应不大于$\pm m_x/3 = \pm 0.08$m，故对中小矿井只需建立一个近井点，在保证矿井最弱点的点位误差不超过±0.5m时，可适当放宽近井点对高级点的点位中误差至±0.1 ~0.15m。

近井点后视边坐标方位角的最低精度（$m_\alpha$），可按近似公式（2-1）计算：

$$m_\alpha = 23.3/s \tag{2-1}$$

式中 $m_\alpha$——近井点后视边坐标方位角的最低精度，（″）；

$s$——两近井点之间的距离，km。

当两近井点间距离分别为1km、2km、3km时，则$m_\alpha$分别为±23.3″、±11.6″、±7.8″。

近井点高程测量的最低精度，由于两井口间进行巷道贯通，在$z$轴方向（即高程）

的允许偏差 $m_{z允} = \pm 0.2$m，则其中误差 $m_z = \pm 0.1$m，故一般要求两井口水准基点相对的高程中误差引起贯点 $K$ 在 $z$ 轴方向的偏差中误差应不超过 $\pm m_z/3 = \pm 0.03$m，所以近井点的高程可按四等水准测量精度要求。

## 三、近井网的平面控制测量

当多井口矿井相邻近井点间的距离大于 2km 时，一般应以原矿区的四等网为基础，按四等网的精度要求进行观测建网（或建立导线控制网），当多井口矿井相邻近井点间的距离小于 2km，或一个矿井只需建立一个近井点时，可以矿区四等网边作为近井网的起算边，近井网可按 5″小三角的要求进行观测建网（或建立导线控制网）。

近井网中的三角形应近似等边，其锐角应不小于 30°。

为了较合理地选择布网方案，确保测量成果达到预期的精度，在多井口矿井近井网布设之前，应对近井网进行一次精度估算，精度估算的内容主要有：

（1）两相邻近井点构成近井网中的一条边时，应估算该边的边长中误差。

（2）两相邻近井点不直接相连接时，应估算两相邻近井点相对的点位中误差和两近井点后视边相对的坐标方位角中误差。

（3）估算网中最弱一个点的点位中误差和该近井点后视边坐标方位角的中误差。

近井网与近井导线网控制测量的主要技术规范与精度要求，见表 2-1 和表 2-2。

**表 2-1 近井网控制测量的主要技术规范与精度要求**

| 等级 | 边长（km） | 测角中误差（″） | 起算边边长相对中误差 | 最弱边边长相对中误差 | 测回数 | | 三角形最大闭合差（″） |
|---|---|---|---|---|---|---|---|
| | | | | | J2 | J6 | |
| 四 | 1.0~3.0 | ±2.5 | 1/100000 | 1/40000 | 9 | | ±9 |
| 5″ | 0.4~1.0 | ±5 | 1/50000 | 1/15000 | 3 | 6 | ±15 |
| 10″ | 0.3~0.5 | ±10 | 1/20000 | 1/10000 | 2 | 3 | ±30 |

**表 2-2 近井导线网控制测量的主要技术规范与精度要求**

| 等级 | 导线长度（km） | 平均边长（km） | 测角中误差（″） | 测距中误差（mm） | 测距相对中误差 | 测回数 | | | 方位角闭合差（″） | 相对闭合差 |
|---|---|---|---|---|---|---|---|---|---|---|
| | | | | | | DJ1 | DJ2 | DJ6 | | |
| 三等 | 14 | 3 | 1.8 | 20 | ≤1/150000 | 6 | 10 | — | $3.6\sqrt{n}$ | ≤1/55000 |
| 四等 | 9 | 1.5 | 2.5 | 18 | ≤1/80000 | 4 | 6 | — | $5\sqrt{n}$ | ≤1/35000 |
| 一级 | 4 | 0.5 | 5 | 15 | ≤1/30000 | — | 2 | 4 | $10\sqrt{n}$ | ≤1/15000 |
| 二级 | 2.4 | 0.25 | 8 | 15 | ≤1/14000 | — | 1 | 3 | $16\sqrt{n}$ | ≤1/10000 |
| 三级 | 1.2 | 0.1 | 12 | 15 | ≤1/7000 | — | 1 | 2 | $24\sqrt{n}$ | ≤1/5000 |

注：表中的 $n$ 为测站数。

近井网点要埋设在通视良好，观测视线距地面障碍物 1m 以上，不受开采影响的地点，便于观测和长期保存。

每个井口附近应设置一个近井点，近井点至定向连接点的连测导线应不超过 3 个，水准点可用近井点代替。

多井口矿井的近井点布设，应尽可能使各近井点位于同一个三角网或导线网中，并使相邻井口的近井点构成三角网中的一条边，相邻井的近井点最好相互通视或力求间隔的边数最少。

近井网点的埋设深度，在无冻土地区应不小于 0. 6m，在冻土地区盘石顶面应埋在冻结线以下 0. 5m。

近井网锁的起始边边长，如需重测可用光电测距仪（或全站仪）测定，或采用近似菱形的基线网扩大，扩大率不应超过 3 倍，基线网水平角观测的测回数，为同等级网测回数的 1. 5 倍，基线可用经过鉴定的普通钢卷尺，使用引张架或弹簧秤在轴杯架或木桩上进行丈量（原则上不主张在矿区建立基线扩大网，有条件的矿区尽量使用全站仪三维导线网建立矿区首级控制及近井点），主要技术要求见表 2-3。

**表 2-3　普通钢尺丈量起始边（或基线）的技术要求**

| 等级 | 作业尺数 | 丈量总次数 | 测向 | 定线最大偏差（mm） | 尺段高差较差（mm） | 读定次数 | 估读（mm） | 温度取值（℃） | 同尺各项或同段各尺的较差（mm） | 丈量方法 | 成果取用（mm） | 应加改正项目 |
|---|---|---|---|---|---|---|---|---|---|---|---|---|
| 5″ | 2 | 4 | 往返 | 50 | 5 | 3 | 0. 5 | 0. 5 | 2 | 悬空 | 1 | 尺长温度倾斜 |
| 10″ | 10 | 2 | 往返 | 50 | 10 | 3 | 0. 5 | 0. 5 | 2 | 悬空 | 1 | 同上 |

5″或 10″近井网可用相应精度的导线网代替，导线测量的主要技术要求见表 2-4。

**表 2-4　5″、10″级导线测量的主要技术要求**

| 等级 | 附合导线长度（km） | 相对闭合差 | 平均边长（m） | 测角中误差（″） | 边长丈量较差相对误差 | 测回数 | | 方位角闭合差（″） |
|---|---|---|---|---|---|---|---|---|
| | | | | | | J2 | J6 | |
| 5″ | 2. 4 | 1/8000 | 200 | ±5 | 1/10000 | 2 | 4 | $\pm 10n^{1/2}$ |
| 10″ | 1. 2 | 1/4000 | 200 | ±10 | 1/5000 | 1 | 2 | $\pm 20n^{1/2}$ |

注：$n$ 为测站数。

导线应尽量布设成直伸形，相邻边长不宜相差太大，附合导线长度超过规定时，可布设成结点网形，结点与结点、结点与高级点间的长度，不应大于表 2-4 规定的附合导线长度的0.7倍。用作首级控制的导线宜布设环形网。

导线边长丈量应用光电测距仪（或全站仪）或经过鉴定的普通钢尺丈量，应保证达到表2-4规定的相应精度。

角度观测前对所使用的仪器进行检查和调整，使仪器达到相应等级精度。

观测水平角时仪器中心与照准的觇标中心都必须在标石中心的铅垂线上，对四等以下小三角观测，觇标最好使用花杆或测钎铅垂立在测点标石中心线上，误差不得大于5mm。

水平角观测应在大气稳定与成像清晰的时间内进行，观测过程中，仪器应避免强烈的阳光直接照射。气泡位置偏离水准管中心，J2型仪器不得超过一格，方向数超过三个时，要采用全圆观测方法测角，一个测站多于7个方向，应按等级进行分组观测，进行低等点的观测时，应联测一个高等点的方向，分组观测共同方向两组观测角值之差，应不超过本等级的测角中误差的2倍。

各测回间的度盘和测微器位置应变的第一个角度（$\gamma$），$\gamma$值可按公式（2-2）和公式（2-3）计算。

$$\text{J2}——\gamma = 180°/n + 10', \quad \text{J6}——\gamma = 180°/n$$

$$\sigma = \frac{180°}{m}(j-1) + i(j-1) + \frac{\omega}{m}\left(j - \frac{1}{2}\right) \tag{2-2}$$

式中 $\sigma$——度盘和测微器位置变换值，（°）（′）（″）；

$m$，$n$——测回数；

$j$——测回序号；

$i$——度盘最小间格分划值（J1为4′、J2为10′）；

$\omega$——测微盘分格数（值）（J1为60格、J2为600″）。

$$\text{J6}——\gamma = 180°/m \tag{2-3}$$

水平角按方向法观测，各项限差见表2-5。

**表2-5 水平角观测限差**

| 等级 | 经纬仪类型 | 测微器两次重合读数之差（″） | 半测回归零差（″） | 一测回中（2C）变动范围（″） | 同一方向值各测回角差（″） |
|---|---|---|---|---|---|
| 四等 | J2 | 3 | 8 | 13 | 9 |
| 5″～10″ | J2 | | 12 | 18 | 12 |
| | J6 | | 18 | | 24 |

当水平角观测误差达不到表2-5要求时，应在原度盘位置按下列规定进行重测。

2C值变动，本测回互差超限时，应从零方向起重测超限的方向，超限的方向数大于本测回方向数的1/3时，则该测回所有方向全部重测。

近井网的计算，应按最小二乘法原理，采用条件观测平差或间接观测平差；四等基线网应单独按方向进行平差；5″以下小三角控制网可采用简化方法平差。

平差后，应计算测角中误差、最弱边边长相对中误差（采用三维导线建立控制的导线网不计算边长中误差）或点位中误差。基线（或起始边）应计算全长相对中误差。

内业计算数字、数表取位应按表2-6中的规定。

**表2-6　内业计算数字、数表取位的规定**

| 等级 | 观测方向值（″） | 各项改正数（″） | 采用的函（对）数 | 边长及坐标（m） | 方位角（″） |
|---|---|---|---|---|---|
| 四等 | 0.1 | 0.01 | 7位 | 0.001 | 0.1 |
| 5″～10″ | 1.0 | 0.1 | 6位 | 0.001 | 1.0 |

采用电子计算机进行平差时，对数据和输入的纸带，要进行仔细核对，计算结束后，应对打印成果进行校核。

## 四、近井网高程控制测量

近井网点的高程控制应从原四等水准基点上，用水准仪按四等水准测量进行联测，水准网可布设环形网，加密时可布设为附合路线或结点网，结点网高级点间路线的长度不大于相应等级符合路线长的0.7倍。

水准点应选在土质坚硬、便于长期保存和使用方便的地点。露天采场附近，井口附近及矿山主要工业设施附近应设有四等水准点。

四等水准点应埋设永久性标石，也可利用固定地物和近井网控制点代替，埋设后应填绘水准点点记。

各级水准路线的主要要求见表2-7。

**表2-7　水准路线的主要技术要求**

| 等级 | 每千米高差中误差（mm） | 环线与附合路线长（km） | 水准仪类型 | 水准尺 | 观测次数 | | 往返较差环线或附合路线闭合差 | |
|---|---|---|---|---|---|---|---|---|
| | | | | | 环线或附合路线 | 支线 | 平地（mm） | 山地（mm） |
| 四等 | ±10 | 30 | S3 | 木质双面 | 往返一次 | 往返各一次 | $\pm 20L^{1/2}$ | $\pm 6n^{1/2}$ |
| 等外 | ±20 | 10 | S3 | | | | $\pm 40L^{1/2}$ | $\pm 12n^{1/2}$ |

注：1. 水准支线不应大于相应等级附合路线的1/4；

2. 计算往返差时，$L$为相应水准点的路线长度，计算环形或附合路线闭合差时，$L$为环形或附合路线的长度（km）；

3. $n$为测站数。

在进行四等水准测量之前要对使用的水准仪和标尺进行检查和校正。

水准仪的视准轴与水准管轴在铅垂面上的投影角，S3 型不得超过 20″。

标尺上的米间隔平均长与名义长之差，普通双面水准尺不应大于 0.5mm。

水准测量主要技术要求应与国家规范一致，等外水准测量可参见表 2-8。

**表 2-8 水准观测的技术要求**

| 等级 | 水准仪类型 | 视线长（m） | 前后视距差（m） | 前后视距累积差（m） | 视线离地面最低高度（m） | 黑红面读数差（mm） | 黑红面所测高差之差（mm） |
|---|---|---|---|---|---|---|---|
| 四等 | S3 | 100 | 3 | 10 | 三丝能读数 | 3 | 5 |
| 等外 | S3 | 100 | 10 | 50 | | 4 | 6 |

两次观测高差较差超限时，应立即重测，重测后选用两次合格的结果。如果重测结果与原值测得结果分别比较，其较差均不超限时，则由三次结果取平均数。

水准测量内业：

（1）按式（2-4）和式（2-5）计算每千米水准测量高差中数的偶然中误差（$M_\Delta$）和全中误差（$M_W$）。

$$M_\Delta = \pm [(\Delta\Delta/R)(1/4n)]^{1/2} \tag{2-4}$$

$$M_W = \pm [(WW/F)(1/N)]^{1/2} \tag{2-5}$$

式中 $\Delta$——测段往返测高差不符值，mm；

$R$——测段长，km；

$n$——往返测的水准路线测段数；

$W$——水准环闭合差，mm；

$F$——计算各个 $W$ 时水准环线周长，km；

$N$——水准环数。

（2）高差计算中须加入水准标尺 1m 平均长度的改正。

（3）平差计算可采用等权代替法、趋近法、结点或多边形法，平差后按式（2-6）计算每千米测量中误差（$m$）：

$$m = \pm [PVV/(n-t)]^{1/2} \tag{2-6}$$

式中 $P$——水准路线的权；

$V$——改正数，mm；

$n$——水准路线数；

$t$——结点数。

最后高程结果取至毫米（mm），等外可取至厘米（cm）。

用三角高程测量近井网点上的高程，一律用Ⅰ级三角高程测量（即起讫于四等水准联测的高程点上），沿近井网点布设。

垂直角观测不应与水平角同时观测，而应在水平角观测结束后进行，凡组成三角高程路线的各边，均应对向观测，仪器高和照准觇标高，用钢尺量取，读至0.5cm。

Ⅰ级三角高程垂直角观测的技术要求见表2-9。

**表2-9　Ⅰ级三角高程垂直角观测的技术要求**

| 三角高程等级 | 仪器 | 测回数 | | 垂直角互差（″） | 指标差互差（″） |
|---|---|---|---|---|---|
| | | 中丝法 | 三丝法 | | |
| 四等三角 | J2 | 4 | 2 | 10 | 15 |
| 5″、10″ | J2 | 2 | 1 | 15 | 15 |

对向观测的高差较差，Ⅰ级三角高程应不大于 $\pm 0.1s$(m)，Ⅱ级不应大于 $\pm 0.4s$(m)。闭合差Ⅰ级不应大于 $\pm 0.05[s^2]^{1/2}$(m)，Ⅱ级不应大于 $\pm 0.2[s^2]^{1/2}$(m)。$s$ 为边长（km）。

三角高程内业计算取位：垂直角Ⅰ级取至1″，Ⅱ级取至0.1′或10″，用六位函数计算，最后高程均取至厘米（cm）。

# 第三节　井建测量

## 一、基本要求

（1）井建工程施测之前，测量人员应熟悉有关设计图纸和施工有关测量控制资料，以及控制点实际点位及完好情况等。验算校核设计中有关测量方面的数据资料，当发现设计资料中有疑问时，应及时与有关部门联系解决。

（2）标定工作应独立进行两次，两次之差符合精度要求时，取其平均值为最后标定结果。标定的点、线应在现场向施工负责人员交代清楚，重要工程的点、线应同时提交书面资料。

（3）施工测设的测量计算数据应由两人对算，如一人计算时必须进行两次以上，施测的计算资料应详细整理妥善保存。

（4）各种井建的测设数据应通过实测和计算获得。尽量避免在纸质图上用图解法获得测设数据。在电脑上可以用图解法获得数据。

（5）测量部门应及时准确地依据计算好的数据，把建井工程设计位置标定到施工现场，并测量（与标定数据不能同时进行）标定点的实际坐标，作为对标定放样的检查。

各项标定和检查测量的原始记录，应记入手簿，并绘制草图，及时整理妥善保存。

（6）测量部门应及时向施工部门交代测量放样情况，及施工测量检查情况，必要时应发书面通知，并保留存根。

（7）在进行放样标定之前，应检查校正所使用的测量仪器及尺具，检查测量基点的牢固情况，并做记录。

（8）井建工程竣工后按国家现行井巷工程验收标准进行测量验收，并提交工程质量检查测量成果和竣工图。

（9）井口及工业场地应在矿区四等网的基础上布设5″小三角作平面控制；高程控制可按四等水准要求施测（在山区，水准测量视线较短时，可采用四等三角高程测量代替四等水准测量）。

小矿区可布设10″小三角或高级导线作为平面控制；高程控制可按等外水准的要求进行测量。

（10）井口及工业场地的控制点，根据总平面图的布置，选择既使用方便，又宜永久保存的地方埋设坚实可靠的永久标志。

## 二、井筒中心和十字中心线的标定

标定井口地面工业广场场地整平位置，并按设计验收工业广场整平情况，符合要求后，方可测设井口中心要素。

井筒十字中心线是建井施工中的重要依据，因此竖井井筒中心和十字中心线的标定应根据测量反算数据进行准确标定，实测与设计的允许偏差见表2-10。

**表2-10 井筒中心和十字中心线标定的技术要求**

| 项 目 | 实测位置与设计位置允许偏差（或与已有井巷关系） | | | 两条十字中心线的垂直程度偏差（″） |
|---|---|---|---|---|
| 标定条件 | 井筒中心平面位置（m） | 井口高程位置（m） | 主中心线坐标方位角 | |
| 井巷工程与地表建筑未施工前时 | ±0.5 | ±0.05 | ±3′ | ±30 |
| 井巷工程与地表建筑已施工时 | ±0.1 | ±0.03 | ±1′30″ | ±30 |

井筒十字中心线基点每侧不得少于3个，点间距离不得少于10m，靠近井筒的基点距井筒边缘不小于15m，用沉井法或冻土法施工的井筒，不应少于30m。基点间距离不小于10～15m。

十字中心线基点的位置选择，应便于观测井塔、天轮以及便于向卷扬机室转设的地点，点位要牢固，不易损坏。

中心线点与点之间应互相通视。当发现中心线基点受到损坏时，应及时进行补设。

井筒十字中心线基点，要用水泥现场浇筑，基点坑深应不小于0.6m，最好与基岩结合。冻土地区，坑深要在冻土线以下0.5m，基点标志顶面略低于设计的井口地面，在特殊情况下，可低于地面0.3～0.5m，并加护盖。

对标定的井筒十字中心线基点的坐标，接近井网10″级导线的要求进行连测，绘制实测中心线基点位置图及井口工业广场整平平面图。计算实际与设计位置的标定偏差，并详细整理妥善保存。

已有井筒中心坐标和十字中心线基点的测量，可根据井口附近保留下来的十字中心线基点，建筑物和它们的基础（卷扬机房、卷扬机基础、井架和井筒等）恢复井筒十字中心线的几何关系。此外，还必须测量井壁和井筒罐梁的竖直断面图，来验证解算出的井中心坐标和十字中心线坐标方位角是否合乎设计要求。

根据井筒罐梁确定井筒十字中心线时，一般采用在罐梁两端挂垂线的方法，用钢卷尺丈量各层（或隔几层）罐梁到垂线的距离，并求出各层距离的平均值，其偏差大于5mm的可舍去，然后，根据垂线的坐标推算出十字中心线的坐标方位角。

无罐道梁的井筒中心坐标的测定，可在现场视井筒形状直接求出井筒中心，然后用井下首级导线测其坐标，或在井筒靠近井壁均匀布设2～4根垂线，测其坐标，然后以垂线为依据用距离交会或支距法绘出井壁形状，由图解法或解析法求出井筒中心坐标。图解比例尺一般为1/10。

上述方法确定井筒中心，一般每隔20～30m测量一个断面，取各断面中心坐标的平均值作为最终结果，对偏差较大的断面可舍去。

平硐内开凿的盲竖井工程应按井下巷道贯通测量有关规定执行。

斜井或平硐的标定，应根据设计规定要求井口坐标（$x$、$y$、$z$）主方向线和井筒倾角进行测设，并按时检查。

## 三、竖井井筒掘砌的测量

竖井井筒掘进和砌壁工程，以井筒十字中心线为放样、验收的基础。

应具备的施工图纸如下：

（1）井筒临时和永久锁口盘的平面图和断面图；

（2）井筒的水平断面图和垂直断面图（两个方向）；

（3）井筒掘砌时设备布置图；

（4）井壁和吊盘的平面图；

（5）各个中段的标高、方向及断面图。

当圆形竖井井颈锁口时，应根据井筒十字中心线操平找正其水平和垂直误差。临时锁口盘均不应超过±20mm。永久锁口盘应不超过5mm。

圆形竖井下掘时，应在井颈设置放线平台（在井口下 2 ~ 3m 处）。将井筒中心和十字中心线点移设并固定在放线平台上。中心点和边线点随着井筒的加深逐步向下移设。井深每隔 100m 最多移设一次，移设导点的误差，不得超过 ±5mm。当采用激光指向仪指示井筒中心时，应经常对指向仪进行检查校正。

矩形竖井架设木井框时，其首框需精确操平找正，并牢实固定后，在井框的四个角位置上用边线板，设置四角边线点。并随着井筒的加深逐步向下移设，每 30m 至多移设一次，移设导点的误差，不得超过 ±5mm。

圆形竖井砌壁时，底层必须整平，其高差不得超过 ±20mm，支模前对井筒中心和边线，必须检查校正，然后再操平找正，支模后应再以中心线检查，其半径应不小于设计的半径，也不得大于设计规定的 10mm。

当井筒下掘时，每 10 ~ 15m 实际量测井筒掘进毛断面和砌筑井壁净断面尺寸，并绘制井筒实测平面和断面图。

当井筒掘至马头门或硐室处，应及时按设计位置，测设方向与标高。根据井筒中心或边线方向确定开凿马头门巷道，每侧掘进 5 ~ 10m 后，应进行简易联系测量，当掘进 30 ~ 50m 后，必须进行正式联系测量。

当井筒掘砌完毕后，应测量全井壁垂直程度及预留梁窝位置，并提交实测的井筒平断面图。

安装井筒罐道梁时，对第一盘罐道梁（基准梁）的安装，应精确地量测其平面位置和各梁的高差。经检查校正后，方准固定。并于基础梁边缘 50 ~ 100mm 处定出边线板位置，作为安装罐道梁的依据。

延深井筒中心和十字中心线时，两次测量终点位置较差不应大于 20mm，取平均值作为标定的依据。两次标定主中心线方向较差应不大于 2′，标定结果与设计方向的偏差应不大于 1′。

## 四、矿井提升设备安装与检查测量

矿井提升设备安装测量工作，应具备下列设计图纸：

（1）卷扬机、井架（井塔）的平面位置与井筒中心线的关系图；

（2）卷扬机、井架（井塔）与井筒中心线竖直关系图；

（3）卷扬机、井架（井塔）的基础施工图；

（4）天轮、平台平面图及与竖井的中心关系图；

（5）井架斜撑基础施工图等；

（6）摇台与竖井中心及井口横梁关系图。

在井架基础施工前，根据井筒十字中心线和井口水准基点，标定和检查井架（井塔）的底座平面位置和竖直位置；标定斜撑基础基座中心线和标高。

每项标定均应进行两次，基座中心线点两次偏差应不大于3mm，水平线两次偏差应不大于2mm。

在浇灌混凝土前，必须对此项工作进行一次全面检查。

在天轮平台（井塔平台）上标定井筒中心线时，应以校正好的不低于J2级的经纬仪正倒镜进行。

天轮或摩擦轮中心标定与设计偏差应不大于5mm。

井架竖直程度的检查，用J2级经纬仪进行，先后在井架的两个正交方向，距井架30~40m处，以最下部构件立柱外棱为起始方向，正倒镜测出井架左、右侧立柱外棱明显特征点的偏角（$\Delta\beta_i$）用钢尺丈量仪器至井架立柱的水平距离（$L$），则每一特征点的水平偏距（$\Delta L_i$）按式（2-7）计算：

$$\Delta L_i = (\Delta\beta_i/\rho)L \tag{2-7}$$

卷扬机提升中心线和主轴中心线，标定于卷扬机房四壁，两次标定之差应不大于3mm，两中心线垂直程度误差应不大于30″。取其平均值作为最后标定结果。

卷扬机主轴中心距井筒中心的距离与设计之差应不大于20mm；机体中心与提升中心线的标定距离与设计之差应不大于5mm；卷扬机基座的标高与设计之差应不大于20mm。

施工卷扬机基座的水平线应用水准仪进行两次标定，两次相差应不大于2mm。

卷扬机主轴水平程度的检查，应使用不低于S3级的水准仪，观测时保持视线等距，并用游标卡尺或刻画不大于1mm的钢板尺代替水准尺，根据施工要求反复校正，直至达到精度要求为止。主轴的平面位置，应根据标定在机房两壁的主轴中心线点，用钢丝拉直吊垂线来安装和检查，也可采用激光等先进技术放线。

矿井提升系统安装竣工后的检查成果，应整理成各种图表，并将检查方法和精度情况作简要的文字说明，作为矿山永久性资料保存。

根据使用部门的要求，井架（井塔）可定期进行竖直程度的检查，方法同上，第一特征点的水平偏距（$\Delta L_i$）仍按式（2-7）计算。

# 第四节 矿井联系测量

## 一、基本要求

矿井联系测量的基本任务是建立地面和地下测量之间的几何联系。确定井下导线起始点的坐标（$x$、$y$、$z$）和起始边的方向角。

进行联系测量之前须制定方案，做好各项准备工作和人员组织工作；测量时要小心谨慎，注意安全。与定向无关人员要远离井口。

采用几何定向方法时，两次独立定向从近井点推算至井下起始边方位角的较差：一井定向不应超过2′，两井定向不应超过1′；一井定向条件较困难时，在满足采矿工程需要的前提下或井田一翼长度不超过700m时，一井定向两次独立定向结果较差应不大于4′。

井田一翼长度不超过400m的小矿井，两次较差可放宽至8′。

两井相距较远时，分别单独定向推算至井下导线公共边方位角的较差（$\Delta\alpha$）应满足式（2-8）：

$$\Delta\alpha \leqslant \pm 2(2m_\alpha^2 + nm_\beta^2)^{1/2} \tag{2-8}$$

式中　$m_\alpha$——定向中误差（可根据定向较差反推）；

$m_\beta$——井下导线测角中误差；

$n$——井下连接导线点角数。

当有两个或两个以上的竖井在井下连通时，必须用两井定向的方法进行联系测量。有条件的矿山应尽量采用陀螺经纬仪定向，可采用跟踪逆转点法、中天法、时差法或其他方法进行。

使用陀螺经纬仪定向时，应用一次定向测量中误差不大于60″的仪器进行。井下待定边坐标方位角中误差应小于±45″。

通过竖井导入标高，应独立进行两次，两次从井口水准基点推算至井下水准基点高程的较差应不超过井深的1/8000。

联系测量前，在定向水平要设置一组永久导线点（不小于3个）。作为井下控制测量的起始点和起始边。

井筒过深或有盲竖井时，联系测量可由地下中段往下进行，各项精度要求与从地面进行联系测量时相同。

通过平硐或斜井进行联系测量，采用从近井点敷设经纬仪导线、几何水准或三角高程的测量方法、其施测方案和精度要求应与井下最高级导线相同。

## 二、一井几何定向

定向投点的设备应符合下列要求：

（1）绞车各部件结构必须承受投点时所承受荷载的3倍。滚筒直径大于250mm，制动系统必须切实有效。

（2）有条件时应配备导向轮和定点板，导向轮的直径不小于150mm。无专用定点板时，可用相应的金属板刻槽代替。

（3）钢丝上悬挂的重砣，其悬挂点四周的质量应相互对称。

投点时尽可能采用直径小、强度高的钢丝。钢丝要无折、无结，还应做极限抗拉强度试验，钢丝所受重砣的负荷应为钢丝抗拉强度的50%～60%。

下放钢丝时应挂上2~3kg重砣，慢速均匀下放，若摆动厉害则应稍加停顿，待稳定后继续下放。

在钢丝上挂好工作重砣之后，应检查重砣在稳定液中是否处于自由悬挂状态；并用信号圈法、比距法和振摆法检查钢丝与井壁或井筒中的设备有无接触。信号圈直径10~30mm不宜太重，沿每根垂线下放的信号圈不应少于3个。用比距法检查时，在井上下量得两垂线之间距离的较差应不大于2mm。

各种检查方法要配合使用，不能只用一种方法。

布置垂线时应尽量使其间距最大并使两垂线和风流方向一致。在观测期间要停止风机运转，或采取截断风流措施。在排水较大的井筒定向还需要采取挡水措施。

如垂线摆幅很小，确认不超过0.4mm时，可采用稳定投点。否则，采用摆动投点。摆动垂线的稳定位置采用标尺法或其他方法确定。标尺法应连续取13个以上奇数读数，取左右读数的平均为垂线在标尺上的稳定位置。同法进行两次，较差不大于1mm时，取平均值为最后结果。

连测方案应根据具体条件选择最有利的图形，最好采用延伸三角形法，或对称读数法，在一定条件下（有特制设备和满足精度要求），也可采用描直法或测边交会法。

各种连接图形应满足表2-11所列要求。

**表2-11 连接图形的技术要求**

| 连接图形 | 有利条件 | 附图 |
|---|---|---|
| 延伸连接三角形 | （1）$c$边尽可能大；<br>（2）$CD>20$m；<br>（3）$\gamma<2°$；<br>（4）$a/c$不超过1.5或3 | 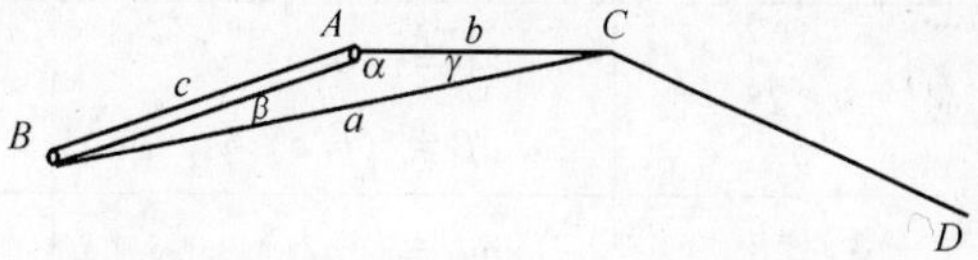 |
| 一般连接三角形 | （1）$c$边尽可能大；<br>（2）$CD>20$m；<br>（3）$\gamma<20°$；<br>（4）$\beta>160°$ | 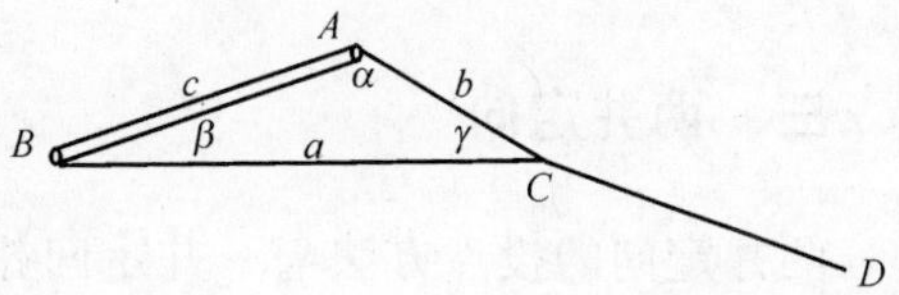 |

井上下连接水平角观测的技术要求：

（1）$CD$边短于20m时，经纬仪需在$C$点三次对中观测，取平均值为最后结果。

（2）观测工作井上下要尽可能同时进行，在井上照准部位应低于定点板0.5m以下，在井下照准部位应高于钢丝与重砣连接处0.5m以上。

（3）$C$点不设固定点时，须独立进行两次连接角观测。

（4）水平角观测各项限差应符合表2-12的规定。

表 2-12 连接测量水平角观测的技术要求

| 仪器类型 | 观测方法 | 测回数或复测数 | 归零差(″) | 检验角与最终角之差(″) | 测角中误差(″) | 同一方向测回互差(″) | |
|---|---|---|---|---|---|---|---|
| | | | | | | 一次对中各测回互差 | 两次以上对中各测回互差 |
| J2 | 全圆法 | 3 | 15 | | 7 | 15 | 45 |
| J6 | 全圆法 | 6 | 30 | | 7 | 30 | 60 |
| J6 | 复测法 | 6 | | 40 | 7 | | |

边长丈量应采用经过比长的钢卷尺，施以比长时的拉力，若环境温度和比长温度之差大于4℃时，还应测记温度，每边用钢卷尺的不同位置丈量三次。长度互差应不大于2mm，取平均值作为最后结果。

在垂线摆动情况下，应将钢卷尺沿所量边方向固定，然后用摆动观测的方法（连续五个以上读数），确定钢丝在钢卷尺上稳定投影位置求得边长，每边丈量两次。互差应不大于3mm，取平均值为最后结果。

近井点与连接点间导线的测设按10″导线的要求进行。

采用连接三角形进行井上下连接时，计算值与观测值之允许差见表2-13。

表 2-13 连接三角形计算值与观测值之允许差

| γ值 | 角度计算公式 | 检核计算公式 | 计算值与观测值允许差(mm) |
|---|---|---|---|
| $\gamma<2°$ | $\alpha=(a/c)\ \gamma''$<br>$\beta=(b/c)\ \gamma''$ | $c_{计}^2=a^2+b^2-2ab\cos\gamma$ | 井上：2<br>井下：4 |
| $2°<\gamma<20°$ | $\sin\alpha=(a/c)\ \sin\gamma$<br>$\sin\beta=(b/c)\ \sin\gamma$ | $c_{计}^2=a^2+b^2-2ab\cos\gamma$ | 井上：2<br>井下：4 |

## 三、两井定向

两井定向的投点方法与一井定向相同。一般可采用单重稳定投点，如垂线摆幅很小，确认不超过0.4mm时，可采用稳定投点。否则，采用摆动投点。

地面连接应由一个近井点向两垂线敷设导线。条件困难时，也可用两个近井点向垂线敷设导线。井下连接导线尽量沿两垂线连接方向敷设，并使其长度最短。导线的等级要比井下的首级控制高一级。

井上下计算两垂线（$A$、$B$）间距离经投影改正后的较差（$\Delta D$）应不超过式（2-9）的规定：

$$\Delta D\leqslant 2[(m_\beta^2/\rho^2)\Sigma R_x^2+(m_L/L)^2\Sigma L_y^2]^{1/2} \tag{2-9}$$

式中 $m_\beta$——井下连接导线的测角中误差；

$\Sigma R_x^2$——井下连接导线各点到 B 点的距离在 AB 连线的垂直方向投影长度的平方总和；

$m_L/L$——井下连接导线边丈量的相对中误差；

$\Sigma L_y^2$——井下连接导线各边在 AB 连线方向上投影长度的平方总和。

按地面坐标系统，从井下导线一端推算到另一边的导线闭合差，不大于井下连接导线的允许闭合差时，可将闭合差按边长成比例分配，对各个导线点的坐标加以改正。

两井定向的矿井，以前没有进行过一井定向时，则两井定向独立进行两次。如果已进行过一井定向，则两井定向进行一次。两井定向与一井定向的成果相差不超过2′时，取两井定向结果作为最终成果。

## 四、陀螺经纬仪定向

用陀螺经纬仪定向应遵守下列规定：

（1）在井下定向测量前和测量后，应在地面同一条近井点的已知边或连接导线边上，各测量三次陀螺方位角，求得六个仪器常数。任意两个仪器常数互差应小于2′。

（2）井下陀螺定向边的长度应大于30m。特殊情况下也不应小于20m，测量陀螺方位角时，至少要进行两次，其互差小于2′。

（3）整个陀螺定向过程（包括测常数）应在三昼夜内完成，观测时仪器和电源部分要避免阳光直接照射。井上、下观测应由同一观测者进行。

（4）在陀螺定向观测中，必须测定悬挂零位变动值，并在计算中加零位改正。

陀螺定向应按下列要求进行：

（1）仪器要精确对中、严格整平，观测过程中水准气泡偏离不得超过0.5格，对中偏差不应超过1mm，每次测量后，度盘位置变换180/$n$（$n$为测量次数），并停止陀螺运转10~15min。

（2）在观测陀螺仪子午线的前后，均应以两个镜位照准已知方位边或定向边，读取水平度盘读数，前后两次观测结果的互差应不超过24″。

（3）用逆转点法观测时，每次测量应连续取五个逆转点的水平度盘读数。当摆动中值（三个）的互差不超过30″时，方可计算成果，否则应重新观测。

（4）在跟踪法观测中，跟步差不应超过0.5格，跟踪时，不要时停时进，要徐徐旋行。

（5）采用计时定向时，如中天法、时差法等，应配备高级秒表，中天法观测读数应不少于5个，其中值（$\Delta N'$）互差应不超过1.5″。

（6）在时差定向中，可采用左右±2格进行观测，观测读数不少于6个。

用陀螺经纬仪进行定向测量需要投点传递坐标时，可采用钢丝投点，也可采用激光投点，激光投点必须保证投点误差不大于10mm。

### 五、导入标高

通过平硐或倾角小于5°的斜井导入高程，采用井下Ⅰ级水准测量的方法；倾角超过5°的斜井导入高程时，采用三角高程测量的方法，观测精度与要求按“井下控制测量的有关规定进行”；通过竖井导入标高时，可采用长钢卷尺下垂丈量法进行。

用长钢卷尺导入标高时，钢卷尺必须经比长，悬挂的质量应等于比长时的拉力，井上下同时用水准仪进行观测，变换仪器高进行两次观测，两次观测结果互差应不大于4mm。观测时应测量钢尺上下两端的温度。

钢尺法，导入标高时，应加以温度、钢尺比长改正及钢尺自重改正。

### 六、分段水平巷道的联系测量

各分段水平巷道的联系测量是在中段水平巷道布设的首级或次级导线基础上，通过竖直天井，倾斜天井进行。两次独立定向结果的较差：支导线总长大于300m时，应不超过4′；小于300m时应不大于8′。

通过天井，进行高程导入需独立进行两次，两次较差应不大于50mm。

通过一个竖直天井进行简单联系测量，可以采用三角形连接法、两个垂球挂线法、单垂线切线法、挂罗盘定向法等。

通过倾斜天井进行简单联系测量，可采用斜线辅助垂球法、牵制垂线法、经纬仪倾斜度盘法和瞄直法等，也可采用GZQ-1型经纬仪进行。通过倾斜巷道时采用经纬仪导线法，也可采用陀螺经纬仪进行简单定向。

分段水平巷道的联系测量，有条件时采用两井定向。两井之间，以20″或40″级导线进行连测。

两井定向计算出的井上、井下两垂线间距之差与导线之比应不超过1∶3000。

## 第五节 井下控制测量

### 一、基本要求

井下用经纬仪导线进行平面控制测量时，根据成巷条件的不同，可以敷设成支导线和闭合导线的形式。有条件的应尽量使其附合和闭合，支导线要往返或同向两次（左右角）测量。

井下经纬仪导线，根据其施测精度的不同分成三种等级，主要技术指标见表2-14。

**表 2-14　井下经纬仪导线主要技术指标**

| 导线等级 | 测角中误差（″） | 边长（m） | 导线延伸长度（km）允许相对闭合差 | | | |
|---|---|---|---|---|---|---|
| | | | 竖井开拓 | 平硐开拓 | 闭合、附合导线 | 支导线 |
| 10″ | 10 | 40～140 | 1.5 | | 1/6000 | 1/4000 |
| | | | 1.0 | 2.5 | 1/5000 | 1/3500 |
| | | | 0.5 | 1.0～2.0 | 1/4000 | 1/3000 |
| | | | | 0.5 | 1/3000 | 1/2500 |
| 20″ | 20 | 30～90 | 0.5～0.7 | 1.1 | 1/3000 | 1/2500 |
| | | | 0.3 | 0.5 | 1/2500 | 1/2000 |
| 40″ | 40 | 25～50 | 0.4 | 0.6 | 1/1500 | 1/1000 |
| | | | 0.2 | 0.3 | 1/1000 | 1/800 |

井下永久导线点，可在巷道碹顶和岩石稳固的主要巷道顶板中打眼，用水泥灌注铜棒制成的测点。

临时点可用钩形钉钉在棚梁，打入顶板岩石的木桩上，或在稳固顶板沾点水泥混合水玻璃固定钩形钉均可，钩形钉的钩口不大于1mm，钩形钉的平面垂直于巷道的中线，切记不可用带帽的铁钉作为点的标记。

导线点点位的选定，要通视良好，点间距离要大致相等，减少和避免过短的边；顶板牢固，工作安全；便于测角、量距和立尺。

同一矿区点号要统一编排，不许重复。要清晰地标记在点的附近。

井下高程控制点可用经纬仪导线点，但不另编号。

井下高程控制，在主要水平运输巷道中，应用水准测量，在其他巷道中可根据具体情况采用水准和三角高程测量。

水准测量使用精度不低于 S10 级的水准仪和普通水准仪进行。

## 二、井下平面控制测量

井下导线水平角应按表 2-15 有关规定进行观测，在倾角大于 30°的斜井观测水平角时，表 2-15 各项限差可增大 0.5 倍。

在倾角大于 15°或一边平另一边倾斜大于 15°以上的水平角观测时，要注意竖轴倾斜的影响。观测过程中水准气泡偏离不得超过一格，否则应重新整平与观测。

导线的短边要特别注意仪器和觇标的精确对中，观测前要对锤球和仪器对点标记（全站仪的觇板）进行检查和校正。10″级导线遇有 20m 以下短边和 20″级导线遇有 15m 以下短边时，必须保证对中偏差在 0.4mm 以内。

10″、20″级导线边长的丈量，必须用比长鉴定过的钢尺进行。

**表 2-15 井下二维导线水平角观测的技术要求**

| 导线等级 | 使用仪器 | 仪器对中误差(mm) | 边长20m以下 | | 边长20~30m | | 边长30m以上 | | 同一测回半测回互差(″) | 检验角与最终角之差(″) | 一次对中测回互差(″) | 两次对中（或复测）互差(″) |
|---|---|---|---|---|---|---|---|---|---|---|---|---|
| | | | 对中次数 | 每次对中测回数 | 对中次数 | 每次对中测回数 | 对中次数 | 每次对中测回数 | | | | |
| 10″ | J2<br>J6 | 0.6 | | | 1<br>2 | 1<br>1 | 1<br>1 | 1<br>2 | 20<br>40 | 40 | 30 | 60 |
| 20″ | J6 | 1.0 | 2 | 2 | 1 | 1 | 1 | 1 | 40 | 40 | 30 | 60 |
| 40″ | J6<br>J15 | 1.2 | 1 | 1 | 1 | 1 | 1 | 1 | 80 | 80 | | |

10″级导线边采用钢卷尺悬空丈量，施以钢卷尺鉴定时的拉力，测定量边时的温度。每尺段丈量三次，每次移动钢尺 2~3cm，读数至毫米（mm）。

20″级导线的边长丈量方法同 10″级，但可不测温度，拉力大致相当于鉴定时的拉力；40″级导线边长丈量，每尺段丈量两次，长度互差应不大于 5mm。用全站仪测量导线，应测定测区的温度、湿度、气压，将测区的温度、湿度、气压及仪器加常数输入到仪器中。正倒镜测量的斜距的互差不应超过 2mm。对向观测的斜距的互差不应超过 3mm。

导线边长必须往返丈量。丈量结果加入各种改正数后的边长较差：10″级导线应小于边长的 1/4000；20″级导线应小于边长的 1/2000；40″级导线应小于边长的 1/1000。

10″级导线边长测量时的几项测定限差要求：

（1）拉力误差应小于 1.5kg。

（2）实测温度误差应小于 2℃。

（3）中点定线误差应小于 5cm。

（4）每尺段间高差误差应小于 5cm。

（5）实测湿度误差应小于 3%。

（6）实测气压误差应小于 1kPa。

20″级导线量边时边的方向和高低差可参照（3）、（4）两项要求。

延测经纬仪导线之前，应对上次所测最后一个水平角和最后一条边进行检查校核，最后一条边不小于 30m。其两次不符值不应超过表 2-16 的规定。

表 2-16　导线等级较差表

| 导线等级 | 水平角允许较差（″） | 边长允许较差 |
|---|---|---|
| 10″ | 30 | 1/1500 |
| 20″ | 60 | 1/1000 |
| 40″ | 120 | 1/500 |

如不符上述要求时，应继续向后作检查，直至符合时，方可由此点向前延长导线。

10″级经纬仪导线的边长应进行温度、尺长、垂曲、倾斜的改正（悬空鉴定钢卷尺可不参与改正）。20″级导线的边长加尺长和倾斜改正。加入改正数后，往返丈量之较差符合 10″级导线应小于边长的 1/4000；20″级导线应小于边长的 1/2000；40″级导线应小于边长的 1/1000 的规定时，取其平均值为丈量结果。

导线的坐标方位角闭合差不超过表 2-17 的规定时，角度不符值按与其相反的符号平均分配于各角。

表 2-17　经纬仪导线允许角闭合差

| 导线等级 | 允许角闭合差（″） | |
|---|---|---|
| | 闭（附）合导线 | 复测支导线 |
| 10″ | $20n^{1/2}$ | $20\ (n_1+n_2)^{1/2}$ |
| 20″ | $40n^{1/2}$ | $40\ (n_1+n_2)^{1/2}$ |
| 40″ | $80n^{1/2}$ | $80\ (n_1+n_2)^{1/2}$ |

注：$n$ 为闭（附）合导线的总站数；$n_1$、$n_2$ 分别为支导线第一次、第二次测量的站数。

导线的相对闭合差不超过表 2-14 规定时，坐标闭合差按与坐标增量或与边长成比例的原则并以相反的符号分配于各坐标增量中。

首级导线当构成多个互相联系的导线环时，可根据需要进行整体的多边形式结点平差。

内业计算位数的取舍。边长丈量平均值与改正数取至 0.1mm，改正后取至毫米（mm）。角度观测平均值、方位角、象限角取至秒（″）。坐标增量取至毫米（mm）。

## 三、井下高程控制测量

井下水准测量分两级，Ⅰ级作为井下高程首级控制，由各中段水准基点开始，沿主要运输平巷向井田边界敷设；Ⅱ级作为Ⅰ级的加密控制，或井田范围较小时的井下高程首级控制。

井下Ⅰ级水准测量，应在每组水准点间往返各一次；Ⅱ级水准附合在Ⅰ级水准点上时，可只进行单程观测，支线水准应往返观测。

高程允许闭合差应满足：

Ⅰ级≤$15n^{1/2}$（mm）；

Ⅱ级≤$30n^{1/2}$（mm）。

$n$ 为测站数（复测支导线为往返测量站数之和）。

水准测量时应将仪器设置在两转点中间，水准仪距水准尺的距离不应超过50m。每站以不同仪器高进行观测，水准只读至毫米（mm），其高差较差：Ⅰ级应不超过3mm，Ⅱ级应不超过5mm。

倾斜巷道，一般采用三角高程测量作为高程控制，与经纬仪导线测量同时进行。分两级：Ⅰ级主要用于斜井应往返测量；Ⅱ级用于次要巷道和采场测量等，可单程测量。

井下三角高程测量的垂直角观测，相邻两点间往返测高差的三角高程闭合差应符合表2-18规定。

**表2-18 井下三角高程测量的主要技术要求**

| 等级 | 仪器 | 测回数 | 测回差（″） | 相邻两点间往返高差较差（mm） | 三角高程允许闭合差（mm） |
|---|---|---|---|---|---|
| Ⅰ | J2 | 1 | | 10 + 0.3$L$ | $\pm 30n^{1/2}$ |
| | J6 | 2 | 30 | | |
| Ⅱ | J6 | 1 | | | $\pm 60n^{1/2}$ |

注：$L$ 为导线边水平长度（m）；$n$ 为测站数（复测支导线为往返测量站数之和）。

仪器和视准高用钢卷尺量取，读至毫米（mm）。Ⅰ级三角高程观测前后各量一次，两次较差应小于4mm，取其平均值为丈量结果。

高程闭合差或往返较差符合本条款有关规定时，水准测量按与测站数成比例的原则以相反符号分配于各测段；三角高程按与导线边成比例的原则以相反符号进行分配，水准支线和复测支导线则取往返测量的平均为最后值。

高差及高程计算取位至毫米（mm）。

## 第六节 井下采掘工程测量

### 一、基本要求

井下采掘工程测量的主要任务是根据工程设计和计划进行施工放样，监督其执行情况；定期验收工程进度、工程质量、工作量和填绘反映工程现状的平、纵、剖面图。

采掘工程施工测量，必须根据已批准的设计和计划进行。施测前，首先应熟悉图纸，了解施工有关规定，在三至四天内给点施工。

大型贯通工程和特殊要求的工程，必须进行工程贯通工程测量误差预计和施测方案的选择。一般贯通工程，根据工程性质和要求，必须进行误差估算。以前已经做过预计的贯通测量，经过巷道贯通后证明所采用的测量方法和仪器是合理的，则以后如有遇到其相类似的贯通测量时，也可不进行误差预计，而直接采用与以前相同的贯通测量设计的施测方案。

## 二、井巷施工定线测量

根据设计和测量资料解算定线数据，要从起点至终点逐一进行。解算内容包括：求各点纵横坐标增量与坐标、方位角、边长、指向角等。不允许解算一点标定一点。

定线数据必须经一人计算，另一人核对后方可到现场标定。

天井、平巷、溜井等开口位置的标定，可根据开口的两侧的测点进行方向、距离和标高的检查。采用红铅油标出开口位置。当掘进 3~6m 后，再重新标定中腰线。所有掘进巷道的方向、位置均应由测量人员标定于实地。

主要巷道的中腰线应用经纬仪和水准仪标定，也可使用激光指向仪给向。次要巷道，在无磁性影响的矿区，可用罗盘仪和半圆仪进行。

同一矿区，腰线距巷道底板，轨面的高度要统一。一般要求轨面距腰线的高度为 1m。

巷道中腰线点（或边线点）每三个（对）为一组，点间距离不应小于 1m。重要巷道每掘进 10~15m 标定一次腰线，次要巷道可用铅油划点，中线每 30~35m 标定一次，给一组点。延伸前对所使用的中、腰线点应进行检查。每掘进 100~150m 应施测一次经纬仪导线的高程、检查和调整中腰线位置，同时绘出平面图。对一般工程应每月进行填绘一次。

曲线巷道的标定可采用“切线法”或“弦线法”及坐标解算法标定，将每一炮的掏心眼和凿岩机的气腿所踏的位置标定于工作面。折线段弦长规定如下：

主要运输巷道折线弦长 3~5m；次要运输巷道折线弦长 4~6m。

在施工不易掌握的线段，可根据工程需要绘出 1/100~1/20 分段大样图，按不同距离图解出两帮支距的宽度，注于图上，交施工单位掌握。

斜井与急倾斜巷道，腰线的标定可采用伪倾角法加高差改正法、近帮法、测斜仪法及中心线点同时作腰线点法等。

采用吊罐法开凿时，应准确地标定出钻孔的开口位置、方向和倾角。有条件时，在钻进过程中每 5~10m 检查一次方向和倾角。

使用激光指向仪给向时，应将仪器设在安全可靠的地点，并加上保护罩或挡板。仪器至工作面的距离一般应不小于 30~50m；中线与腰线共享一条光束。有条件的情况下，尽量安置在正中线上。腰线高度不宜过低，一般在1.5~2m左右较好；每次使用前要用事先由经纬仪标定的中线点（不少于三个）对光束进行核对。中线点间距离不应小于4~5m。

在进行检查测量中，如发现巷道规格、方向、坡度与设计不符时，测量人员应及时将这种情况口头或书面通知掘进人员加以改正。

## 三、井巷、硐室及采场测图

施测井巷、硐室及采矿场的碎部导线应尽可能附合或闭合在各级经纬仪导线点上，敷设成支导线时必须坚持复测。

井下所有的巷道和回采工作面都必须进行碎部测量。

碎部导线测量可使用低精度经纬仪、罗盘仪或简易测角器进行。

采区次要巷道和回采工作面的测量，可采用普通的经纬仪。水平角用一测回观测，倾斜角用正倒镜观测，边长用钢尺丈量。导线和三角高程的相对闭合差均应不大于1/500。

在无磁性影响的地方，可用罗盘仪敷设碎部导线，导线边长不得超过20m，可用皮尺丈量。磁方位角应在导线边的两端各测一次，两次之差不应大于1°；倾角用测斜仪测量。导线和高程相对闭合差均应不大于1/200。

碎部测量方法，一般采用极坐标法、支距法和交会法等，距离量至分米，水平角和垂直角读至度，并在现场绘出草图。

巷道平面图，采用支距法测出腰线高度的巷道两帮实际形状；矿石溜井应在互为垂直的两个方向上测绘竖直断面图，表示毛断面净断面的轮廓。

回采工作面的测量，采用留矿法时，每上采3~5m测量一次，并计算采矿量。采用中深孔留矿和阶段崩落采矿法，采空区暂时无法实测时，可根据实测的孔位和深度按爆破效果，在图上圈出预计采空范围，计算采矿量。

采用充填（或下向胶结充填）法时，每上采（或下采）一层测量一次，不得超层，并计算采矿量。

## 四、贯通测量

贯通测量工程按实际贯通距离划分时，水平贯通：1000m以上为大型贯通；500~1000m为中型贯通；小于500m为小型贯通。斜井贯通：200m以上为大型贯通；小于200m为小型贯通。竖井贯通：100m以上为大型贯通；小于100m为小型贯通。凡属大型贯通测量，要报贯通测量施测设计书（或贯通测量误差预计）由企业总工程师组织相关业务部门审批；属中型贯通测量设计，由企业测量技术负责人审批。

贯通工程在接合点处的最大允许偏差，一般应由设计根据工程性质和生产需要提出。设计无特殊要求时，按表 2-19 规定执行。

**表 2-19　贯通工程接合点的允许偏差**

| 工程类别 | 中线允许偏差（m） | 腰线允许偏差（m） |
|---|---|---|
| 开　拓 | 0.3 | 0.1 |
| 采　准 | 0.4 | 0.2 |
| 回　采 | 0.5 | 0.3 |

注：两竖井间的贯通，各类工程中线和腰线的允许偏差可分别增加 0.2m 和 0.1m。

大型贯通工程必须作贯通测量设计。中、小型的贯通工程，如起算数据精度偏低，仪器设备条件较差，引起误差因素较多时，也要做误差估算。

进行贯通测量误差预计时，各项测量中误差，应采用本矿积累和分析的实际数值。

贯通工程的全部施测工作，必须由专人负责，按设计要求和工程进度编制的计划进行。布设专项贯通导线和高程控制网，施测前要对各种仪器和工具进行检查校正。各项工序均须强调复测与检查。实际精度要及时评定，若低于设计要求，必须再次测量。

在主要贯通工程的施工过程中，应及时填绘贯通工程平面图，掌握工程进度和质量（着重在几何关系和规格方面）情况。

为贯通工程所敷设的经纬仪导线，应在相向工作面相距约 50～100m 时完成最后一次复测工作，并调整好贯通方向和坡度。

相向掘进工作面的警戒距离，视地质及施工条件而定，一般应不小于 15～20m。当接近警戒距离时，测量负责人应以书面形式通知施工单位和安全部门，停止一方作业。

相向工作面贯通后，应立即测量贯通处的平面与高程实际偏差值，同时将导线连测，其闭合差满足该巷道应敷设的导线等级精度时，即可进行成果处理，否则尚须重新敷设。

大型贯通工程，贯通后要及时写出技术总结，内容包括：预计与实际偏差；施测方案的实际精度分析；技术措施的效果；经验教训及今后工作建议等，总结应连同设计书和全部内容资料一起保存。

## 五、采掘工程验收

采掘工程是井下生产的主要方式，验收是对采掘工程的数量和质量的总结。为确保采掘工程生产作业计划指标的完成和井巷工程质量的不断提高，应加强采掘工程验收管理，各矿山要结合本企业生产管理的特点，制订采掘工程验收管理制度。

(一) 采掘工程验收程序

采掘工程验收程序如下：

(1) 预验收的采掘工程，施工单位依据采掘设计及相关技术要求，先自检预验并及时做好相应的修正完善后，自认为工程已符合要求，具备交验条件时，即可向矿山生产技术部门发出正式“工程竣工验收通知书”。

(2) 公司（矿）要成立验收工作领导小组，在验收过程中要严格执行采掘工程验收报告制度，要有生产技术、计划、安全、企管、审计等部门共同参加。

(3) 采掘工程验收必须做好验收原始记录和现场验收标记。原始记录内容包括工程数量、特征、要素、质量检测数据、底尺及标志、验收人员以及其他与验收结算有关的数据等；现场验收标记包括工程量、质量验收点位、底尺及标志、验收日期等。

(4) 采掘工程验收结束后，验收人员必须在验收原始记录上签名。然后按照验收原始记录和有关规定进行评级，制作统一格式的采掘工程验收单。经验收人员和施工队伍负责人签字、生产技术部负责人审核、分管生产领导批准后生效，作为工程结算的依据。

(二) 采掘工程验收标准

1. 巷道验收标准

(1) 巷道进尺以米为单位取至小数点后一位数。

(2) 以测设中心线为准，向左右偏差标准（见表2-20）。

**表 2-20 以测设中心线为准向左右偏差标准**

| 主要巷道（m） | 探矿采准巷道（m） | 采矿巷道（m） |
|---|---|---|
| ±0.2 | ±0.3 | ±0.4 |

(3) 巷道的实际规格与设计规格不得超出表2-21所示标准。

**表 2-21 巷道的实际规格与设计规格不得超出的标准**

| 主要巷道（m） | 探矿采准巷道（m） | 采矿巷道（m） |
|---|---|---|
| ±0.1 | ±0.2 | ±0.35 |

连续5m超出上述标准者或严重影响使用的地段，必须经过返修后方予验收。

(4) 巷道实际坡度与设计坡度相差的技术标准（见表2-22）。

**表 2-22 巷道实际坡度与设计坡度相差的技术标准**

| 主要巷道（‰） | 一般巷道（‰） | 贯通巷道 |
|---|---|---|
| ±1 | ±2 | 设计要求 |

巷道的实际坡度超过上述标准，必须停止修整，不得前掘，否则不予验收。

（5）巷道测量控制点及接图的技术标准（见表2-23）。

**表2-23　巷道测量控制点及接图的技术标准**

| 平巷工程（m） | 平巷曲线部位（m） | 天井工程（m） | 天井穿、沿脉工程（m） |
|---|---|---|---|
| 30 | 6 | 10 | 30 |

在表2-23距离之内，要求测导线点，测碎部绘制施工图及正规图件。

（6）巷道水沟距掌子面20m，水沟断面不得小于设计规格。

（7）正在掘进中的工作面除有一茬炮的岩堆外，其余都应出净。结束工程，掌子头及溜井内毛石必须全部出净。

2. 竖井、斜井（天井）验收标准

（1）实际断面不得小于设计断面；

（2）方向偏差不得大于设计的1%；

（3）天井和梯子平台架设凡不符合设计标准者，定为待修品，不予验收；

（4）实际坡度与设计坡度比较，最大限度为2‰。

3. 硐室验收标准

（1）各种硐室工程的验收，以立方米为单位，保留小数点后二位；

（2）实际开凿断面与设计比较，正差不得小于0.2m，负差为可修品；

（3）超过验收标准允许差的开凿部分，不得报量。

4. 采矿量、充填量验收标准

（1）采矿量按体积换算成质量，以吨（t）为单位。

（2）采场内存矿，采场外堆积矿量，各溜矿井，矿仓内存矿均应按存储矿量上报。

（3）设计采幅以外的废石、混入的尾砂，均不得计入采矿量。

（4）采场采高测量。现场条件许可，实测采高密度足够时，取各点的平均值。仅沿测线方向实测采高时，测线方向的实测采高取平均值再乘系数。当采场顶板较为平整时取系数为0.92；当采场顶板有冒落现象，拱形较大时取系数为0.87。

（5）采矿量验收以实测采场为准，每采一个分层进行采场实测，上图后，用CAD自动计算采空区面积，根据设计采矿高度和宽度计算体积和矿量。超高和超宽部分视为贫化量，根据矿岩赋存条件，开采时，应控制在设计允许的贫化率、损失率内，超设计贫化量不予验收。

（6）充填量验收标准，充填量以立方米（$m^3$）表示。必须有充填通知单和充填合格签单方予验收。充填量以实际板墙位置和实测采场图计算，其误差不得大于5%。

5. 中深孔验收标准

钻机位置与设计比较，不得超过0.1m。钻孔的方位倾角与设计比较不得超过

1°30′，孔底距离与设计比较最大不得超出 1m，孔深不得超出 ±0.5m，此限差满足不了爆破设计要求时，应按爆破设计要求补孔。

6. 工程交、竣工验收标准

（1）坐标系统各坐标应符合设计要求，允许偏差不得超过相应等级的误差范围。

（2）与井筒连接的各运输平巷和主要硐室的标高，不应超过设计规定 ±100mm。

（3）井筒的最终深度不得小于设计规定。

（4）有提升设备的井筒实际半径允许偏差，以井筒中心垂线为准，不得小于设计规定及大于设计规定 50mm。

（5）巷道起点标高与设计规定相差不得超过 ±100mm，起点与终点之间的坡度总偏差，不得超过设计规定坡度的 ±10%，局部偏差不得超过设计规定坡度的 ±20%，且超过部分不得大于全长的 20%。

（6）直线段的轨距与设计相差不应小于 3mm，也不应大于 5mm，轨道中心线与设计相差不得超过 ±50mm（双轨巷道时，以两股轨道的中心线为准）；双轨巷道的两股道的中心距离，不应小于设计规定，也不应大于设计规定的 20mm。

（7）轨道坡度必须符合设计规定，其局部允许偏差不应超过 ±1‰。

（8）水沟深度和宽度的允许偏差不应超过 ±30mm，其上沿（包括盖板）高度的允许偏差不应超过 ±20mm，水沟的坡度必须保证水流畅通，水沟盖板必须平整稳固。

（9）巷道硐室底板应平整，局部鼓洼深度不得超过设计 ±100mm，运输巷道和机电硐室的净宽不得小于设计规定；其他巷道和硐室不得小于设计规定 20mm，也不应大于设计规定 100mm；巷道净高、腰线上下均不得小于设计规定 30mm，也不应大于设计规定 100mm。

（10）不支护的天（溜）井的中心线至任何一帮的距离不得小于设计规定 100mm，也不应大于设计规定 200mm；支护的天（溜）井不得小于设计规定 50mm，也不应大于设计规定 100mm。

（11）各种图纸资料，依据图式和规范进行验收。

## 第七节　露天工作控制测量

### 一、基本要求

在矿区基本控制网（点）的基础上加密布设的测量控制网（点），是露天生产测量工作的基础。工作控制点相对于附近基本控制点的点位中误差和高程中误差不应大于表 2-24 的要求。

**表 2-24　露天测量控制点点位中误差和高程中误差**

| 等　级 | 点位中误差（m） | | 高程中误差（m） | |
| --- | --- | --- | --- | --- |
| | 采剥区 | 排土场等 | 采剥区 | 排土场等 |
| Ⅰ | 0.07 | 0.15 | 0.05 | 0.10 |
| Ⅱ | 0.10 | 0.20 | 0.07 | 0.15 |

工作控制网（点）一般分两级：Ⅰ级工作控制应在基本控制网（点）基础上加密；Ⅱ级工作控制应在基本控制和Ⅰ级工作控制基础上加密。

露天测量工作控制网点的密度，可根据比例尺的大小，确定点之间的最大距离，见表 2-25。

**表 2-25　点间最大距离**

| 比 例 尺 | 点间最大距离（m） |
| --- | --- |
| 1∶2000 | 300 |
| 1∶1000 | 200 |
| 1∶500 | 100 |

露天矿测量工作控制网各点，在采、剥区外需永久保存的基本控制点，应埋设标石，建造简易觇标，采、剥区内的可用临时标志固定。

## 二、控制工作的平面测量

采用前、侧方交会法布设工作控制点，应由三个已知点构成交会图形；后方交会法应在待定点上观测四个已知点的方向。独立解算的两组坐标值的较差：采场不应超过 0.2m；排土场不应超过 0.4m。取平均值或选择图形强度较高的一组坐标作为最后结果。

用单三角形法布设工作控制点，应观测三角形的三个内角，Ⅰ级工作控制三角形角度闭合差不应大于 30″，Ⅱ级工作控制不应大于 60″。

前、侧方交会，交会角应在 30°～120°之间，当交会边长大于 800m 时，交会角应在 40°～110°之间。

后方交会，应尽量将待定点选在三个已知点所构成的三角形内；当待定点位于三个已知点连线的一侧时，其公共交会边长应短于两已知边中较短的一边，但待定点不得靠近任意已知点。

当侧、后方交会只解算一组坐标时，必须利用多余观测方向进行检核。检查角的观测值由坐标反算所得数值之差（$\Delta\varepsilon$）（″）应不大于式（2-10）所示：

$$\Delta\varepsilon = M/5000 \times \rho/s_{边} \quad (2\text{-}10)$$

式中　$M$——测图比例尺分母；

$\rho$——206265″；

$s_{边}$——检查角短边之边长（m）。

采用三维导线法布设工作控制点，导线两端应符合在基本控制点或Ⅰ级工作控制点上，主要技术要求见表2-26。在双壁堑沟内允许敷设复测支导线，但在导线端点须观测两个连接角。

**表2-26　工作控制导线主要技术要求**

| 地点 | 级别 | 附合条件 | 导线总长（m） | 相对闭合差 | 边长（m） | 往返较差相对误差 | 测角中误差（″） | 方位角闭合差（″） |
|---|---|---|---|---|---|---|---|---|
| 采剥区 | Ⅰ | 基本控制点 | 1000 | 1/2000 | 150 | 1/3000 | ±30 | $\pm 60n^{1/2}$ |
| | Ⅱ | Ⅰ级工作控制点 | 700 | | | | | |
| 排土场 | Ⅰ | 基本控制点 | 2000 | 1/2000 | 250 | 1/3000 | ±30 | $\pm 60n^{1/2}$ |
| | Ⅱ | Ⅰ级工作控制点 | 1500 | | | | | |

采用剖面线法时，剖面线方向通常与勘探线方向一致，互相平行，间距相等，大致垂直于矿体走向。每条剖面线上的基点应不少于两个，并尽可能设置在露天矿坑的两帮，随着采剥工作的进展，基点应沿非工作帮下移。

采用线形锁法布设工作控制网时，主要技术要求见表2-27。导线点不应作为线形锁的起始点。

**表2-27　线形锁法工作控制测量的主要技术要求**

| 级别 | 边长（m） | 测角中误差（″） | 测回数 | 三角形最大闭合差（″） | 方位角闭合差（″） | 锁的三角形个数 |
|---|---|---|---|---|---|---|
| | | | J6 | | | |
| Ⅰ | 200 | 10 | 2 | 30 | $\pm 20n^{1/2}$ | 12 |
| Ⅱ | 150 | 20 | 1 | 60 | $\pm 40n^{1/2}$ | 10 |

剖面线上的基点，应用10″小三角的精度施测，并埋设固定标志。剖面线上的工作控制点，采用交会法、经纬仪导线法或其他方法测设。

有条件的可采用短程光电测距仪按极坐标法布设工作控制点。测距精度应不低于5cm ± $10^{-6}D$，水平角测角中误差应不大于10″。

交会法测设工作控制点的水平角观测，采用方向观测法，测回数和观测限差应符合表2-28规定。

**表 2-28　工作控制点水平角方向观测法的技术要求**

| 等级 | 仪器类型 | 测回数 | 半测回归零差（″） | 一测回中两倍照准差变动范围（″） | 各测回互差（″） | 测角中误差（″） | 仪器对中误差（mm） |
|---|---|---|---|---|---|---|---|
| Ⅰ | J2 | 1 | 8 | 13 | 9 | 10 | 3 |
| | J6 | 2 | 24 | 30 | 24 | 10 | 3 |
| Ⅱ | J6 | 1 | 24 | 30 | | 20 | 3 |

注：1. 倾角 5°～10°时，两倍照准差变动范围，可按上表要求增大 1/3，大于 10°时，增大 1/2；
2. 观测边长超过 800m 时，仪器对中误差可放宽至 5mm。

内业计算取位，可按表 2-29 规定。

**表 2-29　工作控制点内业计算数字取位的规定**

| 角度计算（″） | 改正数（m） | 边长（m） | 对数、函数 | 坐标增量（m） | 坐标（m） |
|---|---|---|---|---|---|
| 1 | 0.001 | 0.001 | 6 位 | 0.001 | 0.01 |

## 三、控制工作的高程测量

工作控制点的高程采用几何水准测量方法测定时，应由采场水准基点开始用等外水准测定。四等以上水准点可作为采场水准基点，水准点距采场较远时，可按四等水准要求引测采场水准基点。

采场水准基点应设在采场附近，不易受损坏的地方，埋设永久性或半永久性标石，也可在坚硬的基岩上刻记标志。

个别控制点的高程，可从相邻工作控制点，用等外水准测量传递，但须附合于另一工作控制点上，其高程闭合差应不大于 $\pm 10n^{1/2}$(mm)，$n$ 为测站数。

用三角高程测量工作控制点高程时，一般布成三角高程网附合或闭合路线，起讫于采场水准基点以上水准点，其各项限差及精度要求用 J6 仪器观测一测回，垂直角互差不大于 25″，指标差不大于 25″。

用三角高程测量独立交会工作控制点的高程时，其起始控制点的高程应有四等水准点的精度。单觇方向应不少于三个，个别困难条件，才允许以两个方向测定。垂直角观测应符合表 2-30 规定。

**表 2-30　工作控制点三角高程测量垂直角观测的技术要求**

| 地　点 | J2 | | | J6 | | |
|---|---|---|---|---|---|---|
| | 最大边长（m） | 测角中误差（″） | 测回数（中丝法） | 最大边长（m） | 测角中误差（″） | 测回数（中丝法） |
| 采　场 | 1000 | 10 | 1 | 1000 | 10 | 2 |
| 排土场 | 1600 | 10 | 1 | 1600 | 10 | 2 |

由不同方向（或对向）观测求得之高差互差：采场工作控制点应不大于0.15m；排土场应不大于0.3m。不超过限差规定时，取平均值为最后结果。

三角高程单向观测，距离超过400m时，应进行地球曲率和折光改正。仪器高和觇标高用钢尺量至0.5cm，两次丈量之差应不大于1cm，取平均值为最后结果。

采场工作控制点每隔一定时间（1~2年）用几何水准进行一次复测检查，新测高程相差超过0.15m时，按新测的高程修正。

## 第八节 露天生产测量

### 一、基本要求

露天生产测量的主要内容：

（1）爆破工程测量；

（2）采剥矿、岩量验收及采剥工程平面图的编绘；

（3）技术境界和堑沟工程测量；

（4）排土场和尾矿坝测图；

（5）岩石移动测量；

（6）贮矿验收等。

碎部测量，依据测量对象的精度要求不同，分别采用经纬仪极坐标法（视距或量距）、全站仪免棱镜极坐标法、支距法、交会法和其他方法。

一般地物和地形碎部点相对于附近工作控制点的点位中误差和高程中误差不应超过表2-31规定。

**表2-31 碎部点点位中误差和高程中误差**

| 测量对象 | 点位中误差（m） | | | | | |
|---|---|---|---|---|---|---|
| | 1∶500 | | 1∶1000 | | 1∶2000 | |
| | 高程 | 平面 | 高程 | 平面 | 高程 | 平面 |
| 采矿、贮矿 | 0.1 | 0.5 | 0.15 | 0.7 | | |
| 排土场、尾矿坝 | | | 0.20 | 1.00 | 0.3 | 1.4 |

露天生产测量，一般采用相当于比例尺1∶1000地形测量的精度进行，但为了图面清晰和内业计算方便，可放大一级比例尺进行展绘。

### 二、经纬仪视距测量

视距经纬仪应用J6级，视距标尺应安装水准器，标尺分米分划误差不得大于1mm。

视距测量的各测站点，应是工作控制点。个别情况，允许在工作控制点上引测一个视距支点作测站，边长不得超过80m，往返测量的距离较差应不大于0.5m；高差较差应不大于0.15m；水平角用J6以上仪器观测一测回。

进行经纬仪视距测量时，应遵守下列规定：

（1）仪器对中偏差和两次丈量仪器高之差均应不超过1cm；

（2）为了视距读数方便，允许将视距丝作上下小的移动，但不得超过5cm；

（3）视距读至分米，水平角读至5′，垂直角读至1′；

（4）每测站碎部测量结束或观测过程中，应做归零检查，归零差不得超过4′，否则应重测。

碎部测量竖立视距标尺时，应遵守下列规定：

（1）选择轮廓变化特征点，要注意代表性；

（2）立尺点间距，采场、贮矿场最大不超过图上15~20mm；

（3）标尺应尽量立直。

碎部测量最大视距长度规定见表2-32。

**表2-32 碎部最大视距长度（m）**

| 测图比例尺 | 采场、贮矿 | 排土场、尾矿坝 |
|---|---|---|
| 1∶500 | 100 | |
| 1∶1000 | 150 | 200 |
| 1∶2000 | | 300 |

注：垂直角超过±10°时，视距长度要适当缩短；平坦地区，成像清晰时，可放长20%。

在相邻两测站进行视距测图时，必须有1~2个校核点。在两个测站上测得同一校核点的点位与高程偏差，应符合表2-33规定。

**表2-33 校核点的点位和高程允许偏差**

| 比 例 尺 | 图上平面位置偏差（mm） | 高程偏差（m） |
|---|---|---|
| 1∶500 | 2.5 | 0.25 |
| 1∶1000 | 2.0 | 0.40 |
| 1∶2000 | 2.0 | 0.60 |

## 三、爆破工程测量

露天开采，硐室爆破等工程，测量人员应做以下工作：

（1）提供爆破单位的区段的地形图（比例尺1∶200~1∶500）；依据设计给点

施工。

(2) 采用中、深孔爆破时，钻孔完毕之后应以经纬仪视距（全站仪）极坐标法测出实际孔位和高程，两端点连线用支距法丈量其他孔位，并作为展点的依据。同时测出坡顶线、下平台标高和地质界线。

(3) 穿孔后，测量人员进行检查验收。对孔口位、孔深、方位偏角进行测定，精度要求：孔位误差不应超过20cm，孔深不应超过设计规定30cm；方位和倾角均不应超出设计之规定。计算出最大孔底间距，在此同时将每排炮孔做出平面与剖面图（1∶200～1∶500）供爆破之用。

(4) 爆破矿石清除后，对采区测出平面图，计算出实际爆破量，并以新实测的平面图，供下次爆破设计之用。

## 四、采剥矿、岩量的验收

计量单位按体积换算成质量，以吨（t）为单位，取小数点后两位。

采（剥）矿岩量验收相对误差不得大于表2-34所示要求。

**表2-34 采（剥）矿岩量验收相对误差允许范围**

| 验收矿（岩）量（t） | 允许相对误差（%） |
|---|---|
| 300以下 | ±7 |
| 300～10000 | ±5 |
| 10000以上 | ±3 |

验收标准：

(1) 实际的台阶界限与设计比较，不得超出±1m。

(2) 台阶宽度验收标准（见表2-35）。

**表2-35 台阶宽度验收标准（m）**

| 项目 | 工作平台 | | |
|---|---|---|---|
| | 人工装车 | 电铲装车 | 安全平台 |
| 实际宽度允许小于设计宽度 | 0.5 | 2 | 0.5 |

(3) 台阶高度验收标准（见表2-36）。

**表2-36 台阶高度验收标准（m）**

| 项目 | 穿孔方法 | | |
|---|---|---|---|
| | 凿岩机 | 穿孔机 | 潜孔机 |
| 实际与设计比较不超过 | ±0.2 | ±0.5 | ±0.5 |

（4）运输线路坡度验收标准（见表2-37）。

**表2-37　运输线路坡度验收标准**

| 项　目 | 运输类型 | |
|---|---|---|
| | 汽　车 | 电机车 |
| 实际坡度不允许超过设计坡度（‰） | 10 | 2 |

（5）路堑底部验收标准：路堑底部实际高度变化不超过±0.5m。

采剥矿、岩量验收一般应以单爆区测算，实测爆破前后的坡顶线、坡底线，上、下平台的高程和地质界线，计算采出的实体体积和矿、岩量。

按月进行矿、岩量验收时，应实测计算期初和期末各生产台阶推进区段的坡顶线、坡底线，上、下平台的高程和地质界线，有结存的爆区，还要测算结存的矿、岩量。其测算方法可直接在实地进行剖面测量，或用经纬仪视距（全站仪免棱镜）极坐标法测出爆堆边线、顶线、底线、阶段下平台的高程和爆堆表面的高程。根据爆堆实际变化情况，一般每30～100$m^2$应测一高程点。绘制1∶200或1∶500采场平面图。

较规则的工作平台，体积计算宜用水平截面法，形状复杂、高度变化较大的爆区，一般采用垂直剖面法计算。

面积测定：

（1）用求积仪测定面积时，应将极点置于图形左右两个位置各测一次，两次测定值的差数应不超过测定值的5‰。测定值小于500个读数单位时，应不超过三个读数单位，取符合限差的两数平均值为测定结果。

（2）用全站仪免棱镜测面积时，将全站仪与电脑连接，传输数据后，用南方CASS成图软件直接成图，用软件直接形成剖面计算爆破区的开挖量。

（3）较规则的图形，也可在图上量取几何要素计算面积，两次量得同一线段长度的较差应不超过图上0.3mm。

## 五、境界、掘沟及排土场测量

露天开采的最终境界、滑坡处理境界及采掘计划进度线，应按设计用解析法或图解法求得坐标（或设计直接给定的坐标）。用经纬仪配合量距或视距极坐标法在实地标出，每10～30m左右设一标志。采用图解法求坐标时，所依据的设计图纸的比例尺应不小于1∶1000。

挖掘单、双壁出入堑沟和开段沟应按设计在实地标定出沟道的起点和中心线，沟底的高程和坡度，必要时还应标定出沟道两肩线的边坡点，并在施工中及时进行检查。

露天开采的境界线和堑沟中心线的标定精度，应符合表2-38的规定。

**表2-38 技术境界线和堑沟中心线的标定精度**

| 项目 | | 平面位置中误差（m） | 高程中误差（m） |
|---|---|---|---|
| 露天开采的最终境界线 | | 0.3 | 0.2 |
| 采掘计划进度线 | | 0.5 | 0.2 |
| 堑沟中心线 | 固定坑线 | 0.5 | 0.2 |
| | 移定坑线 | 0.3 | 0.2 |

排土场可根据工作需要（一般每年测定一次）进行测设，测图比例尺为1∶2000～1∶1000。采用经纬仪或全站仪极坐标法测量，应测出排土台阶的坡顶线、坡底线和运输线路的位置。

尾矿坝区根据改建和防汛的需要及时测出坝身、水线和尾砂淤积的现状，测法和精度要求与排土场相同，比例尺一般为1∶2000～1∶1000。

矿区范围有已知的废旧坑道和采空区，应及时在采掘作业区标出其相对位置。原有资料不可靠和不详的地段，应采取措施积极查清。

## 六、贮矿验收

矿仓、溜井中的存矿量，根据其容积定期以皮尺坠重测量高度来计算。容积和高度有变化时，按其实际几何图形来计算。

贮矿堆、采剥量体积的计算，可按平面图和剖面图确定边界内的面积。在实际中最常用的可分为以下几种：

（1）按几何图形计算。

按几何图形计算面积时，是将测量面积的图形，分为一些比较简单的规则图形，如三角形、长方形等等。然后按几何公式计算出各面积，各面积之和即为图形的面积。

（2）用求积仪测定面积：

1）用求积仪测定面积时，必须测量三次；

2）每次测得值，相互不得超过3%；

3）如超过3%时，必须重新测量，直至其差数不超过3%时为止；

4）计算面积时，可采用三次平均值。

（3）利用透明方格纸测定面积，为了求得数字准确，需重复测定三次，以三次平均值作为结果。

（4）在电脑上用CAD软件直接求取圈定的面积。

# 第九节　岩石移动观测

## 一、基本要求

为了摸索岩石移动的规律，掌握矿区地压动态，确定岩石移动角度，研究保护井巷及地面建筑物的安全，矿柱的规格以及探讨露天采场的边坡角、边坡稳定条件等，应根据矿区地质条件，开展岩石移动和边坡滑落的观测工作，并根据观测研究成果寻找冒顶塌方的规律，及时而准确的提出预报，以确保矿山安全生产。

建立岩石移动观测站前，必须全面地收集矿区地质采矿资料和同类型的岩石移动技术资料，进行观测站的技术设计，其内容包括设计图和说明书两部分。

设计时，应从矿区的整体规划出发，根据地质采矿条件，采取由简到繁，由浅到深的原则，区别轻重缓急分期布设。

除在地表建立岩石移动观测站外，还可在地下巷道内建立地下观测站。

除进行定期的仪器观测，还必须经常深入现场辅以肉眼观察，调查裂隙、错动及坍塌等现象，并作文字描述和照相，必要时还应测绘成图及被观测点的移动曲线。

## 二、岩移观测站的设置及观测

### （一）岩移观测站的设置

开采缓倾斜矿体时，地表岩移观测站的观测线，一般沿矿体走向和倾斜方向各设一条，沿走向方向的观测线，应设在移动盆地的主断面上。如回采工作面的走向长度大于 $1.4h_0+50$，$h_0$ 为平均开采深度（m），可设置两条倾斜方向观测线，两观测线相距50m以上，并且距起始开采线或停采线均在 $0.7h_0$ 以上。

开采急倾斜矿体时，沿走向的观测线以布置两条为宜，一条在主断面上，另一条在采空区正上方，两观测线间距应不小于30m。沿倾斜方向的观测线也布置两条，在采空区中央相距约50m；如回采工作面走向长度大于 $1.0h_0+100$ 时，应布置三条或三条以上沿倾斜方向的观测线，一条在采空区中央，其余在两侧相距约50m处，且距起始与回采线均在 $0.8h_0$ 以上。

矿床地质构造复杂，走向不明显，或厚度变化大的情况下，可沿回采工作面主要方向布设观测线，或成网状布置观测点。

确定观测线长度的角值，应尽可能采用本矿已求得的各种角值，在尚没求得前，可选用与本矿地质，采矿条件相似的矿山所求得的角值，或参阅有关资料，按类比法确定。各移动角的调整值可取15°。

观测点间距可参考表2-39确定。

表 2-39 岩移观测点间距离

| 平均开采深度（m） | 中间段测点之间距（m） | 边界段观测点之间距（m） |
|---|---|---|
| 50 以下 | 7 | 5 |
| 50 ~ 100 | 10 | 6 |
| 100 ~ 200 | 15 | 7 |
| 200 ~ 300 | 20 | 10 |
| 300 以上 | 30 | 10 ~ 15 |

每条观测线两端各设两个控制点，如因条件限制每条观测线不能少于 3 个点，控制点应设在整个观测段不受移动影响的稳定区。控制点距极限移动边界 30 ~ 50m，同一端控制点间的距离应不小于 30m。

观测线控制点的标设，利用交会法或导线法进行，其他观测点依据观测线的控制点来标设，尽可能使观测点中心位于控制点连线的方向上，偏离连线方向的距离应不超过 5cm。

控制点和观测点的埋设，应符合下列要求：

（1）用混凝土预制桩埋设或现场浇灌。有条件时一定要与基岩相连，一般坑深应不小于 0.6m，冻结地区应在冻土线以下 0.5m。

（2）应统一编号，一般垂直走向观测线上的测点，自下山向上山方向顺序增加；沿走向观测线上的测点按工作面推进的方向顺序增加。

观测站与矿区控制网的联测工作应在所有测点埋完 5 ~ 7 日之后进行。按 1∶1000 比例尺测图，图根据控制要求测出观测线的一个控制点的平面坐标，其余控制点则以这点为基础按 5″导线的要求进行测量。

观测站的起始高程，由矿区附近的水准基点以四等水准的要求引测。由于条件限制不便于水准连测时，可用三角高程连测，其余控制点的高程应组成闭合或附合水准线路，以三等水准要求进行测量。

（二）岩移观测

1. 全面观测和高程测量

观测站的第一次全面观测应进行两次，两次观测时间隔时间不超过 5 日。

两次观测的高差之差应不大于 10mm；偏距应不大于 20mm；边长应不大于 4mm。取两次平均值作为各观测点的起始数据。

回采工作开始后，每隔一定时间进行一次水准测量的警戒观测，如发现一些测点有明显下沉时（大于 50mm），可认为地表已开始移动，需进行全面观测。

全面观测应包括下列内容：

（1）由控制点测出该观测线各测点的高程；

（2）由控制点测出该观测线各测点间的距离；

（3）测量各测点偏离观测线的距离；

（4）测量地表和建筑物，因移动所造成的裂缝、断裂、塌陷，并绘制草图及拍摄照片。

测点间的距离应往返丈量，每次以不同的起点读数三次，距离大于10m时互差应不大于3mm；小于10m时应不大于2mm，量距时施以比长时的拉力，记录温度，最后距离应加入比长、温度和高差改正。

各测点的高程，按四等水准要求测定，当测区施测水准困难时，也可用J2级经纬仪以正倒镜进行三角高程测量，变换仪器高测量两次。仪器高及视点高量至毫米（mm），两次高差较差应不大于4mm。

各测点的偏距测量，用经纬仪正倒镜观测，也可以经纬仪配合支距仪进行测量，经纬仪距所测的支距点最大距离应不超过100m，仪器对中误差应小于2mm，偏距读数取至毫米（mm）。

全面观测的周期，视回采工作速度而定，在移动的活跃期，一般1～2个月观测一次，并适当增加水准测量次数。

在地表移动初期和衰退期，根据开采深度，回采工作面推进速度，岩石顶板性质等具体条件，每隔2～3个月进行一次观测点的高程测量，3～6个月进行一次全面观测。直到相隔6个月的下沉值不超过30mm时，可认为移动期结束，并进行最后一次全面观测，过3～6个月再进行一次水准测量，以资验证。

进行全面观测或高程测量时，同一观测线的各测点高程，边长和偏距应尽量在1日内完成。

每次观测的同时必须收集以下资料：

（1）回采工作面的位置、采高、采出矿量、空间体积以及矿柱尺寸和位置；

（2）回采工作面地压活动情况；

（3）采区地质与水文地质情况。

为了获得井下移动的有关资料，在采场的围岩和上部老巷里，布置井下观测站。每个观测站至少设两个控制点，控制点应与导线点联测。观测站一般布置成线状。

井下观测站的点间距离及高程应往返测量。往返大量的点间距离互差应不大于2mm，同一点高程往返或两次仪高测量的结果，互差应不大于3mm。

对附近巷道出现的裂缝、错动和冒落等现象应加以描述。

视地压情况一般一个月观测一次，若地压增加时，观测次数应适当增加。

2. 岩移观测图纸绘制和工作小结

岩移观测的内业计算包括下列内容：

（1）观测点的高程；

（2）观测点的横向位移；

（3）相邻观测点间的水平距离及在观测线方向上的投影长度；

（4）观测点的各种变形值。

岩移观测应绘制的图纸：

（1）观测站地区井上下对照图，反映观测站的布置、地表裂缝、坍塌位置及地下采矿现状。比例尺 1∶2000～1∶500。

（2）沿观测线的地质剖面图，包括矿体界线、覆盖岩层和主要地质构造、移动前的实测地形及下沉曲线。比例尺 1∶2000～1∶500。

（3）各种移动和变形曲线。

（4）垂直下沉等值线图。

（5）井下裂缝调查图及照片等。

各种曲线图的水平比例只与平面图一致，竖直比例尺参照表 2-40 选用。

**表 2-40 各种曲线图的竖直比例尺**

| 曲线名称 | 竖直比例尺 |
|---|---|
| 下 沉 | 1∶10，1∶20 |
| 倾 斜 | 2∶1，5∶1，10∶1 |
| 曲 率 | 100∶1，50∶1，10∶1 |
| 水平移动 | 1∶5，1∶10，1∶20 |
| 水平变形 | 2∶1，5∶1，10∶1 |

表土移动角 $\varphi$，可用类比法或通过对表土层的观测而定。

移动角 $\beta$、$\gamma$、$\delta$、$\beta_1$，应根据最后一次全面观测结果来确定，在变形曲线图上找出各种临界变形点，以最外一个临界变形点按 $\varphi$ 角交到基岩面上，再由此交点与采空区边界矿体底板连线的倾角确定。

极限移动角 $\beta_0$、$\alpha_0$、$\delta_0$、$\beta_{01}$，一般用最后一次观测成果，垂直下沉为 14mm 之点与外界相邻观测点的中间点，按上述的连接法来确定。

裂隙角 $\beta''$、$\gamma''$、$\delta''$、$\beta_1''$，根据移动区最外围之裂隙与采空区边界矿作底板点连线的倾角确定。

最大下沉角 $\theta$ 是根据最后一次观测结果，在倾斜剖面上，从前方下沉点与采空区中点连线的顶角。

建筑物危险变形值，由许多经验说明，如果地表在垂直方向上的移动不超过 30mm，就是对最大的工业建筑物区没有什么影响。

作为民用建筑物危险区边界的各点其坡度、坡度差和相对伸缩变形值，不得超过下列规定：

（1）相邻两点的坡度 4mm/m；

（2）坡度差 2mm/m；

（3）相对伸缩变形值 1mm/m；

（4）如采取别的规定危险区边界线时，则需说明理由。

岩石移动观测工作结束或到一定阶段，就已获得的各种观测资料，及时编写工作小结，其内容如下：

（1）观测工作的目的与任务、观测时间和地点，地质采矿技术条件。

（2）观测站的布置、观测方法及其精度。

（3）观测结果的分析：地表移动、裂隙、坍塌的分布及特征；呈现的时间与采矿工程的关系；位于不同部位的建筑物遭受破坏的程度。

（4）存在的问题。

（5）对今后采矿可能发生情况的预计及对开采工程的建议。

（6）主要数字资料和图纸。

## 第十节　测 绘 资 料

### 一、基本要求

各矿山应备有必要而完整的测绘资料，以全面反映矿区的地表、地形、地物、矿床地质及开采情况和它们之间的几何关系。这些资料要随着生产勘探、矿山建设和采掘工程的进展，而不断地或定期补测和修绘。

必备的矿山测绘资料包括：

（1）矿山基本测量图；

（2）矿山专用测量图；

（3）各种原始记录；

（4）各种计算及成果资料。

矿山基本测量图是直接根据测量所得资料而绘制的，它是编制各种矿山专用图的基础，是矿山最主要的技术资料，所以应绘制在经过裱糊的优质绘图纸或经过热处理的聚酯薄膜上。图纸的变形应保持在 2‰以下。

为确保重要资料的安全和长期保存，矿区基本控制测量资料和地形原图应归档保存，控制成果可复制一套日常使用；露天开采阶段采、剥工程平面图和井下开采的中段水平巷道平面图或分层采掘巷道平面图，应按时（月季）复制归档保存一套，也可以用缩微技术来保存资料。或以电子版的形式经过拷盘交档案室存档。

各种矿山测量图一律按国家测绘局颁发的大比例尺地形图式绘制，图幅规格可因地制宜，但应符合下列要求：

（1）便于长期保存；

（2）便于绘制和使用；

（3）同一矿山或采区力求一致。

基本测量图的坐标格网线段长和控制点的展绘误差应不大于0.2mm，格网对角线和控制点间长度的展绘误差不大于0.3mm，格网线的粗度与刺孔直径应不大于0.1mm。碎部点相对于测点的展绘误差一般应不大于0.3～0.5mm，平剖面图转绘时，其横向或纵向误差均应不超过0.4mm。

各种原始记录，要使用成册的记录簿，封面应写明记录簿的名称、编号、测量单位和测量日期，册内应有目录及页号；封底填明使用页数，截止日期。

原始记录一律以硬质（2H以上）铅笔填写，每次作业的观测者、记录者、仪器、日期、成像情况等项目需填写齐全。对记录、计算的修改，以及观测成果的淘汰，禁止擦拭、涂改与刮补，应在错误数字上划以横线，再将正确的数字写在原数字的上方，记录数字的最小部分不许修改，若有修改，须废去重测。

各种计算资料应装订成册，编号编页，数字书写清晰、整洁；有必要的说明与示意图及计算者、检查者的签名。

所有测量原始记录手簿、计算资料及成果编录资料，必须经过严格的检查后方能提供下道工序使用。计算资料的检查，可采取两人独立对算或一人用两种不同方法计算。

随着采掘剥工程的进行，应及时测量与填绘各种基本测量图，矿区地形图的变化，应在实测后及时修绘。

## 二、矿山测量主要图件

矿山基本测量图：

（1）露天：

1）矿区基本地形图：1∶2000～1∶500；

2）阶段采剥工程平面图：1∶1000～1∶200。

（2）井下：

1）矿区基本地形图：1∶2000～1∶1000；

2）中段水平巷道平面图或分层采掘工程平面图：1∶1000～1∶200。

露天开采专用图：

（1）矿区总图：1∶5000～1∶2000；

（2）矿区平面与高程控制及地形分幅图；

（3）采剥工程综合平面图：1∶1000～1∶200；

（4）工业场地平面图：1∶1000～1∶500；

(5) 采场验收测量平、剖面图：1∶1000～1∶200；

(6) 爆破工程平、剖面图：1∶1000～1∶200；

(7) 贮矿场平、剖面图：1∶1000～1∶200；

(8) 排土场、尾矿坝平面图：1∶2000～1∶1000；

(9) 采区防、排水工程系统图；

(10) 矿区历次购地平面图：1∶2000～1∶500；

(11) 边坡移动观测平、剖面图；

(12) 二级矿量计算平、剖面图。

井下开采专用图：

(1) 矿区总图：1∶5000～1∶1000；

(2) 矿区平面与高程控制及地形分幅图；

(3) 矿区历次购地平面图：1∶2000～1∶500；

(4) 井上、下对照图：1∶2000～1∶500；

(5) 工业场地平面图：1∶1000～1∶500；

(6) 井下经纬仪导线及水准点分布图；

(7) 采准、切割巷道平面图及采场平、剖面图：1∶500～1∶200；

(8) 井筒装备及提升系统几何关系图：1∶100；

(9) 井筒竖直剖面图，竖直1∶500～1∶200；水平1∶50～1∶20；

(10) 井底车场平面图：1∶500～1∶200；

(11) 主要运输巷道纵断面图，水平1∶1000～1∶500；竖直1∶100～1∶50；

(12) 各种地下硐室平、剖面图：1∶200～1∶50；

(13) 急倾斜矿体采掘工程垂直投影图：1∶1000～1∶500；

(14) 立体巷道系统图：1∶2000～1∶1000；

(15) 三级矿量及损失、贫化计算图等。

## 三、主要编绘资料的基本内容

露天开采阶段采剥工程平面图的主要内容：

(1) 原始地形线；

(2) 采剥工程各时期（月）的推进线（坡顶和坡底），并注有适当密度的高程点；

(3) 矿、岩界线及主要地质构造线；

(4) 开采境界线；

(5) 防、排水工程。

露天开采采剥工程综合平面图按月或季编绘。其主要内容：

（1）各阶段的坡顶线和坡底线，并标注适当密度的高程点；

（2）地表开采境界线；

（3）固定或半固定运输线路；

（4）采场附近的地形、地物；

（5）防、排水工程；

（6）主要采矿设备及输电、压气、水管线路。

爆破区段平面图和断面图的主要内容：

（1）阶段坡顶线、坡底线，并注明代表性的高程（包括平台高程）；

（2）炮孔、井巷及硐室；

（3）自然地形。

中段水平巷道平面图或分层采掘工程平面图的主要内容：

（1）该水平（或分层）所有采掘巷道；

（2）各采场、矿块的划分及编号；

（3）纵、横剖面或投影线；

（4）巷道内各种固定采矿设备与构筑物（如卷扬机、水泵房等）；

（5）主要经纬仪导线点与水准点，并注记点的顶、底板标高；

（6）分层采掘工程平面图上可同时表示采场的回采进度线，或分别绘制分层主要巷道平面图和回采工程平面图。

井下纵投影图与横剖面图应平行或垂直矿体走向绘制。其主要内容：

（1）井筒、各中段水平巷道、穿脉巷道以及采准切割坑道的位置；

（2）各采场的轮廓，采掘高度与充填高度；

（3）主投影线与剖面线位置相切的地表实际剖面；

（4）保护矿柱界线。

矿区总图是矿区范围的一览资料，应全面反映矿区地表地形、地物以及矿床开采情况；各生产车间和工业设施的布局；运输电力及供排水系统、职工生活区和矿区附近的机关等单位。

根据变化情况，一般每年修绘一次。

## 四、基建结束时应移交生产的矿山绘测资料

露天基建结束时应移交生产的矿山测绘资料：

（1）矿区地形图与分幅图；

（2）矿区总平面图；

（3）控制测量资料，包括原始记录、计算、成果及控制网分布图等全部资料；

（4）运输系统竣工图；

(5) 各项开拓工程（包括卷扬机道、溜井、溜槽、平硐以及排水防洪的井巷工程和排水沟等）的竣工图；

(6) 阶段采剥平面图；

(7) 工业场地各项工程（包括破碎场、选矿厂、压气站、机修厂及其他辅助设施）竣工图及坐标成果表；

(8) 贮备的二级矿量计算图；

(9) 矿区购地平面图等；

(10) 文字说明书。

(图纸比例尺与生产矿山相同，下同)

矿井基建结束时应移交生产的矿山测绘资料：

(1) 控制测量资料，包括原始资料记录、计算、成果及控制网分布图等全部资料；

(2) 近井网点的原始记录、计算及成果；

(3) 标定井筒十字中心线的资料；

(4) 矿井联系测量、井深测量的全部资料（包括各小中段）；

(5) 井下经纬仪导线和高程测量的全部资料；

(6) 各种巷道平面图、井底车场平面图，各种硐室平、剖面图，主要运输巷道的纵横剖面图，以及巷道检查测量的资料等；

(7) 工业场地平面图；

(8) 各建（构）筑物的施工设计图和竣工图；

(9) 井筒垂直剖面图；

(10) 井筒装备及提升系统几何关系图；

(11) 巷道贯通误差预计和实测资料；

(12) 采准矿块平面和纵、剖面图；

(13) 矿区购地平面图；

(14) 文字说明书。

文字说明书的主要内容：

(1) 完成各项工作的方法；

(2) 使用仪器、工具；

(3) 矿区已有控制资料收集和利用情况；

(4) 各项工作实际达到的精度及检查测量的情况；

(5) 存在问题。

地面及坑内所有基本平面、高程控制点，井筒十字中心线点或提升中心线点，建筑区的水准点等，应由基建测量人员与生产测量人员先室内、后现场实地移交。

# 第三章　采矿技术管理

## 第一节　概　　述

采掘作业是矿山生产的重要环节，而采矿技术管理是为了实现采掘作业规范、均衡、持续生产的重要基础。

本章主要包括采掘计划的编制与管理、采矿设计规范、井巷施工技术管理、采场管理及采矿损失贫化管理等。

本内容适用于生产矿山采矿专业技术管理，作为采矿管理人员共同遵循的技术准则。

## 第二节　采掘计划的编制与管理

采掘计划是公司进行生产经营和技术活动的总体设计，是编制其他各项计划的基本依据。公司采掘计划分年度、季度采掘计划和月作业计划。月计划必须保证季度计划的实施，季度计划必须保证年度计划的实施。

公司采掘计划编制应以当前矿山资源保有情况、实际生产中的技术条件、装备水平、机械化程度和矿山综合生产能力、综合经济效益，以及公司下达的产品、产量控制指标为依据。

### 一、采掘计划的编制

公司年度采掘计划应由三部分组成：文字说明、表格、图纸。

（一）文字说明

文字说明部分包括以下内容：

（1）矿山基本情况简述；

（2）当年计划执行情况分析及存在的问题；

（3）本期计划编制的情况：计划编制的指导思想，安排的依据，生产条件、生产能力的变化；采掘（剥）作业进度，计划期末地质生产矿量保有情况，主要技术经济指标、科技项目及重点措施项目的安排，资金来源及采取的措施。

（二）表格

一般采掘计划表格的内容有：企业基本情况，工业产值、产品、产量及主要作业量，矿山采选冶作业量及主要技术经济指标，地质储量/资源量，三级矿量，掘进（剥离）和采矿定额材料消耗，主要物料及能源消耗，地质探矿计划进度，采矿作业计划，采矿方法应用计划，掘进（剥离）作业计划，供矿量计划，制造成本等。相关表格见表3-1～表3-13。

（三）图纸

图纸主要包括综合平面采掘计划图和有代表性的剖面图，以及分层平面采掘计划图。其他图纸有露天矿排土布置，地下矿通风系统及风、水、电供应系统和重点工程单体设计图等，各矿山可根据需要列为附图。矿山年度采掘计划应有以下基本图件：

（1）采掘（剥）计划工程纵投影图或水平投影图，采掘计划中的中段平面图及有代表性的矿体横剖面图，比例尺为1∶2000～1∶500；

（2）地质、生产矿量计划纵投影图，比例尺为1∶1000；

（3）探矿设计平面图，比例尺为1∶1000～1∶500；

（4）开拓、运输、通风、排水等系统图可用一张图展示，比例尺为1∶2000～1∶500；

（5）矿区总平面布置图，比例尺为1∶5000～1∶2000；

（6）其他图件如重点技术措施设计图、矿柱回采设计图、新采矿方法设计图等，可根据需要增附。

以上图件中的工程进度要用不同颜色来表示。计划年度统一规定为红、绿、黄、蓝，分别表示一、二、三、四季度。

## 二、采掘计划的管理

（一）编制采掘计划的要求

（1）矿山的生产经营活动，必须根据效益计划目标进行安排，在编制计划时，既要顾全效益目标大局又要考虑矿山的实际可能性。

（2）编制计划时，必须对资源情况、采掘充布局、生产系统、技术装备、采充选能力等进行系统分析，保持各环节间的平衡。

（3）要遵循矿山生产的客观规律去安排采掘充生产。要对矿山各种准备、回采、出矿生产、充填、技术措施等工作，从空间和时间上进行全面、周密、妥善的安排。

（4）要充分挖掘潜力，合理利用人力、物力、财力，不断改善各项技术经济指标，力求以最小的投入取得最大的产出。

（5）要正确处理生产与基本建设、技术改造的关系，生产与生产准备的关系，当前生产与长远生产的关系，数量和质量的关系；要克服顾此失彼、重采轻掘、忽视充填、片面追求短期产量和效益的行为。

**表 3-1 企业基本情况表**

| 名称 | | | 单位 | 上年实际 | 当年预算 | 当年 1～9 月实际 | 当年预计 | 下年预算 | 一季度 | 二季度 | 三季度 | 四季度 |
|---|---|---|---|---|---|---|---|---|---|---|---|---|
| 产量 | 铁精粉 | | | | | | | | | | | |
| | 矿山铜 | | | | | | | | | | | |
| | 黄金 | | | | | | | | | | | |
| 人员情况 | 在册职工合计 | | | | | | | | | | | |
| | 其中 | 从业人员 | | | | | | | | | | |
| | | 下岗人员 | | | | | | | | | | |
| | | 离退休人员 | | | | | | | | | | |
| | | 民工 | | | | | | | | | | |
| 工资水平 | 工资总额 | | | | | | | | | | | |
| | 人均工资 | | | | | | | | | | | |
| 生产规模 | 采矿 | | | | | | | | | | | |
| | 选矿 | | | | | | | | | | | |
| | 冶炼（其他） | | | | | | | | | | | |
| 生产工艺 | 采矿方法 | | | | | | | | | | | |
| | 选冶工艺 | | | | | | | | | | | |
| 地质储量 | 保有量 | 矿石量 | | | | | | | | | | |
| | | 金属量 | | | | | | | | | | |
| | | 品位 | | | | | | | | | | |
| | 年消耗 | 矿石量 | | | | | | | | | | |
| | | 金属量 | | | | | | | | | | |
| | | 品位 | | | | | | | | | | |
| 三级矿量 | 开拓矿量 | | | | | | | | | | | |
| | 采准矿量 | | | | | | | | | | | |
| | 备采矿量 | | | | | | | | | | | |

**表 3-2 工业总产值、成品、产量及主要作业量计划表**

| 指 标 名 称 | 单位 | 上年实际 | 当年预算 | 当年 1～9 月实际 | 当年预计 | 下年计划 | 一季度 | 二季度 | 三季度 | 四季度 |
|---|---|---|---|---|---|---|---|---|---|---|
| （1）工业总产值 | t | | | | | | | | | |
| （2）产量 | t | | | | | | | | | |
| 铁 | t | | | | | | | | | |
| 铜 | t | | | | | | | | | |
| 铅 | t | | | | | | | | | |
| 锌 | t | | | | | | | | | |
| 银 | | | | | | | | | | |
| 金 | | | | | | | | | | |
| （3）原矿处理量 | t | | | | | | | | | |
| 原矿品位 | % | | | | | | | | | |
| （4）采掘总量 | t | | | | | | | | | |
| 采矿量 | t | | | | | | | | | |
| 掘进量 | m | | | | | | | | | |
| 掘进量 | t | | | | | | | | | |
| 充填量 | t | | | | | | | | | |
| （5）其他 | | | | | | | | | | |

**表 3-3 矿山采选冶作业量及主要技术经济指标计划表**

| 项目名称 | 计量单位 | 上年实际 | | | 当年预算 | | | 当年 1～9 月实际 | | | 当年全年预计 | | | 下年预算 | | |
|---|---|---|---|---|---|---|---|---|---|---|---|---|---|---|---|---|
| | | 指标 | 子项 | 母项 | 指标 | 子项 | 母项 | 指标 | 子项 | 母项 | 指标 | 子项 | 母项 | 指标 | 子项 | 母项 |
| （1）采掘（剥离）部分 | | | | | | | | | | | | | | | | |
| 1）采矿损失率 | % | | | | | | | | | | | | | | | |
| 2）矿石贫化率 | % | | | | | | | | | | | | | | | |
| 3）出矿品位 | % | | | | | | | | | | | | | | | |
| 4）采掘（剥离）总量 | 万吨 | | | | | | | | | | | | | | | |
| 其中 采矿量 | 万吨 | | | | | | | | | | | | | | | |
| 其中 掘进（剥离）量 | m | | | | | | | | | | | | | | | |
| | 万吨 | | | | | | | | | | | | | | | |
| 5）出矿量 | 万吨 | | | | | | | | | | | | | | | |
| 6）万吨采掘比（剥采比） | m(万吨)/万吨 | | | | | | | | | | | | | | | |
| 7）采矿全员实物劳动生产率 | 吨/(人·年) | | | | | | | | | | | | | | | |
| 8）采掘（剥离）电耗 | kW·h/t | | | | | | | | | | | | | | | |
| （2）选冶部分 | | | | | | | | | | | | | | | | |
| 1）处理矿量 | 万吨 | | | | | | | | | | | | | | | |
| 2）平均日处理量 | t/d | | | | | | | | | | | | | | | |
| 3）处理矿品位 | % | | | | | | | | | | | | | | | |
| 4）精矿品位 | % | | | | | | | | | | | | | | | |
| 5）尾矿品位 | % | | | | | | | | | | | | | | | |
| 6）浮选回收率 | % | | | | | | | | | | | | | | | |
| 7）重选回收率 | % | | | | | | | | | | | | | | | |
| 8）氰化回收率 | % | | | | | | | | | | | | | | | |
| 9）选冶总回收率 | % | | | | | | | | | | | | | | | |
| 10）磨机作业时间 | h | | | | | | | | | | | | | | | |
| 11）磨机作业率 | % | | | | | | | | | | | | | | | |
| 12）选矿全员实物劳动生产率 | 吨/(人·年) | | | | | | | | | | | | | | | |
| 13）选矿电耗 | kW·h/t | | | | | | | | | | | | | | | |

**表 3-4 地质储量/资源量计划表**

| 矿脉、矿块 | | 当年 9 月末地质储量/资源量 | | | | | | 当年末预计地质储量/资源量 | | | | | | 下年末地质储量/资源量 | | | | | |
|---|---|---|---|---|---|---|---|---|---|---|---|---|---|---|---|---|---|---|---|
| | | 合计 | | | 其中 122b 及其以上 | | | 合计 | | | 其中 122b 及其以上 | | | 合计 | | | 其中 122b 及其以上 | | |
| | | 矿石量 | 品位 | 金属量 | 矿石量 | 品位 | 金属量 | 矿石量 | 品位 | 金属量 | 矿石量 | 品位 | 金属量 | 矿石量 | 品位 | 金属量 | 矿石量 | 品位 | 金属量 |
| 保有 | 合计 | | | | | | | | | | | | | | | | | | |
| | | | | | | | | | | | | | | | | | | | |
| | | | | | | | | | | | | | | | | | | | |
| | | | | | | | | | | | | | | | | | | | |
| | | | | | | | | | | | | | | | | | | | |
| | | | | | | | | | | | | | | | | | | | |
| | | | | | | | | | | | | | | | | | | | |
| 新增 | 合计 | | | | | | | | | | | | | | | | | | |
| | | | | | | | | | | | | | | | | | | | |
| | | | | | | | | | | | | | | | | | | | |
| | | | | | | | | | | | | | | | | | | | |
| | | | | | | | | | | | | | | | | | | | |
| | | | | | | | | | | | | | | | | | | | |
| 消耗 | 合计 | | | | | | | | | | | | | | | | | | |
| | | | | | | | | | | | | | | | | | | | |
| | | | | | | | | | | | | | | | | | | | |
| | | | | | | | | | | | | | | | | | | | |
| | | | | | | | | | | | | | | | | | | | |
| | | | | | | | | | | | | | | | | | | | |

**表 3-5 三级矿量表**

| 矿脉、矿块 | | 开拓矿量 | | | | 采准矿量 | | | | 备采矿量 | | | |
|---|---|---|---|---|---|---|---|---|---|---|---|---|---|
| | | 矿石量 | 平均品位 | 金属量 | 保有年限 | 矿石量 | 平均品位 | 金属量 | 保有年限 | 矿石量 | 平均品位 | 金属量 | 保有年限 |
| 当年9月末 | 合计 | | | | | | | | | | | | |
| | | | | | | | | | | | | | |
| | | | | | | | | | | | | | |
| | | | | | | | | | | | | | |
| | | | | | | | | | | | | | |
| | | | | | | | | | | | | | |
| | | | | | | | | | | | | | |
| | | | | | | | | | | | | | |
| 当年末预计 | 合计 | | | | | | | | | | | | |
| | | | | | | | | | | | | | |
| | | | | | | | | | | | | | |
| | | | | | | | | | | | | | |
| | | | | | | | | | | | | | |
| | | | | | | | | | | | | | |
| | | | | | | | | | | | | | |
| 下年末预计 | 合计 | | | | | | | | | | | | |
| | | | | | | | | | | | | | |
| | | | | | | | | | | | | | |
| | | | | | | | | | | | | | |
| | | | | | | | | | | | | | |
| | | | | | | | | | | | | | |

表 3-6 掘进（剥离）和采矿定额材料计划表

| 掘进 | | | | | | | | | | | 采矿（采剥） | | | | | | | | | | |
|---|---|---|---|---|---|---|---|---|---|---|---|---|---|---|---|---|---|---|---|---|---|
| 材料名称 | 单位 | 主运巷道 | 上水平 | 下水平 | 进路 | 天井 | 切割井 | 斜井 | 联络道 | 其他 | 材料名称 | 单位 | 切采 | 房采 | 残采 | 中深孔落矿 | 干式充填 | 尾砂充填 | 嗣后充填 | 其他 | 备注 |
| | | 地点（坑口） | | | | | | | | | | | 地点（坑口） | | | | | | | | |
| 炸药 | kg/m | | | | | | | | | | 炸药 | kg/t | | | | | | | | | |
| 导爆管 | 发/m | | | | | | | | | | 导爆管 | 发/t | | | | | | | | | |
| 导爆线 | m/m | | | | | | | | | | 导爆线 | m/t | | | | | | | | | |
| 起爆管 | 发/m | | | | | | | | | | 起爆管 | 发/t | | | | | | | | | |
| 导爆索 | m/m | | | | | | | | | | 导爆索 | m/t | | | | | | | | | |
| 钎子钢 | kg/m | | | | | | | | | | 钻杆 | kg/t | | | | | | | | | |
| 钎子头 | 个/m | | | | | | | | | | 钎子钢 | kg/t | | | | | | | | | |
| 合金片 | g/m | | | | | | | | | | 钎子头 | 个/t | | | | | | | | | |
| 坑木 | $m^3$/m | | | | | | | | | | 合金片 | g/t | | | | | | | | | |
| 成材 | $m^3$/m | | | | | | | | | | 坑木 | $m^3$/t | | | | | | | | | |
| 铁轨 | kg/m | | | | | | | | | | 成材 | $m^3$/t | | | | | | | | | |
| 道钉 | kg/m | | | | | | | | | | 水泥 | t/t | | | | | | | | | |
| 道夹板 | | | | | | | | | | | 沙子 | $m^3$/t | | | | | | | | | |
| 其他 | | | | | | | | | | | 胶骨料 | $m^3$/t | | | | | | | | | |
| | | | | | | | | | | | 其他 | | | | | | | | | | |
| | | | | | | | | | | | | | | | | | | | | | |

**表 3-7 主要物料及能源消耗计划表**

| 序号 | 项目 | | 单位 | 上年实际 | | | | | 当年预计 | | | | | 下年预算 | | | | |
|---|---|---|---|---|---|---|---|---|---|---|---|---|---|---|---|---|---|---|
| | | | | 消耗数量(万kW·h或t) | 支出金额(万元) | 选(采)矿量(t) | 数量单耗(消耗/t) | 金额单耗(元/t) | 消耗数量(万kW·h或t) | 支出金额(万元) | 选(采)矿量(t) | 数量单耗(消耗/t) | 金额单耗(元/t) | 消耗数量(万kW·h或t) | 支出金额(万元) | 选(采)矿量(t) | 数量单耗(消耗/t) | 金额单耗(元/t) |
| 1 | 用电总量 | | 万kW·h | | | | | | | | | | | | | | | |
| | 其中 | 采矿 | 万kW·h | | | | | | | | | | | | | | | |
| | | 选矿 | 万kW·h | | | | | | | | | | | | | | | |
| 2 | 钢球 | | t | | | | | | | | | | | | | | | |
| 3 | 其他钢材 | | t | | | | | | | | | | | | | | | |
| 4 | 水泥 | | t | | | | | | | | | | | | | | | |
| 5 | 木材 | | t | | | | | | | | | | | | | | | |
| 6 | 药剂 | | t | | | | | | | | | | | | | | | |
| 7 | 炸药 | | t | | | | | | | | | | | | | | | |
| 8 | 柴油 | | t | | | | | | | | | | | | | | | |
| 9 | 汽油 | | t | | | | | | | | | | | | | | | |
| 10 | 煤 | | t | | | | | | | | | | | | | | | |
| 11 | 吨矿单位综合能耗 | | 千克标准煤/t | | | | | | | | | | | | | | | |
| 12 | 吨矿单位电耗 | | 万kW·h/t | | | | | | | | | | | | | | | |
| | 其中 | 采矿吨矿单位电耗 | 万kW·h/t | | | | | | | | | | | | | | | |
| | | 选矿吨矿单位电耗 | 万kW·h/t | | | | | | | | | | | | | | | |
| 13 | 其他 | | | | | | | | | | | | | | | | | |

**表 3-8 地质探矿工程计划进度表**

| 坑口、脉号 | 作业地点 | 作业项目 | 设计量 | 年末位置 | 计划工程量 | 完成时间 | 备 注 |
|---|---|---|---|---|---|---|---|
| | | | | | | | |
| | | 坑探合计 | | | | | |
| | | ……… | | | | | |
| | | 钻探合计 | | | | | |
| | | …… | | | | | |
| | | | | | | | |
| | | 槽探合计 | | | | | |
| | | …… | | | | | |
| | | | | | | | |
| | | | | | | | |
| | | | | | | | |
| | | | | | | | |

**表 3-9 采矿作业计划表**

| 作业类别及地点 | 单位（t） | 上年实际 | 当年预算 | 当年 1 ~ 9 月实际 | 当年预计 | 下年预算 | | | | |
|---|---|---|---|---|---|---|---|---|---|---|
| | | | | | | 合计 | 一季度 | 二季度 | 三季度 | 四季度 |
| | | | | | | | | | | |
| | | | | | | | | | | |
| | | | | | | | | | | |
| | | | | | | | | | | |

**表 3-10 采矿方法计划表**

| 作业地点 | 矿体倾角（°） | 矿体厚度（m） | 岩石稳固程度 | 采矿方法 | 地质品位 | 采矿量（t） | | 设计矿石贫化率（%） | 设计采矿损失率（%） |
|---|---|---|---|---|---|---|---|---|---|
| | | | | | | 房采矿量（t） | 切采矿量（t） | | |
| | | | | | | | | | |
| | | | | | | | | | |
| | | | | | | | | | |
| | | | | | | | | | |
| | | | | | | | | | |
| | | | | | | | | | |

**表 3-11　掘进（剥离）作业计划表**

| 作业类别及地点 | 单位 | 上年实际 | 当年预算 | 当年 1～9 月实际 | 当年预计 | 下年预算 | | | | |
|---|---|---|---|---|---|---|---|---|---|---|
| | | | | | | 合计 | 一季度 | 二季度 | 三季度 | 四季度 |
| （1）掘进总量 | m | | | | | | | | | |
| 1）开拓 | m | | | | | | | | | |
| … | | | | | | | | | | |
| | | | | | | | | | | |
| 2）采切 | m | | | | | | | | | |
| … | | | | | | | | | | |
| | | | | | | | | | | |
| 3）生探 | m | | | | | | | | | |
| … | | | | | | | | | | |
| | | | | | | | | | | |
| 4）地探 | m | | | | | | | | | |
| | | | | | | | | | | |
| | | | | | | | | | | |
| （2）剥离量 | $m^3$ | | | | | | | | | |
| | | | | | | | | | | |
| | | | | | | | | | | |
| | | | | | | | | | | |

**表 3-12 供矿量计划汇总（明细）表**

| 序号 | 出矿地点 | 项目 | 单位 | 上年指标 | | | 当年预计 | | | | | | 下年计划 | | | | | |
|---|---|---|---|---|---|---|---|---|---|---|---|---|---|---|---|---|---|---|
| | | | | 采矿 | 二次损失率（%） | 二次贫化率（%） | 上半年实际 | 下半年预计 | 全年预计 | 二次损失率（%） | 二次贫化率（%） | 全年计划 | 二次损失率（%） | 二次贫化率（%） | 一季度 | 二季度 | 三季度 | 四季度 |
| | 供矿总量 | 矿量 | | | | | | | | | | | | | | | | |
| | | 品位 | | | | | | | | | | | | | | | | |
| | | 金属量 | | | | | | | | | | | | | | | | |
| 1 | 房采（露采）出矿 | 矿量 | | | | | | | | | | | | | | | | |
| | | 品位 | | | | | | | | | | | | | | | | |
| | | 金属量 | | | | | | | | | | | | | | | | |
| | … | 矿量 | | | | | | | | | | | | | | | | |
| | | 品位 | | | | | | | | | | | | | | | | |
| | | 金属量 | | | | | | | | | | | | | | | | |
| 2 | 切采出矿 | 矿量 | | | | | | | | | | | | | | | | |
| | | 品位 | | | | | | | | | | | | | | | | |
| | | 金属量 | | | | | | | | | | | | | | | | |
| | … | 矿量 | | | | | | | | | | | | | | | | |
| | | 品位 | | | | | | | | | | | | | | | | |
| | | 金属量 | | | | | | | | | | | | | | | | |
| 3 | 残采出矿 | 矿量 | | | | | | | | | | | | | | | | |
| | | 品位 | | | | | | | | | | | | | | | | |
| | | 金属量 | | | | | | | | | | | | | | | | |
| | … | 矿量 | | | | | | | | | | | | | | | | |
| | | 品位 | | | | | | | | | | | | | | | | |
| | | 金属量 | | | | | | | | | | | | | | | | |
| 4 | 副产矿 | 矿量 | | | | | | | | | | | | | | | | |
| | | 品位 | | | | | | | | | | | | | | | | |
| | | 金属量 | | | | | | | | | | | | | | | | |
| | … | 矿量 | | | | | | | | | | | | | | | | |
| | | 品位 | | | | | | | | | | | | | | | | |
| | | 金属量 | | | | | | | | | | | | | | | | |

**表 3-13 制造成本汇总表**

| 项 目 | 单 位 | 上年实际 | 当年预算 | 当年 1～9 月实际 | 当年预计 | 下年预算 |
|---|---|---|---|---|---|---|
| （1）采矿 | | | | | | |
| 单位作业成本 | 元/t | | | | | |
| 作业总成本 | 万元 | | | | | |
| （2）掘进 | | | | | | |
| 单位作业成本 | 元/m | | | | | |
| 进成本掘进量 | m | | | | | |
| 作业总成本 | 万元 | | | | | |
| （3）坑口制造成本 | | | | | | |
| 单位制造成本 | 元/t | | | | | |
| 制造总成本 | 万元 | | | | | |
| （4）选矿 | | | | | | |
| 单位作业成本 | 元/t | | | | | |
| 单位制造成本 | 元/t | | | | | |
| 作业总成本 | 万元 | | | | | |
| 制造总成本 | 万元 | | | | | |
| | | | | | | |
| | | | | | | |
| | | | | | | |

（二）编制采掘计划的方法

1. 组织领导与分工

矿山年度采掘技术计划的编制，要在生产副总经理或总工程师的主持下进行。以生产技术、地测部门为主，会同计划、财务、劳资、安全、机动、供应、销售、运输等部门，按照规定的表格形式进行编制。

2. 技术准备工作

在编制计划前，各有关部门要做好技术准备工作，如：地质与生产矿量的计算；期末采掘充工程的测设与作图等有关的地测资料准备；探矿、开拓、采准、采矿、充填等技术设计；有关重点措施工程、技术改造、安全措施和重大科研项目的技术方案设计；各项技术经济定额、材料消耗和劳动力定额的核定等。

3. 编制采掘计划的步骤

（1）编报产量建议指标。首先由生产技术部根据实际情况，提出计划年度的建议指标，经矿山按上级的需求审议平衡，采取上下结合的方式进行商定，商定的产量建议指标，作为矿山编制下一年度采掘技术计划的依据。

（2）确定采掘工程起始界限。根据本年9月末采掘充工程进度的实测进度线和本年末预计进度线，作为编制下一年度采掘技术计划的起始线。

（3）进行采掘充生产各种环节的平衡工作：

1）进行采掘充生产能力的查定和各环节生产能力的最优匹配；

2）为达到计划生产能力和实现各级矿量保有标准所需进行的各种采掘充作业量的平衡；

3）地质储量的升级与生产矿量的平衡；

4）在不影响选矿正常生产的前提下，安排好贫富兼采和不同类型矿石的出矿、配矿工作；

5）做好各项作业所需人员、设备、动力、物资的平衡工作。

（4）按合理的采掘充比例关系和采掘充顺序，编制出各种采掘充作业的数量和进度计划及有关图表。

（三）采掘计划的审批

（1）矿山采掘计划审批程序。矿山采掘计划编完后，先在矿山内部由总经理组织计划、生产、地测、安全、财务、劳资、供应、销售、运输、机动等部门进行汇审，汇审通过后，将计划有关文字说明、表格内容和图纸资料上报审批，上级部门审查通过后，以正式文件批复执行。

（2）审查的原则。矿山采掘计划是否可行，要看它的先进性、合理性和可靠性。要从矿山生产的实际出发，根据需要与可能，本着积极稳妥、先进可靠、适当留有余地的原则，从技术原则上、生产管理上、经济效益上进行全面审核。

（3）审查的主要内容：

1）产品产量是否既能满足上级的要求，又符合矿山的实际；

2）各项技术经济指标是否先进合理；

3）资源是否符合综合利用要求，矿柱矿量是否按要求及时回采；

4）勘探方向是否正确，工程布置是否恰当；

5）采掘充比例是否合适，三级矿量是否达到保有标准或上级要求目标；

6）采掘充顺序是否合理；

7）采掘充工艺中的薄弱环节有无改进措施；

8）基建、技措、安措、科研等项目是否安排得当，任务、资金、材料是否落实。

（四）采掘计划的实施与考核

计划在实施前，生产技术部门要向矿区详细介绍计划要点、技术要求、安全要求、注意事项和实施计划的措施。技术人员要按计划、按设计及时进行工程测设。在施工过程中，生产部门要加强技术指导，发现问题及时纠正。

矿区要根据计划，将任务及时下达给施工单位，并协助施工单位搞好生产组织安排。同时，加强施工管理，提高计划实现率。

采掘计划的考核，用综合实现率的高低来衡量。综合实现率由计划产量实现率、计划作业量实现率、计划作业地点实现率和重点工程计划实现率组成，要求综合实现率达到90%以上。

## 第三节　采矿设计

### 一、原则规定

采矿设计是矿山生产技术管理的重要组成部分，是保证矿山有序、安全生产的关键环节。所有采掘工程必须有完整的设计，一切采矿设计都必须认真贯彻执行矿山的各项技术政策和采掘（剥）技术原则，合理选择设计方案和各项技术参数。

露天或地下开采的采矿设计必须充分考虑安全措施，全面贯彻安全生产和环境保护法规，对开采引起的环境污染和土地损坏，应有相应的整治、复垦措施。要认真执行《金属非金属矿山安全规程》(GB 16423—2006)。

### 二、采矿设计分类

按工程性质、技术复杂程度和管理范围，对采矿设计进行以下分类：

（1）露天开采。

一类型设计：

1）采矿总体设计；

2）小型露天开采设计；

3）系统性的防水、排水、运输、排土及复垦等设计；

4）重大的采矿技术措施、安全措施工程设计；

5）大爆破设计等。

二类型设计：

1）采剥工艺方法及穿爆作业设计；

2）露天三角矿柱开采设计；

3）临近边坡控制爆破设计；

4）局部性的采矿开拓设计（如新水平延伸等）；

5）局部性的排土、排水、复垦设计；

6）一般的采矿技术措施、安全措施工程设计。

（2）地下开采。

一类型设计：

1）采矿总体设计；

2）新采矿方法设计；

3）开发新坑口（含斜井、斜坡道、井巷工程）设计；

4）重大的采矿技术措施、安全措施工程设计；

5）系统性的矿井通风、排水、运输、提升、充填等设计；

6）采矿科研项目设计以及新型采矿工艺的应用设计；

7）较大区域采空区处理设计等。

二类型设计：

1）矿块开采设计；

2）矿柱回采设计；

3）局部性修改和补充设计；

4）一般的采矿技术措施、安全措施等工程设计。

## 三、采矿设计基础资料

提供给采矿设计的基础资料，应经过有关部门审查签字，方可作为设计依据。

设计基础资料必须准确可靠，图纸上坐标、标高、井巷位置应相互吻合，比例尺能相互适应，数字准确无误。

### （一）一类型设计所需地质资料

（1）地质部门提供的地质勘探报告书及附图、附件、钻孔柱状图。

（2）地质部门提供的详查评价报告书、储量核实报告、新增矿量补充报告或储量计算说明书及其附图、附件等。

（3）上级主管部门对项目建议书的批复。

（4）矿山地测部门提供的有关文字资料及图件，具体包括：

1）矿床地质说明书，储量计算说明书，分矿体列出矿体规模、产状、矿石类型、矿石与围岩的物理机械性质、主要断裂构造，探采对比说明书，远景储量预计说明，开采现状说明或闭坑报告书等；

2）矿区地形地质图（1∶2000～1∶1000）；

3）矿体纵投影图或水平投影图（1∶2000～1∶200）；

4）储量计算平、剖面图（1∶2000～1∶200）；

5）勘探线剖面图（1∶2000～1∶200）；

6）水文地质报告有关图纸（1∶2000～1∶200）；

7）现有生产或关闭坑口的开拓系统图，开采现状图（平、剖面图）。开拓系统坑内外复合对照图（1∶2000～1∶200）；

8）设计中段及上下部中段地质平面图；

9）反倾斜矿体顶底板等高线图（1∶2000～1∶500）；

10）设计所需其他测量成果资料。

（5）露天开采除1、3项外；地下开采除1、4项外，其他各项设计所需资料可酌情增减。

（二）二类型设计所需地质资料

中段开拓设计，所需资料包括：

（1）设计开拓中段地质说明书，说明矿体的赋存情况（矿体规模、形态、产状、矿石与围岩的物理机械性质），水文地质情况，本中段勘探程度，地质储量，分矿体列出矿量、品位、金属量、平均厚度等主要地质参数；

（2）本中段及上、下中段地质平面图（1∶1000～1∶200）；

（3）重点勘探线剖面图（1∶1000）；

（4）测量成果资料和图纸（如井筒中心坐标、连接点附近的坐标等）。

矿块或矿柱开采设计，所需资料包括：

（1）本矿块（或矿柱）地质说明书，说明矿块（矿柱）的空间位置及相邻采掘工程情况，地质矿量、品位（资源/储量类别一般要求达到122b级），矿体产状、矿石类型、夹石厚度，矿石围岩的物理机械性质，主要断裂构造及存在的问题；

（2）矿块（矿柱）纵投影图（1∶200）；

（3）上下中段地质平面图（1∶200）；

（4）相关勘探线剖面图（1∶200）；

（5）主要工程位置（天井、中穿、切割层、凿岩巷道、设备井、采矿进路、电耙道、采场溜井等）平面或剖面图（1∶200）；

（6）相邻中段、相邻矿块的开采现状、主要工程布置及相关地质图件。

## 四、采矿设计的基本内容

（一）一类型设计的基本内容

（1）设计说明书。

1）设计依据及原则（改扩建时要简述生产现状及存在的主要问题）；

2）地质资源状况；

3）开采范围和开采方案的比较和论证，主要设计参数的选取、计算；

4）生产能力的确定和验证；

5）主要工程量，主要设备选型、台数，施工方法及作业循环图表，基建和采矿进度计划，主要材料消耗定额指标；

6）矿山供电和通风；

7）矿山供水、排水、压气等设施；

8）充填材料和充填设施；

9）安全、环保及其措施（安全环保专篇）；

10）投资概算及技术经济指标，项目建成后的技术经济效果预计分析评价；

11）需要说明的问题及建议。

（2）估、概算书。

（3）主要设备材料表，劳动定员表。

（4）附图。根据设计的性质、内容，在满足工程施工的前提下，按上级及矿山的现行规定要求，绘制相应的设计图纸。

（二）二类型设计的基本内容

中段（台阶）开拓设计的基本内容：

（1）设计说明书，主要描述如下：

1）地质概述，工程和水文地质，矿岩性质、稳固性，矿体形态产状及地质矿量、品位、金属量；

2）开拓方案的比较选择；

3）主要工程量，主要设备型号、台数，施工方法，作业循环图表，进度计划，提升、运输、通风、供电、排水及运输等系统工程，工程质量要求等；

4）确定本中段（台阶）的矿块划分和开采顺序。

（2）附图：

1）采场作业布置图（1∶200、1∶500、1∶1000、1∶2000）；

2）中段开拓、探矿工程布置图(1∶200、1∶500、1∶1000)，井巷工程断面图(1∶

200），坐标标高列入统一的表格内附在图上；

3）开拓巷道、硐室、井底车场、井筒延深等施工图。

矿块（矿柱）开采设计的基本内容：

（1）设计说明书，主要内容如下：

1）矿块（矿柱）地质概述、位置、矿量、金属量、品位；

2）回采方法的选择及工程布置，矿块构成要素，底部结构形式，采准、回采（充填）工艺和回采顺序；

3）采切工程量，副产矿量，千吨采切比，矿块矿量，矿房矿量，矿柱矿量，设计矿石贫化率、采矿损失率，采出矿量，采矿效率，采场出矿能力及主要材料消耗和成本指标；

4）施工顺序，技术措施；

5）顶底柱和间柱的回采方法及空区处理方案；

6）安全、通风、行人措施。

（2）附图：

1）矿房和矿柱采矿法总体布置图（三视或二视图），比例尺为1∶200或1∶500；

2）采准、切割布置图，矿块充填工程图，支护结构图，炮孔布置图，采切工程量表，采矿作业循环图表等。

## 五、采矿设计的分工与审批

采矿设计的分工：

（1）一类型采矿设计：有设计能力的矿山，在总工程师（或生产副总经理）主持下，由生产技术部门负责设计；无设计力量的矿山，可委托设计单位进行设计。

（2）二类型采矿设计由企业生产技术部门负责设计。

（3）采矿设计一、二类型中以地质探矿为主要内容时，应由地质专业人员负责设计，采矿专业人员配合；当以采矿为主时，地测专业人员积极配合设计。

采矿设计的审批：

矿山采矿设计，必须经过一定的审批程序签字后方能生效。

（1）一类型采矿设计，由总工程师（或生产副总经理）主持，召集采矿、地质、测量、安全等部门负责人、坑口（施工单位）负责人，主要工程技术人员参加，审查签字后，报上级管理部门审批后施工。

（2）二类型采矿设计，由总工程师（或生产副总经理）召集审查会，公司生产技术、安全负责人员及施工单位负责人、相关技术人员参加，经审批后方可施工。

（3）二类型采矿设计中的小矿块设计、单体探矿、采准、硐室设计、局部修改和补充设计等，由生产技术、安全等部门审查签字后，报生产副总经理或总工程师批准后，即可施工。

一切总体、单体设计一经审批，不得擅自修改，必须按设计施工。如在施工中发现图纸有误或现场情况发生变化，不能执行原设计时，施工单位必须立即通知设计单位共同研究，修改设计并履行审批手续后再行施工。

### 六、施工管理与技术总结

施工管理：

（1）采矿设计审批后，设计者应深入现场向施工人员进行技术交底，使生产作业人员掌握设计要求，严格按设计施工。

（2）设计人员应经常到现场进行检查指导，并与施工人员一起研究解决现场出现的实际问题。

（3）设计人员应参加采矿设计修改及主要设计工程局部或全部工程竣工后的验收工作。

总结归档：

（1）为吸取经验教训，改进设计工作，每项主要设计工程在施工完毕后（一类型采矿设计项目待达产一年后）都要对设计进行一次全面的总结，总结工作由设计者负责完成；一类型项目应由主要设计人员负责组织有关设计者共同完成。

（2）采矿设计图纸及文字材料的份数规定如下：

一类型设计项目，行业外有关部门需要报送时，须经公司审定同意，报送各一份，或只报送总论及有关章节文件、图纸。

二类型设计项目，可根据实际需要掌握发送部门及份数。

（3）为做好保密工作，防止设计文字资料及图纸丢失，经过审批的设计均应归档；同时，接收图纸的单位应签收并应指定专人妥善保管。

设计图纸：

根据工程的用途和重要性确定需要三视图（平面、剖面、投影图）或二视图（平面、剖面），图纸比例为 1∶200 或 1∶1000（用于指导施工的设计图纸比例应为 1∶200）。同时附有炮孔布置图，图纸上的工程内容要与设计说明相符；图纸要规范、图面布局合理，数字、文字和符号清晰，图面整洁。

## 第四节 井巷施工技术管理

### 一、井巷工程开工条件

井巷工程开工需具备下列条件：

（1）经过审查批准的技术设计和单项工程施工图设计（竖、斜井应有必要的工程地质和水文地质资料）。

（2）生产矿山下达的月作业计划及技术主管部门的施工通知单。

（3）经过测量部门定点测设并签字。

（4）单项工程结束，必须进行验收，经验收合格后，方可转入下阶段施工。

（5）有切实可靠的安全措施。

（6）复杂的、重大的、主要的（如竖井、提升斜井、主斜坡道、井下破碎系统等）工程在开工前，施工单位应制定施工技术组织措施计划，经审批后方可开工。

井巷作业地点必须符合下列规定：

（1）作业面必须无浮石，支护可靠。

（2）工作面空气中粉尘和有害物质的允许浓度、空气温度以及作业点的噪声应符合有关安全规定要求，并须有良好的照明。

（3）井下各主要巷道的交岔道口必须设置路标，指明通往安全出口的方向。

（4）工程中所用的材料和构件，必须符合设计规定和产品标准，并有出厂合格证。无合格证时应进行检验，符合要求后方可使用。材料如需代换，需经原设计单位修改。

（5）工程中遇岩石破碎地段，一般由施工单位自行支护处理后继续施工；主要开拓巷道、大硐室，需经安全、生产、总调度等部门现场研究并经处理好后再行施工。

（6）采用爆破方法贯通巷道时，由生产技术部测量专业提出准确图纸。当两个互相贯通的工作面之间的距离只剩下15m时，只许从一个工作面掘进贯通，并应在双方通向工作面的安全地点派出爆破警戒。工作面爆破危及相邻井巷安全时，必须测量其准确位置，并在相邻井巷设置警戒。

## 二、技术交底与技术服务

井巷工程开工前，设计人员要向施工单位、生产工区和工人在施工现场进行技术交底，交代设计意图、巷道规格、作业顺序、工艺过程、技术要求、安全措施及其他注意事项。

工程施工中必须建立技术档案，做好各种测试记录、隐蔽工程记录、质量检查记录和工程图纸等文件资料。工程竣工时应按规定做好竣工验收资料和施工总结。

在施工过程中，设计人员和现场施工技术人员，应每周3次以上到生产作业地点，并且保证生产区域每天有技术人员进行现场施工指导，发现问题，及时处理，地测人员要按技术规范要求，及时进行地质素描、采样和井巷工程测设，按设计要求指导施工。井筒穿过特殊地层，必须编制专门的施工安全技术措施。

施工中应降低损失，如掘进过程中遇到矿脉时，应立即报请生产地质部门确认，副产矿石应与废石分别装出，不得矿岩混装混出。

主要巷道和硐室施工，宜采用光面爆破施工。

建立工程施工通知单制度。遇有如下情况，矿山技术职能部门应通知施工单位停止作业：

（1）地质情况发生变化，需停止作业，修改设计；

（2）设计有误，需停止作业，更正设计；

（3）未按设计施工；

（4）井巷工程已到位，需停止作业；

（5）矿废石无法分流时；

（6）施工进度的需要。

在下列情况时，地测部门要及时提出危及生产安全的预告，以便施工部门事先采取预防措施：

（1）井巷工程接近上部中段或地表；

（2）井巷工程接近旧采区和老硐；

（3）井巷工程接近贯通；

（4）井巷工程接近已知的大断裂带、溶洞、含水层、河床、放射性区域等。

## 三、井巷内主要设施的布置

井巷内各种设施布置的规定：

（1）井巷内的排水管、供水管、压风管、电缆等的布置，要考虑到检查和维修的方便。

（2）井巷内的动力电缆，原则上不应与风、水管布置在同侧，如在同侧铺设，应分别悬挂，电缆应敷设在管子的上方，其净距不小于300mm。

（3）斜井人行道倾角在10°～20°时，应设置扶手栏杆；倾角在20°～30°时，除设置扶手外还应设人行台阶；倾角在30°～45°时，应设有扶手的梯子；45°以上时，梯子间布置与竖井相同。

（4）人行道必须设置在巷道一侧；溜井口和漏斗口侧，禁止设置人行道。

（5）平巷水沟一般应设在人行道一侧，其坡度与平巷坡度相同。

（6）梯子间的各项参数，人行道的有效宽度和高度，运输及提升容器与井巷内各种设施的安全间隙等，应符合《金属非金属矿山安全规程》（GB 16423—2006）的要求。

## 四、井巷掘进与支护

井巷工程要严格按设计施工。重点井巷，如竖井、斜井、斜坡道、平硐、主要运输巷道等工程要组织专业化的掘进队伍，按作业循环图表组织施工。

主要的井巷工程在施工前，必须编制施工组织设计；在流砂、淤泥、砂砾等不稳固的含水表土层中施工时，必须编制专门的安全技术措施。

井巷施工要根据岩石的稳固程度、井巷断面和技术装备情况，选择合理的施工方法，各种井巷的施工宜采用以下方法：

（1）平巷施工一般需一次成巷，大断面通过松软破碎地带时，一般采用导硐超前掘进的施工方法，并采取必要的临时支护措施。

（2）斜井、斜坡道通过表土层或松软破碎地带，一般可采用导硐法、先拱后墙法和板桩法。

（3）长平巷施工，应设置躲避硐室。

（4）巷道临时停工时，临时支护应架至工作面，以确保复工时顶板不致冒落。停工时间超过三个月，或水大、岩石易风化时，应将全部已掘巷道进行永久支护。

（5）井筒施工一般采用单行作业，井筒断面和深度较大时，可采用平行作业，但必须采取可靠的安全保证措施。

（6）井筒延深一般采用自上而下的正掘方式，下部中段有巷道可以利用，且岩石较稳固时，应尽量采用自下而上的反掘方式。

（7）天井和溜井的施工方法，应根据其倾斜角和矿岩稳固程度确定，一般可采用普通法、吊罐法、爬罐法、深孔爆破法和钻进法。

井巷掘进施工要严格遵守以下规定：

（1）在凿岩前，要根据地测人员给定的中心线和巷道腰线，确定井巷中心，布置炮孔位置，然后进行作业。

（2）爆破后要有足够的时间进行通风，通风良好后方可作业，出渣前应首先敲帮问顶，处理好盲残炮；竖井要清扫井框，洒水后方可进行出渣作业。

（3）在施工前，井巷作业面要有良好的照明；竖井井筒内每个作业地点，都要设有独立的声光信号装置。

（4）在含水表土层中下掘竖井，要及时架设和加固井圈，并有降低水位的措施，以防止井壁砂土流失，导致空帮。

（5）井筒延深时，必须用坚固的保护盘，或在井底水窝下留岩柱将井筒的延深部分与上部作业中段隔开；挖掘岩柱或撤出保护盘时，必须进行专门的施工组织设计，经矿山总工程师或技术总负责人批准后施工。

（6）竖、斜、天井施工时，施工人员应根据施工现场实际情况，做好安全防护工作，或系好安全带。

掘进凿岩爆破作业，要有专业设计。凿岩作业要根据岩石的物理机械性质和井巷断面，合理确定工作面炮眼数目、深度、掏槽方法和炮眼布置方式；爆破作业要严格执行《爆破安全规程》(GB 6722—2003)，要根据炮眼的作用，合理分配装药量，提高装药密度和炮眼堵塞质量，控制好爆破顺序，以提高爆破效率；要根据爆破情况，及时调整爆破参数，以达到更好的爆破效果。

搞好井巷掘进的通风工作。局扇和风筒的安装与敷设，要避免产生串联风和循环风，随着掘进面的推进要及时敷设风筒；装渣前要进行喷雾洒水工作，使工作面的有害气体和粉尘浓度达到国家规定的标准。

井巷掘进的出渣作业要根据矿山的具体情况，选用合理的出渣方式和装运设备，促使出渣作业机械化。

搞好井巷支护工作，支护要求按《金属非金属矿山安全规程》(GB 16423—2006)执行。

积极推广应用国内外井巷掘进的新技术、新工艺、新设备和新材料，提高成井、成巷速度。

## 五、井巷施工监督与验收

矿山生产技术部门和地测部门，是矿山采掘工程的施工技术监督部门，矿山井巷工程的规格、数量和质量可根据设计图纸由矿山地测部门进行验收。

矿山批准下达的作业计划和采掘工程设计，是施工技术监督的依据，技术监督部门要按计划要求和设计意图，监督、指导施工单位进行正规施工。生产矿山要定期组织地质、测量、采矿专业技术人员和施工人员，到现场检查施工进度，施工质量，研究解决施工中存在的问题。

矿山井巷工程验收管理办法：

(1) 矿山井巷工程的规格、数量、质量，均以生产技术部门验收资料为准，作为统计上报数据。重点工程施工验收由总工程师负责组织有关部门参加，进行验收。

(2) 单位工程验收前，施工部门必须提交竣工资料。资料齐全无误，方可组织现场验收。

(3) 井巷工程每月末进行一次总验收，辅助工程完工后立即组织验收，验收数据要准确无误，不估算、预报、瞒报。

(4) 井巷工程属下列情况者，不予验收：

1) 无计划、无设计、无施工通知的工程；

2) 未经地测人员测设标定而施工的工程；

3) 已正式通知停止施工而继续施工的工程；

4) 可修理但尚未返修合格的工程（修理量不计进尺，不顶计划）。

(5) 验收时，对不符合质量要求的工程，可分别确定为可修品、次品或废品；井巷工程经验收评审后，可修品经返工修整后可再次验收；次品视使用情况确定是否验收；废品不验收不计工程量。

（6）工程质量验收标准，按《矿山井巷工程施工及验收规范》（GBJ 213—90）的规定执行。

# 第五节　采场技术管理

## 一、原则规定

采场是矿山生产的基本单元。矿山都要加强采场技术管理工作，不断提高采场技术管理水平和施工质量，努力降低采矿贫化率和损失率。采场设计和施工，必须达到矿山设计的开采回采率和矿石贫化率。

采矿作业必须认真执行有关安全规程和技术操作规程，确保作业安全。

采场施工必须严格按作业计划和采场单体设计进行施工，没有计划和设计不得施工。

采场施工过程中要严格控制矿石块度和矿岩界限。

## 二、露天开采

### （一）新水平开拓

采场新水平开拓是矿山的重要工程，应根据不同开拓运输方式，按照采剥技术计划认真做好准备。

（1）开拓堑沟应严格按照设计要求的规格、坡度、顺序组织施工。

（2）采用临时堑沟开拓时，必须正确选择开沟位置和移动方式，保证矿山工程延深要求和正常的生产衔接关系。

（3）露天开采应严格执行《金属非金属矿山安全规程》（GB 16423—2006）的要求。

### （二）穿孔爆破作业

穿孔作业要求：

（1）穿孔作业应遵守技术操作规程，严格按设计要求进行施工，确保施工质量和进度，并做好防尘、降尘工作。

（2）根据采场具体情况制订穿孔质量标准，并有严格的炮孔验收制度，及时验收和处理不合格炮孔，对成孔要及时采取保护措施。

（3）技术人员每天深入现场，检查穿孔质量，对穿孔作业进行技术指导。

（4）钻机稳车时，应与台阶坡顶线保持足够的安全距离。潜孔钻机至台阶坡顶线的最小距离：硬岩为2.5m，松软岩体为3.5m。链轨下不应垫块石，并确保台阶坡面的稳定。钻机作业时，其平台上不应有人，非操作人员不应在其周围停留。钻机与下部台阶接近坡底线的电铲不应同时作业。钻机长时间停机，应切断机上电源。

（5）穿凿第一排孔时，钻机的中轴线与台阶坡顶线的夹角应不小于45°。

（6）钻机靠近台阶边缘行走时，应检查行走路线是否安全；潜孔钻钻机外侧突出部分至台阶坡顶线的最小距离为3m。

（7）钻机移动时，机下应有人引导和监护。钻机不宜在坡度超过15°的坡面上行走；如果坡度超过15°，应放下钻架，由专人指挥，并采取防倾覆措施。行走时，司机应先鸣笛，履带前后不应有人；不应90°急转弯或在松软地面行走；通过高、低压线路时，应保持足够安全距离。钻机不应长时间在斜坡道上停留；没有充分的照明，夜间不应远距离行走。起落钻架时，非操作人员不应在危险范围内停留。

（8）移动电缆和停、切、送电源时，应严格穿戴好高压绝缘手套和绝缘鞋，使用符合安全要求的电缆钩；跨越公路的电缆，应埋设在地下。钻机发生接地故障时，应立即停机，同时任何人均不应上、下钻机。打雷、暴雨、大雪或大风天气，不应上钻架顶作业。不应双层作业。高空作业时，应系好安全带。

爆破作业基本要求：

（1）爆破采用导爆管起爆，地面连接采用四通连接体。

（2）采用多段位毫秒微差爆破方式，严格控制每个段位和一次最大药量。

（3）导爆管采用簇联、串联、并联爆破网路。

（4）特殊情况可采用导爆索辅助起爆。

（5）采用连续药包装药方式，起爆药包分两包，分别装在孔内上下四分之一药柱部位。

（6）对于泥孔、冰孔要采取特殊措施，废孔率控制在5%以下。

（7）现场技术员必须全过程按爆破设计进行技术指导。

（8）爆破前半小时做好现场清场和警戒工作。

（9）适当的爆破储备爆堆，一般要求每次爆破的矿岩量应能满足铲运机5~10个昼夜的铲装要求。

（10）按要求控制大块，保证铲装效率。矿石大块率控制为5%；岩石大块率控制为5%。

（11）爆堆形态好，无上翻，无根底，料集中，爆堆高度一般为挖掘机最大挖掘高度的1.2~1.3倍。

（12）应减少爆破危害，如后冲、后裂等。

（13）靠近境界要采用预裂控制爆破，减少爆破对最终边帮稳定性危害。

（14）露天爆破作业应遵守《爆破安全规程》（GB 6722—2003）的规定。爆破作业现场应设置坚固的人员避炮设施，其设置地点、结构及拆移时间，应在爆破指令单上明确，并经采矿场主管领导批准。

（三）铲装作业

铲装作业一般要求：

（1）作业现场要保证铲装设备的最大挖掘宽度，并要使最小工作平台宽度达到设计要求。挖掘机最小工作线长度达到设计要求。

（2）铲装设备汽笛或警报器应完好。进行各种操作时，均应发出警告信号。夜间作业时，车下及前后的所有信号、照明灯应完好。

（3）设备作业时，发现悬浮岩块或崩塌征兆、盲炮等情况，应立即停止作业，并将设备开到安全地带。

（4）设备作业时，悬臂和铲斗下面及工作面附近，不应有人停留。

（5）运输设备不应装载过满或装载不均，也不应将巨大岩块装入车的一端，以免引起翻车事故。

（6）装车时铲斗不应压碰汽车车帮，铲斗卸矿高度应不超过0.5m，以免震伤司机，砸坏车辆。

（7）挖掘台阶爆堆的最后一个采掘带时，相对于挖掘机作业范围内的爆堆台阶面上，不应有钻机作业或停留。

铲装作业质量要求：

（1）矿、岩严格分装分运，不得乱装乱卸。

（2）保证装车质量，车厢装满系数应达到0.9以上。

（3）不合格大块矿石严禁装车，统一进行二次破碎。

（4）铲装工作面应按设计要求保持帮齐底平，并具有一定倾角的梯段坡面。

（5）在边坡部位进行铲装作业时，必须挖到边坡终止线，但严禁超挖。

（四）采场运输

采场运输一般要求：

（1）采场运输线路（公路）要严格按设计要求施工，达到设计要求的级别，确保工程质量。

（2）采场运输线路应设置在工作平台的稳定范围内，要经常保持完好平整，水沟畅通。

（3）应有专门的养护队伍，负责运输线路的维护保养。

（4）运输车辆必须按指定的卸载地点进行作业，不准在道路沿线乱卸、乱堆。

采场运输管理要求：

（1）采场运输必须严格遵守交通规则和各项生产管理制度，司机要听从指挥，服从调度，充分发挥车辆的运输能力。

（2）在公路行车危险地段，应设置挡车墙等安全设施，并设有行车警示标志。

(3) 公路或铁路沿线要有良好的照明。

(五) 采场边坡管理

修整采场边坡必须严格按设计施工，施工中发现不稳定因素，必须及时处理，确保边坡稳固。在边坡浮石清除完毕之前，其下方不应生产，人员和设备不应在边坡底部停留。

应建立边坡观测点，对边坡岩石移动进行观测和研究。当边坡出现滑坡征兆时，要及时采取有效的防滑和安全防护措施。

(六) 排土工程

排土工程一般要求：

(1) 排土工程包括：选择排土场位置、排土工艺技术、排土场稳定性及其病害处理、植被恢复等主要内容。

(2) 在采坑附近选取排土场。采取自修路运输排岩，将废石直接运到排土场，然后用推土机推排残留的废石及整理排卸平台。对于暂不利用的贫矿、氧化矿要分别堆存。

(3) 排土场堆置顺序分为单台阶排土、覆盖式多台阶排土、压坡角式组合台阶排土。采用汽车-推土机排土工艺，要保证由一台推土机在排土场作业。每个排土工作面向坡顶线方向有2% ~5%的反坡。

(4) 及时处理排土场表面积水，防止排土场下沉。

(5) 排土场要有安全挡墙，高度应不小于该卸矿点各种运输车辆最大轮胎直径的2/5。

(6) 生产技术部负责编制长期排岩规划，以充分利用土地，节约土地资源。

(7) 排土场作业平台宽度不应小于设计要求，并要控制排岩顺序，避免形成软弱夹层，同时将大块岩石堆弃在排土场底层以稳定基底。

(8) 排土场作业平台要平整，排土线整体均衡推进，坡顶线呈直线形或弧形。

(9) 排土安全车挡或反坡不符合规定、坡顶线内侧30m范围内有大面积裂缝（缝宽0.1 ~0.25m）或不正常下沉（0.1 ~0.2m）时，汽车不应进入该危险作业区，经查明原因及时处理后，方可恢复排土作业。

(10) 要做好排土场的植被。对于有表土层的区域，剥离时应将表土送往附近排土场堆放，待场地平整结束后再用推土机将表土运入推平。严禁将表土随意乱倒。

(七) 采场防、排水

矿山应根据生产规模、采场地形及水文地质条件合理的选择防、排水方式。新水平开拓要及时调整和完善防、排水工程设施。

涌水量大的采场应配备水文监测人员及必要的测试手段，定期观测，以指导采场的防、排水工作。

在洪水季节来到之前，生产和安全部门要组织有关人员事先切实做好防、排洪准备工作，包括清理截水沟、检查排水设备、闸门和排水系统是否完好畅通。

(八) 采场验收与采场档案

参考本章第五节第三（四）小节的内容。

## 三、地下开采

### (一) 采准、切割和回采

采准、切割工程管理要求如下：

(1) 采准、切割工程的施工必须由地测人员按照采场单体设计进行测设后方许施工；采场采准工程施工，必须按会审的采场单体设计图纸和作业计划进行，由地测人员现场划线定点后施工。

(2) 采矿、地测、安全和施工单位的管理人员要组成施工服务小组，经常深入现场进行检查指导，掌握施工质量。当地质、安全情况发生重大变化时，各专业人员应及时在现场共同研究处理，并修改、补充设计或下达设计变更通知单。

(3) 采准、切割工程施工结束或告一段落时，地测部门应严格按有关规定，及时进行验收；不合格的采准、切割工程不得验收，施工单位应及时采取补救措施，确保工程质量（采取补救措施后，可以验收）。

(4) 采准、切割工程结束后，生产技术部门应及时进行素描和采样，并提出坑道实测图和重新圈定的地质资料。

(5) 对岩石不稳固的采准、切割巷道，必须按照设计及时进行支护。

矿块回采管理要求如下：

(1) 矿块采准、切割结束后，应由总工程师或生产技术部长组织施工单位负责人、采矿、测量、地质、安全等专业人员进行全面验收，认为合格后，才能进行矿块的回采工作。

(2) 采切工程结束后，生产技术部门重新圈定矿体资料，对原采场单体设计重新进行审定，确定落矿方式和合理的凿岩爆破参数。

(3) 中深孔落矿应进行凿岩爆破施工设计。在施工中要确保炮孔角度、深度和方位三要素的质量要求。炮孔打完后要认真验收，不符合设计要求时，应及时补孔，按实测的炮孔进行爆破设计。

(4) 浅孔落矿时要严格控制采幅，要注意采场周边炮孔的施工，防止破坏上盘围岩与矿柱（或充填体）。

(5) 采用中深孔落矿的采场，如矿岩不够稳固，应根据矿山实际情况，合理确定中深孔超前施工的时间，保证爆破前炮孔不致变形。

(6) 采场落矿爆破要按设计进行，装药必须保证质量。

(7) 采场爆破规模不宜过大，尽可能分次爆破。中深孔爆破应敷设双爆线路，以确保爆破效果；浅孔爆破应采用导爆系统进行起爆。

(8) 在落矿过程中，地质、测量、采矿等专业人员要经常深入现场指导监督按设计施工；当矿体情况发生变化时，技术部门要及时修改设计。

(9) 在回采过程中，地质、测量、采矿技术人员应按规定及时进行采样化验和采场编录工作，定期进行分层验收。每一矿块按设计采完后，由生产技术部组织生产、地测、安全等单位的有关人员进行回采竣工验收，确认合格后，方可结束回采。

### (二) 出矿和顶板管理

出矿管理要求如下:

(1) 加强采场出矿管理，矿山应配备必要的出矿管理人员。

(2) 加强底部结构的维护，减少二次破碎对底部结构的破坏作用，确保底部结构能将采场矿石全部放出。

(3) 浅孔留矿法在局部放矿时，应控制放矿，使留矿面保持平整，确保留矿面与顶板之间保持1.8~2.0m高度，以便于凿岩作业。深孔和浅孔留矿法大量放矿时，应控制留矿面均匀下降，提高出矿强度，缩短出矿周期，避免围岩片落造成大量贫化。

(4) 充填法出矿，当采用尾砂或胶结充填时，应充分注意保护充填面，防止矿石损失和充填料混入而造成贫化；当采用干式充填时，垫板要铺设严密，防止粉矿混入充填料中，造成矿石损失；禁止将充填料或留场废石耙入出矿井内。

(5) 采场内大块矿石应及时进行二次破碎处理，以防止堵塞溜井。

(6) 在条件许可时，应尽量在采场中进行手选，将废石在空区中砌成石垛，以降低贫化。分层或矿块采完后应收清残矿，减少损失。

(7) 加强采场出矿的计量、取样和化验工作，做好出矿的原始记录，指导采矿和放矿工作。

顶板管理要求如下:

(1) 根据采矿方法和矿岩稳固情况，合理确定和控制采场允许暴露面积。

(2) 建立采场顶板管理制度，采场应设专职撬毛工负责顶扳管理工作。班组长、安全员、撬毛工应经常检查顶板的稳固情况，及时处理顶板松石，并进行维护。

(3) 充填法的采场控顶高度应根据矿岩稳固性和装运设备等条件确定。

(4) 缓倾斜矿体的空场法采场，不允许破坏上盘围岩，以保护顶板稳固。

(5) 采场顶扳不稳固时，必须采取临时支护措施，应有监控手段和处理措施。

### (三) 矿柱回采和采空区处理

#### 1. 矿柱回采

矿柱回采的一般要求:

(1) 设计规定回采的遗留矿柱，要制定回采遗留矿柱总体方案。由于安全因素不能回采的矿柱或设计规定不回收的保安矿柱，应报请主管部门批准核销。

（2）矿柱回采设计是采场设计的一部分，矿柱回采的有关采准、切割工程的设计，应与矿房的采准、切割工程同时考虑。

（3）矿柱回采应与矿山地压管理和空区处理统一考虑。

（4）矿房回采工作结束后，应及时回收矿柱。回采矿房时，在不影响安全、通风、运输和充填系统的前提下，应及时进行上中段的矿柱回采。矿房矿柱应按比例进行回采。

（5）矿柱回采的采准工程一般与矿房的采准、切割工程同时施工，矿房回采结束后，禁止在矿柱内开掘有损其稳固性的井巷工程。

（6）采用大量崩落法回采矿柱时，对在冲击波和地震波影响半径范围内的井巷、设备和设施应采取安全措施；同时应避免由于地震效应而破坏相邻矿柱和激发大规模地压活动。

（7）矿房采用非胶结充填时，应待充填料压实后，方可进行矿柱回采。用胶结充填时，应在胶结充填体达到设计要求强度后方可回采矿柱。

矿柱回采方法如下：

（1）矿柱回采方法应根据矿柱及其周围状况、矿石和围岩（或充填体）稳固程度、矿石品位、地表是否需要保护、安全等因素，结合空区处理，经技术经济比较后确定。

（2）矿房未充填，矿石品位低，地表允许陷落，间柱和顶底柱一般采用崩落法回采。

采用崩落法回采矿柱时，间柱、顶柱和上中段底柱一般采用分段爆破一次回采，上盘围岩随之崩落，在覆盖岩石下放矿。当矿岩很稳固时，为降低矿石损失与贫化，可先回采间柱，待矿石在空场的条件下放出后，再回采顶柱和底柱，上盘围岩随之崩落。采用崩落法覆盖岩石的厚度一般不得小于20m。

（3）矿房充满矿石（留矿法）而矿岩稳固的采场矿柱，可在大量出矿之前用中深孔或浅孔回采部分矿柱，矿柱矿石与原矿房矿石一道放出。

（4）矿房已胶结充填，或用非胶结充填具有良好的混凝土隔墙，矿石品位较高且较稳固时，顶、底柱可采用上向分层充填法、进路充填法开采，间柱可采用分层充填法、留矿法、分段空场法回采。

矿房采用非胶结充填无隔墙或隔墙已破坏，矿石稳固性差时，顶、底、间柱可采用下向胶结充填法、分层崩落法开采。

（5）缓倾斜薄矿体未充填的矿房，可在矿房中先用人工矿柱支撑顶板，然后按一定的顺序回采间柱和顶底柱。或通过对采场顶板和矿柱的稳固性进行监测，证明所留的矿柱过多时，可用浅孔或中深孔回采其中的部分矿柱；间柱、顶柱和底柱采成为数个圆（方）形矿柱，留下的矿柱直径不得小于3m。

2. 空区处理和地压管理

地压管理：

(1) 为了加强地压管理，矿山应成立地压观测小组进行地压观测，不断完善观测系统，改进观测手段，以便较准确地作出地压预报，防止造成地压灾害。

(2) 矿山每年应组织有关部门，对矿山地压活动进行一次全面的检查和分析，并提出和制定控制地压活动的方案、措施。

(3) 矿山采掘工作应充分考虑矿山地压的特性，合理选择开采顺序和采矿方法。

(4) 采场施工前及开采过程中，设计人员必须在现场向施工技术人员、工人进行技术交底，介绍矿体和围岩地质构造、稳定程度和回采中应注意的事项；安全技术人员定期检查采场及主要巷道的安全情况，发现问题及时处理。

(5) 采场顶板出现异常，如有冒顶迹象时，应立即停止作业，将人员撤至安全地点，并及时提出处理方案进行处理。

(6) 开采缓倾斜矿体时，矿山必须根据开采技术条件、采矿方法和地质构造，确定采场顶板最大允许暴露面积和时间，当开采接近其最大允许面积时，必须采取措施以防范大范围地压活动。

(7) 开采急倾斜脉状矿床时，矿山应根据空区的宽度、连续长度、深度和夹墙（矿柱）厚度，确定允许的空区体积和空实比，并及时进行空区处理。

(8) 地压活动异常的采场和主要巷道，当预示岩层处于危险状态时，应及时采取防护措施。凡危及人员安全的废井巷、采空区及塌陷区等，均应设置警示标志，禁止人员的进入。

采空区处理：

(1) 采场回采后形成的空区，应及时处理，矿山应根据采空区的分布状况，制定统一的空区处理规划，有计划、有步骤地进行处理。

(2) 矿山应根据矿岩稳定程度和所用采矿方法，确定空区最大允许保有量及其保留期限；空区处理，应根据具体情况，采用崩落围岩、充填和封闭、隔离等方法。

(3) 崩落围岩处理采空区，适用于地表允许陷落，崩落后岩层移动不会波及地表水涌入坑内。

(4) 控制地压活动范围和防止岩层大面积塌落，可采用充填或隔离或支撑矿（岩）柱的处理方法。

(5) 封闭采空区的空区处理方法，主要用于地表允许陷落、孤立的采空区，并须将它与其他采区的通道隔离。

采场充填：

(1) 严格按设计施工充填封闭墙、滤水墙及泄水井等工程设施，确保其强度和封闭严密，防止充填跑漏浆。

（2）按设计铺设充填管路，尽量使管路保持平直或下坡，并固定牢固，转弯角度大于90°。

（3）充填时井下和井上充填工需通信畅通，及时沟通协调，巡视充填管路和封闭墙，发现浆量变小、跑漏浆、堵管后要立即堵漏处理或停机处理。

（4）充填要严格按设计充填灰砂比和充填量操作控制，做到按需充填，努力提高充填浓度，确保充填质量，避免浪费。

（5）充填结束时要冲洗管路3～5min，尽量将冲洗砂水引出采场。

（6）需要充填接顶的采场要采取充填采场回采时顶板设置坡度，多点放砂，多次充填等技术措施，提高接顶率。

（四）采场验收与采场档案

采场验收要求：

（1）采场各项作业的验收工作均应按第二章第六节采掘工程验收的有关规定执行，及时对采场进行分层编录和验收。

（2）矿山应建立和健全采场回采前和回采结束的验收制度，根据不同采矿方法制订验收标准。

（3）考核生产计划完成情况和奖励，应以验收的数量和质量为依据。

建立采场档案。采场回采过程中应注意积累资料，采场回采结束后应及时整理分析，编写采场开采总结，连同采场单体设计作为技术档案归档。

## 第六节　采矿损失贫化管理

矿石资源是矿山生产建设的物质基础，矿山企业应充分合理地利用矿石资源，对有用组分进行综合开采和回收，不断提高资源利用率。同时，矿山企业应不断提高管理水平和经济效益，要不断地降低矿石的损失率和贫化率（简称“两率”）。

矿山企业必须认真贯彻有关的技术经济政策，严格遵循“大小、厚薄、贫富、难易”兼采的原则，坚持合理的回采顺序、采矿方法和采矿工艺，实行正规生产，防止矿石资源的损失和浪费。

矿石开采损失与贫化管理是矿山生产全过程中综合性的技术和生产管理工作。矿长和总工程师要直接领导这一工作。加强采掘（剥）工程技术管理、质量检查和竣工验收工作。充分发挥各职能部门和采掘（剥）施工单位的作用。实行专业管理和群众管理相结合，采取有效措施，不断降低矿石开采的损失率和贫化率。

矿石开采损失率和贫化率是反映矿山生产管理水平和企业经济效益的重要标志，是企业生产的重要质量指标。因此，要抓好矿山生产的各个环节，特别是采场各个生产工艺阶段的设计、施工和验收的质量管理，有效地保证矿石开采损失率和贫化率的降低。

认真做好“两率”计算工作，矿山地测部门应有专人或兼职人员负责该项工作。因金矿床大部分属薄矿体，多采用浅孔落矿方法开采。因此，矿山首先应采用直接法计算落矿的损失与贫化；逐步创造条件用间接法计算出矿的损失与贫化。同时，应用大账法求出年度总损失率及总贫化率，以了解矿山总的损失与贫化概况。

实行季度计算和呈报制度。各个矿山应按统一规定进行“两率”计算，并妥善保管有关的图纸、表格和文字资料。并不断改进计算方法，提高计算精度，客观地反映矿石开采损失与贫化情况。

矿山应按季度在生产副矿长或总工程师的主持下召开“两率”分析会议，制定“两率”指标，分析影响“两率”的原因，落实改进措施，以便实现“两率”的目标管理。

矿山要制定切实可行的“两率”管理细则，奖励降低“两率”成效显著的单位和个人；惩处造成严重损失贫化的单位和个人，把“两率”指标纳入评比考核和经济责任制中去。

## 一、矿石损失与贫化分类

矿石损失及损失率：

（1）矿石损失：在采矿过程中，由于某些原因造成一部分地质储量未能采出以及采下的未能全部运出而损失于井下或露天坑，称之为矿石损失。

（2）矿石损失率：矿石（或含量金属）的损失量与动用地段地质储量的比值称为矿石损失率。

矿石损失分类：

（1）开采损失：在采矿过程中与采矿方法、采准、回采和出矿作业质量有关的矿石损失。

1）未采下损失：回采范围内未能采下和不能回采的矿石损失；

2）采下损失：已落矿但未能放出或运出采场的矿石损失。

（2）非开采损失：与采矿方法和采矿作业质量无关的矿石损失。主要包括因地质条件、水文地质条件、开采技术条件和安全条件等不能开采的矿石损失；或因保护地面河流、铁路、城镇、风景区和地下工程设施的永久性保安矿柱损失。

矿石贫化及贫化率：

（1）矿石贫化：在采、出矿过程中由于废石的混入或者因部分有用组分溶解和散失而引起矿石品位降低的现象，均称为矿石贫化。

（2）矿石贫化率，因上述原因而分为以下两类：

1）废石混入率：采、出矿过程废石混入量与采出矿量的比率；

2）贫化率：出矿品位和动用地段地质品位的差值与地质品位的比率。

根据采矿设计和回采工作要求，贫化可分为以下两类：

（1）不可避免贫化：采矿设计或薄矿体回采核定的允许采下的围岩或夹石而造成的贫化，称为设计贫化或不可避免贫化。

（2）可避免贫化：采矿设计或薄矿体核定回采宽度以外，采下或混入的围岩、夹石，或人为的废石混入所造成贫化，称为可以避免贫化。

矿石损失与贫化在矿山生产不同工艺阶段上的分类：

（1）落矿损失与贫化：在回采时，由于凿岩、爆破等原因造成的损失与贫化称为落矿损失与贫化，或称为一次损失与贫化。

（2）出矿损失与贫化：在出矿或放矿时，由于充填、出矿作业或由于地质条件等原因，而造成的损失、贫化称为出矿损失与贫化，或称为二次损失与贫化。

## 二、矿石损失与贫化计算原则

矿石损失与贫化的计算范围，系指从采场采准切割开始，经回采、充填到放矿结束，将矿石运出坑口（或露天采场），整个过程中的矿石损失与贫化。

地下开采以采场为计算单元。采场出矿结束后，累计历次各分层计算结果，即回采步骤，分矿房、矿柱，再计算和汇总整个采场的损失率和贫化率。有条件的矿山应分别计算落矿和出矿的损失率和贫化率，以了解采场生产全过程中综合损失和贫化状况。

露天开采按回采工作面分别计算损失率和贫化率，再按矿段和台阶计算或汇总损失率和贫化率。

取准、取全“两率”计算的原始数据，保证原始数据的准确性和代表性。

（1）采场地质品位、地质矿量和其他地质参数，应以该采场地质储量计算参数为准。

（2）采用直接法计算，应以采场地测实测验收、地质取样和地测编录为依据，按采场回采编录，计算采下的矿石量、废石量及未采下损失的矿石量。

（3）采用间接法计算，应以采场出矿取样（采场底部结构工程出矿取样、矿车取样）和出矿计量（直接计量、矿车计量）的连续统计数据，求出矿品位和出矿量。出矿量应按月与选厂实际处理矿量进行校正。当围岩含品位时，围岩品位应参与计算。

各个矿山应制定具体的计算细则，统一“两率”计算和各项参数的求得方法，以保证“两率”计算成果的准确性。

矿山地测部门随着回采工作，在分段（分层）回采结束后，及时进行分层的回采综合编录和矿石损失与贫化计算（一般不超过5m回采高度）。并将回采界线、矿石损失与贫化计算边界、计算时间，标明在采场或其他综合编录图纸上。

含共生金属的矿床，除计算主金属矿石损失与贫化外，还应计算共生金属的矿石损失率和贫化率。

含伴生有益组分的矿床，只计算主金属矿石的损失率和贫化率。

采用间接法计算损失率与贫化率的多金属矿山，只计算主要共生金属矿石的损失率和贫化率。

极薄或薄矿体采用浅孔落矿的矿山应严格控制采幅，根据矿体地质条件、开采技术条件、开采方法和回采工艺，核定采幅。同时，要分别计算可免贫化率和不可免贫化率。

为了全面了解采矿全过程的矿石损失与贫化状况，各个矿山应积极创造条件，开展二次矿石损失率与贫化率的计算工作。在开展该项工作前，应以大账法计算年度总损失率及总贫化率。

矿山应按不同的采矿方法、回采步骤，分中段（阶段）、坑口（采区），分别按季度、年度汇总总损失率和总贫化率。

矿石损失与贫化计算的原始资料、计算资料及各种综合图表、文字资料要妥善保管。

## 三、矿石开采损失与贫化计算方法

### （一）地下开采采场贫化率计算

#### 1. 直接法计算

直接法计算适用浅孔落矿的采场，只求得一次矿石损失率和贫化率。

（1）采场一次矿石贫化率计算：

$$r_1 = \frac{R_1}{Q_1 + R_1} \times 100\% \tag{3-1}$$

式中　$r_1$——采场一次矿石贫化率,%；

$Q_1$——采场采下矿石量，t；

$R_1$——采场采下废石量，t。

（2）采场可免矿石贫化率计算：

$$r_{免} = \frac{T_2 - T_1}{T_2} \times 100\% \tag{3-2}$$

式中　$r_{免}$——采场可免矿石贫化率,%；

$T_1$——采场设计或核定允许回采的矿岩量，t；

$T_2$——采场实际采下的矿岩量，t，$T_2 = Q_1 + R_1$。

（3）采场二次矿石贫化率计算：

$$r_2 = \left(1 - \frac{Q_1 + R_1}{T}\right) \times 100\% \qquad (3\text{-}3)$$

式中　$r_2$——采场二次矿石贫化率,%；

$T$——采场放出矿岩量总和，t；

$Q_1$——采场采下矿石量，t；

$R_1$——采场采下废石量，t。

注：该公式适用于采下矿岩量基本放出的情况。

（4）开采薄矿体时，矿石贫化率（$r$）可采用式（3-4）计算：

$$r = \frac{(L - I)W_2}{IW_1 + (L - I)W_2} \times 100\% \qquad (3\text{-}4)$$

式中　$L$——采场实际采幅，m；

$I$——采场矿脉（体）平均宽度，m；

$W_1$——采场矿石密度，t/m³；

$W_2$——采场围岩密度，t/m³。

2. 间接法计算

间接法计算适用于中、深孔落矿的采场，浅孔落矿而不能实测的采场（如矿柱等）和最终求得采场二次损失率和贫化率。

（1）矿石贫化率可用式（3-5）计算：

$$r = \left(1 - \frac{C_1 - C_2}{C - C_2}\right) \times 100\% \qquad (3\text{-}5)$$

式中　$C_1$——采场出矿品位,%；

$C$——采场地质品位,%；

$C_2$——采场围岩品位,%。

（2）当围岩不含品位时可用式（3-6）计算。

$$r = \left(1 - \frac{C_1}{C}\right) \times 100\% \qquad (3\text{-}6)$$

（二）地下开采采场损失率计算

1. 直接法计算

（1）采场落矿矿石损失率计算：

$$p_1 = \frac{D_1}{Q} \times 100\% \qquad (3\text{-}7)$$

式中　$p_1$——采场落矿矿石损失率,%；

$D_1$——采场未采下矿石损失量，t；

$Q$——采场地质矿量，t。

(2) 采场落矿金属损失率计算:

$$p_2 = \frac{D_1 C_1}{QC} \times 100\% \tag{3-8}$$

式中 $p_2$——采场落矿金属损失率,%;

$D_1$——采场未采下矿石损失量, t;

$Q$——采场地质矿量, t;

$C_1$——采场未采下矿石的地质品位,%;

$C$——采场地质品位,%。

(3) 采场开采总矿石损失率计算:

$$p_3 = \frac{D_1 + D_2}{Q} \times 100\% \tag{3-9}$$

式中 $p_3$——采场开采总矿石损失率,%;

$D_1$——采场未采下矿石损失量, t;

$D_2$——采场采下矿石损失量, t;

$Q$——采场地质矿量, t。

(4) 采场开采总金属损失率计算:

$$p_4 = \frac{D_1 C_1 + D_2 C_2}{QC} \times 100\% \tag{3-10}$$

式中 $p_4$——采场开采总金属损失率,%;

$C_1$——采场未采下矿石的地质品位,%;

$C_2$——采场损失的采下矿石的品位,%;

$D_1$——采场未采下矿石损失量, t;

$D_2$——采场采下矿石损失量, t;

$Q$——采场地质矿量, t;

$C$——采场地质品位,%。

2. 间接法计算

采场金属损失率计算:

$$p_{间} = \left(1 - \frac{T}{Q} \frac{C_1 - C_2}{C - C_2}\right) \times 100\% \tag{3-11}$$

式中 $p_{间}$——采场金属损失率,%;

$T$——采场出矿总量, t;

$Q$——采场地质矿量, t;

$C$——采场地质品位,%;

$C_1$——采场出矿品位,%;

$C_2$——采场混入的围岩品位,%。

当围岩无品位时，可用式（3-12）所示简化式：

$$p_{间} = \left(1 - \frac{TC_1}{QC}\right) \times 100\% \tag{3-12}$$

（三）露天采场损失率与贫化率计算方法

（1）贫化率计算：

$$r = \left(1 - \frac{C_1}{C}\right) \times 100\% \tag{3-13}$$

式中 $r$——采区以品位计算的贫化率，%；

$C_1$——采区出矿品位，%；

$C$——采区地质品位，%。

当围岩有品位时采用：

$$r = \left(1 - \frac{C_1 - C_2}{C - C_2}\right) \times 100\% \tag{3-14}$$

式中 $C_2$——采区围岩品位，%。

（2）矿石损失率计算：

$$p_1 = \left(1 - \frac{T - Tr}{Q}\right) \times 100\% \tag{3-15}$$

式中 $p_1$——采区矿石损失率，%；

$T$——采区出矿量，t；

$Q$——采区地质矿量，t；

$r$——采区以矿量计算的贫化率，%。

（3）金属损失率计算：

$$p_2 = \left(1 - \frac{TC_1}{QC}\right) \times 100\% \tag{3-16}$$

式中 $p_2$——采区金属损失率，%。

（四）大账法计算矿山（坑口）的历年（年度）总贫化率、总损失率方法

（1）总贫化率计算：

$$r_{总} = \frac{\Sigma C - \Sigma C_1}{\Sigma C} \times 100\% \tag{3-17}$$

式中 $r_{总}$——矿山（坑口）历年（年度）总贫化率，%；

$\Sigma C$——矿山（坑口）历年（年度）总计采区的平均地质品位，%；

$\Sigma C_1$——矿山（坑口）历年（年度）采出矿石量的平均品位，%。

（2）矿石总损失率计算：

$$p_{总} = \frac{\Sigma Q_1 - \Sigma Q_2 - \Sigma Q_3}{\Sigma Q_1} \times 100\% \tag{3-18}$$

式中 $p_{总}$——矿山（坑口）历年（年度）矿石总损失率,%；

$\Sigma Q_1$——矿山（坑口）历年（年度）总计动用的地质储量，t；

$\Sigma Q_2$——矿山（坑口）历年（年度）采区采出矿石量，t；

$\Sigma Q_3$——现有存窿矿石量，t。

（3）金属总损失率计算：

$$p_{金} = \frac{\Sigma P_1 - \Sigma P_2 - \Sigma P_3}{\Sigma P_1} \times 100\% \tag{3-19}$$

式中 $p_{金}$——矿山（坑口）历年（年度）金属总损失率,%；

$\Sigma P_1$——矿山（坑口）历年（年度）总动用地质储量的金属量，kg；

$\Sigma P_2$——矿山（坑口）历年（年度）采区采出的矿石量所含金属量，kg；

$\Sigma P_3$——现有存窿矿石量所含金属量，kg。

## 四、矿石开采损失与贫化的管理

矿石开采损失率和贫化率是衡量矿山资源利用、采矿技术、生产管理和经济效益的一项重要指标。

矿山企业应制定具体的矿石开采损失与贫化管理办法和奖惩制度，制定经济责任制，运用经济手段管好矿石损失与贫化。

矿山应根据批准的年度采掘技术计划，分别下达坑口、采区和采场的矿石损失率和贫化率的计划指标。根据生产实际情况，按月、季不断调整，以确保年度矿石损失率和贫化率指标的完成。

矿山应按月、季、年计算，并按季度呈报矿石损失与贫化报表，在呈报报表同时应附有必要的说明，分析矿石损失与贫化的原因，提出改进措施。

矿石损失核销办法，应按国家的有关规定执行。非正常矿石损失未履行核销手续前，矿山无权自行报销储量。

在矿长领导下，加强矿山企业的综合管理。在矿山生产的各个环节，各个部门都要采取积极措施，狠抓“两率”管理以便有效地降低矿石损失与贫化。

矿长、总工程师要亲自主持矿石损失与贫化的管理工作。主持采掘（剥）设计汇审、采场验收和矿石损失与贫化分析工作。不断总结经验教训，制定措施，提高企业管理水平，降低矿石损失与贫化。

矿山地测部门是矿石损失与贫化的监督检查主管部门。地测人员参加开采设计和计划汇审，检查回采边界和矿柱尺寸，进行各项采掘（剥）工程的地测技术指导和验收，协助采掘（剥）施工、质检部门做好出矿及副产矿石管理，进行矿石损失与贫化率的计算和分析工作，以保证矿石合理开发，防止资源损失。

矿山生产技术部门应认真执行采掘（剥）技术政策，坚持合理的回采顺序，结合本矿山实际情况选择损失与贫化指标最小的采矿方法和采矿工艺，做好采准、切割、回采和出矿的设计和施工管理，会同采掘（剥）施工部门解决采掘（剥）、出矿过程的生产技术问题，采取积极措施降低矿石损失率和贫化率。

矿山要建立、健全采掘（剥）施工管理制度和采场管理制度。各专业部门实行对口管理并加强协作，严格检查各项工程质量，采场实行按工艺阶段的验收制度，上工序完成质量不符合要求，不能转入下工序生产。要建立放矿管理制度，制定出矿最低品位下限指标，掌握合理的放矿顺序，提高采、出矿强度，缩短采场生产周期，降低二次矿石损失与贫化。

采掘（剥）施工部门是降低矿石损失与贫化措施的执行部门，要严格按设计和计划进行采掘（剥）作业，认真执行各项生产管理制度和降低矿石损失与贫化的措施。运用经济手段，充分发挥广大生产工人的积极性和自觉性，在采掘（剥）和出矿过程中，不断降低矿石损失与贫化。

# 第四章　选冶技术管理

## 第一节　概　　述

选冶生产系统主要包括原矿管理、流程管理、技术操作管理、选矿生产过程的控制、选矿工艺技术质量管理、尾矿管理及金属平衡管理等。通过加强选冶生产技术管理，不断提高矿山的生产效率和经济效益。本章部分小节以金矿的选冶为例加以说明。

## 第二节　选矿原料管理

原矿是生产中的主原料，矿石性质是选矿试验、设计及生产技术管理的主要依据，也是影响选矿生产经济技术指标的主要因素。为适应矿石性质的变化，及时采取措施正确指导选矿生产，加强对原矿性质的监测，是选矿技术管理中的重要环节。

定期监测井下采出矿石的理化性质变化，发现矿石性质有明显变化时，应立即进行选矿试验，为生产提供更经济合理的工艺操作条件。

为了稳定选矿生产技术指标，除要求井下合理配矿、均匀出矿外，选矿车间应根据原矿性质和成分等的变化，在选矿试验的基础上，及时对生产作业技术条件进行调整。

## 第三节　选矿流程管理

选矿工艺流程是影响选矿生产指标的重要因素之一，它是根据试验研究和多年的生产经验及其他条件制定出来的。因此必须加强选矿流程的管理。流程修改权集中在技术部门，并由公司（矿）批准。在发生事故的情况下，为了维持生产，车间有权进行 4 小时以内的临时调整，技术部门有权对流程进行 8 小时以内的临时调整，流程调整和恢复均需向公司（矿部）报告。

选矿流程的调整及修改必须依据生产实践和试验结果进行，要有利于安全生产，有利于技术操作，有利于经济效益的提高；应在现场调查研究的基础上，提出修改方案，经论证报批后再组织实施。

对流程有较大改动时，如工艺方法的改变、作业段数的增减、主要设备的更新改造等，必须进行技术经济分析，经批准实施后，并应及时核实其经济效益。

定期检查碎矿、磨矿和分级作业有关产品的粒度及浓度。

经常组织技术人员对生产流程及指标进行试验验证（尤其是在生产指标异常时），优化工艺参数，指导生产。浮选尾矿品位异常时，必须对原矿或尾矿进行选冶试验，查找原因保证生产指标的稳定。

选矿厂（车间）每年应进行一次全面的工艺流程考查，查找生产中存在的问题，采取技术措施加以改进。

## 第四节　技术操作管理

正确的技术操作是完成选冶生产技术指标的保证，为加强和规范选冶作业的技术操作，须根据技术操作要求，编制各岗位的技术操作规程和岗位责任制度，作为全体操作人员的技术守则。规程和制度由生产技术管理部门制定，报公司（矿部）批准后执行。

应根据生产需要，有计划地对操作人员进行技术培训，总结先进的操作经验和操作方法，组织现场观摩和技术表演，到先进单位学习，不断提高工人技术操作水平。

对新入厂和操作新设备的员工，必须通过业务培训和实际操作训练，经考核合格后，方可独立上岗操作。

岗位操作人员必须严格完成规定的自检工作，按规定实事求是地填写操作记录。操作中发现问题，要立即处理并向班组长报告。对生产中存在的事故隐患要及时上报和填写记录，不得隐瞒。

## 第五节　选矿生产过程的控制

### 一、碎矿作业过程控制

作业要求：加强过程监控，使生产作业正常运行，在确保产品粒度的前提下保证破碎处理量。

工艺流程：常规三段一闭路破碎流程如图 4-1 所示。碎矿作业流程图应包括各工序作业名称、处理能力、粒度控制范围、主要设备名称及型号、排矿口及筛孔尺寸等。

工艺控制条件及指标参照表 4-1 据实编制。

操作控制：设备操作须按《设备操作、维护、保养规程》进行；生产过程必须遵守《选矿安全规程》(GB 18152—2000)；设备运转情况做好《设备运转记录》和《设

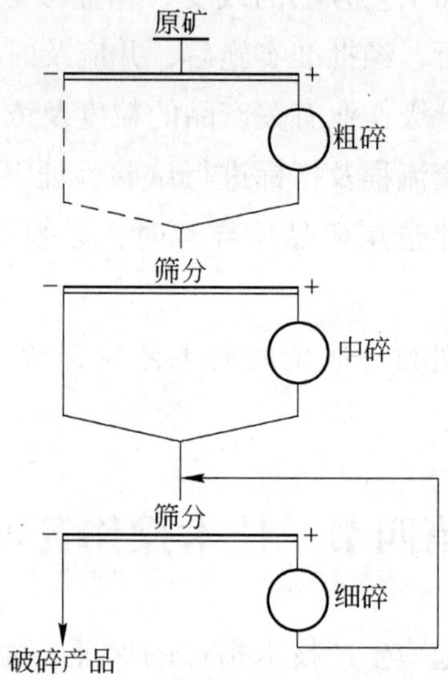


图 4-1　三段一闭路破碎流程

备大、中修记录》。

对生产情况及出现问题的处置结果应记入生产记录。

**表 4-1　碎矿作业工艺控制条件及指标**

| 作业名称 | 处理量 | | 给矿粒度 | 排矿粒度 |
|---|---|---|---|---|
| | (t/d) | (t/h) | (mm) | (mm) |
| 粗　碎 | | | 500 ~ 0 | 100 ~ 0 |
| 中　碎 | | | 100 ~ 0 | 40 ~ 0 |
| 细　碎 | | | 40 ~ 0 | 18 ~ 0 |
| 闭路筛分 | | | 40 ~ 0 | 15 ~ 0 |

## 二、磨矿分级作业过程控制

作业要求：严格控制磨矿分级作业条件，加强过程监控，提高磨矿、分级效率，提供符合选别要求的磨矿产品。

工艺流程：常规一段或两段闭路磨矿分级流程如图 4-2 和图 4-3 所示。磨矿分级作业工艺流程图应包括各工序作业名称、处理能力、细度及浓度控制范围、主要设备名称及型号等，若有药剂添加，应标明药剂种类、数量和添加位置。

工艺控制条件及指标参照表 4-2 据实填写。

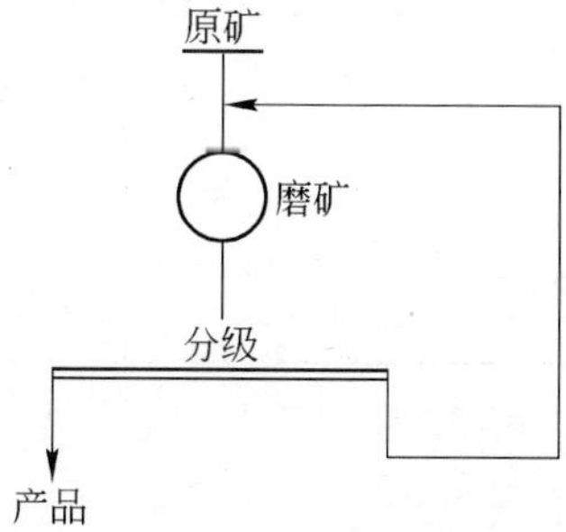


图 4-2 一段闭路磨矿分级流程

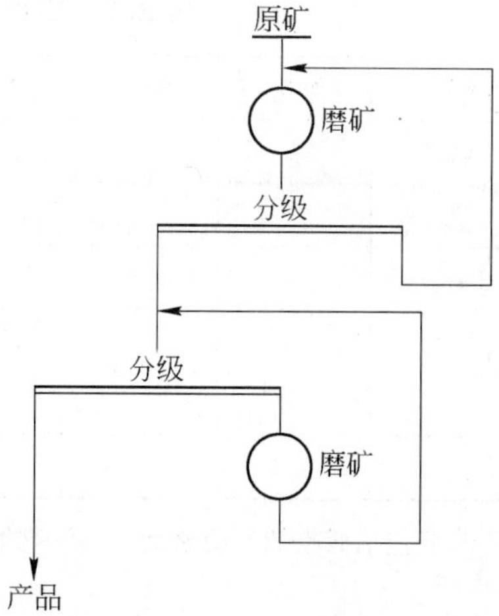


图 4-3 两段闭路磨矿分级流程

**表 4-2 磨矿分级作业工艺条件及指标**

| 作业名称 | 处理量（t/h） | 磨矿浓度（%） | 溢流浓度（%） | 磨矿细度（%） | 添加钢球（kg） |
|---|---|---|---|---|---|
| 磨 矿 | | | | | |
| 分 级 | | | | | |

操作控制：设备操作应按《设备操作、维护、保养规程》中相关规范进行；生产作业必须遵守《选矿安全规程》(GB 18152—2000)；设备运转情况巡查与记录按照《设备运转记录》相关要求进行；钢球添加按照车间规定和指令进行。

操作人员负责相关工序产品检验，并必须依照规定按时检测并记录结果，发现不符合技术要求时，要及时进行调整，保证磨矿分级产品合格。

问题处置过程及结果要记入生产中相应的原始记录中。

## 三、浮选作业过程控制

作业要求：根据作业生产状态，发现异常情况时，及时调整，保证浮选回收率和精矿产品质量达标。

工艺流程：常规浮选工艺流程如图 4-4 所示。图 4-4 中应包括各工序作业名称、控制浓度、设备型号规格等；标明药剂添加种类、数量及位置等。

工艺控制条件及指标参照表 4-3 据实填写。

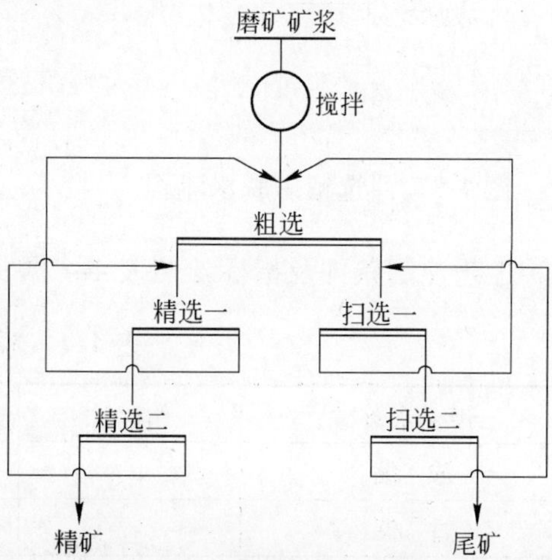


图 4-4 浮选作业工艺流程

**表 4-3　浮选作业工艺控制条件及指标**

| 指标名称 | 细度 | 浓度 | 药剂用量 | pH 值 | 原矿品位 | 精矿品位 | 尾矿品位 |
|---|---|---|---|---|---|---|---|
| 搅　拌 | | | | | | | |
| 粗　选 | | | | | | | |
| 精　一 | | | | | | | |
| 精　二 | | | | | | | |
| 扫　一 | | | | | | | |
| 扫　二 | | | | | | | |

注：药剂包括捕收剂、调整剂、起泡剂等。

## 四、精矿脱水作业过程控制

作业要求：保证浓密机排矿浓度满足过滤作业要求（脱药水平达到浸出要求），防止浓密机跑浑，造成精矿流失，保证过滤作业滤饼水分达到要求。

工艺流程：常用工艺流程如图 4-5 和图 4-6 所示。流程图包括各工序作业名称、处理能力、细度及浓度控制范围、设备规格型号等，标明药剂添加种类、数量和添加位置。

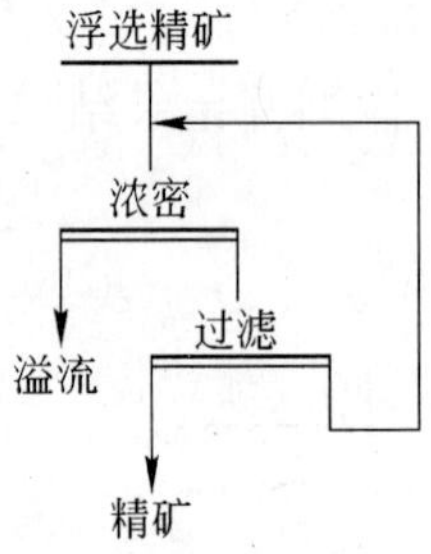


图 4-5　浮选精矿脱水流程

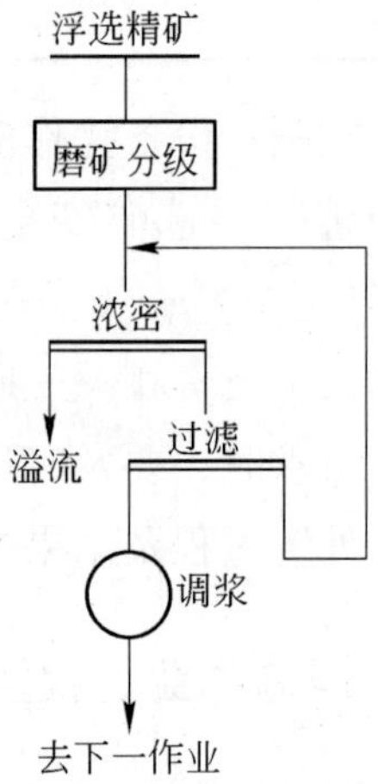


图 4-6　精矿再磨脱水流程

工艺控制条件及指标参照表 4-4 据实填写。

**表 4-4　脱水作业指标要求**

| 作业名称 | 给矿量 | 给矿浓度 | 排矿浓度 | 溢流浑浊度 |
|---|---|---|---|---|
| 浓　缩 | | | | |
| 过　滤 | | | | |
| 调　浆 | | | | |

操作控制：

（1）设备操作按《脱水设备操作规程》进行；生产过程必须遵守《选矿安全规程》(GB 18152—2000)；设备运转情况记录在《设备运行记录》上。

（2）相关工序控制指标的检测由操作人员负责，有关条件发现不符合工艺要求时，应及时进行调整，保证各控制指标合格。问题处置过程及结果记入相应生产原始记录中。

## 五、氰化浸出洗涤作业过程控制

作业要求：控制浸出矿浆浓度、氰根浓度、保护碱浓度和矿浆中溶氧量，确保生产正常进行；控制各洗涤作业矿量水量均衡稳定、严格控制洗水量和矿浆浓度，以保证洗涤效果。

工艺流程：金精矿常规氰化浸出洗涤工艺流程如图 4-7 所示。

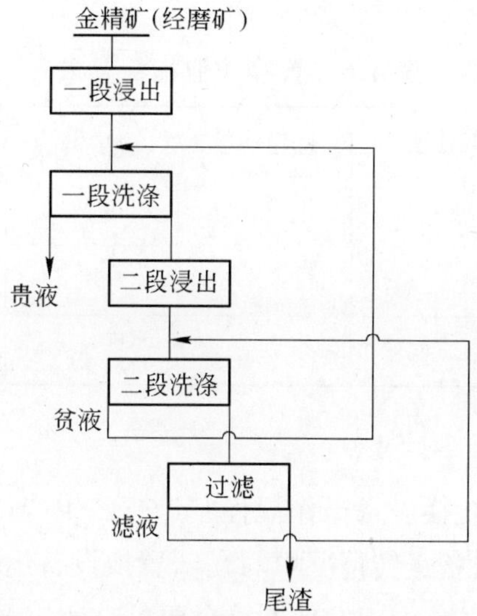


图 4-7　金精矿常规氰化浸出洗涤流程

工艺控制条件及指标参照表 4-5 据实填写。

**表 4-5　浸出洗涤作业指标要求**

| 作业名称 | 给矿浓度 | 排矿浓度 | （$CN^-$）浓度 | 碱浓度 | 风　量 | 贵液品位 |
|---|---|---|---|---|---|---|
| 一　浸 | | | | | | |
| 二　浸 | | | | | | |
| 一　洗 | | | | | | |
| 二　洗 | | | | | | |
| 过　滤 | | | | | | |

操作控制：

（1）设备操作按《浸出洗涤设备操作规程》进行。生产过程必须遵守《选矿安全规程》(GB 18152—2000)。设备运转情况记录在《浸出洗涤设备运转记录》上。

（2）产品检验由测定员负责，发现不符合要求的产品，测定员要及时通知操作工进行调整并记录，从而保证浸出洗涤作业运行条件正常，生产结果达到要求。

## 六、置换作业过程控制

作业要求：严格控制净化和脱氧效果，按要求添加锌粉和醋酸铅，确保金的置换率。

工艺流程：置换工艺流程如图4-8所示。

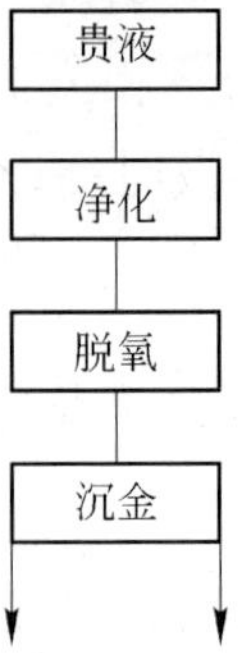


图4-8 锌粉置换工艺原则流程

工艺控制条件与指标参照表4-6据实填写。

**表4-6 置换作业指标要求**

| 作业名称 | $CN^-$浓度 | pH值 | 悬浮物量 | $O_2$量 | 锌粉用量 | $Pb\ (AC)_2$用量 |
|---|---|---|---|---|---|---|
| 净　化 | | | | | | |
| 脱　氧 | | | | | | |
| 置　换 | | | | | | |

操作控制：

（1）设备操作按照《置换设备操作规程》进行。生产过程必须遵守《选矿安全规程》(GB 18152—2000)。设备运转情况填写在《置换设备运转记录》上。

（2）产品检验由测定员负责，发现不符合要求，测定员要及时通知操作工进行调整并记录，保证置换作业正常进行。

## 七、炭浆（炭浸）作业过程控制

作业要求：严格控制矿浆浓度、活性炭浓度、氰化钠浓度和碱浓度，按要求加炭和提炭；均匀给矿和排矿；确保风量以维持溶解氧浓度；隔炭筛要畅通，发现堵塞要及时处理，确保浸出吸附效果。

工艺流程：炭浆（炭浸）作业工艺流程如图4-9所示。

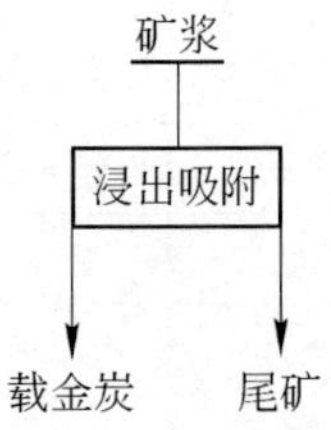


图4-9 炭浆（炭浸）作业工艺流程

工艺控制条件与指标参照表4-7据实填写。

**表 4-7　炭浆（炭浸）作业条件**

| 作业名称 | 矿浆浓度 | $CN^-$浓度 | 炭浓度 | $O_2$ 量 | pH 值 |
|---|---|---|---|---|---|
| 炭　浆 | | | | | |

操作控制：

（1）设备操作按照《炭浆设备操作规程》进行。生产过程必须遵守《选矿安全规程》(GB 18152—2000)。设备运转情况填写在《炭浆设备运转记录》上。

（2）过程检验由测定员负责，发现不符合要求时，测定员要及时通知操作工进行调整并记录，从而保证炭浆作业正常运行。

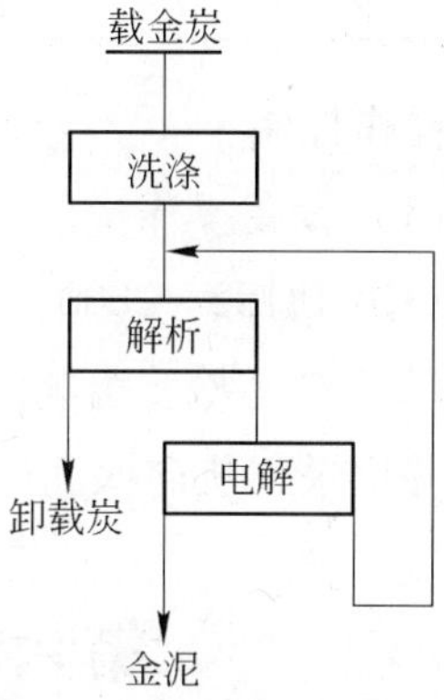


图 4-10　解析电解工艺流程

## 八、解析电解作业过程控制

作业要求：载金炭在进行解析之前要进行洗泥，解析过程要严格控制解析液温度、药剂浓度、流量与工作压力；电解过程按要求控制电流、电压及温度等，保证解析电解效果。

工艺流程：解析电解作业工艺流程如图 4-10 所示。

工艺控制条件与指标参照表 4-8 据实填写。

**表 4-8　解析电解作业条件与指标要求**

| 作业名称 | 液流量 | 碱浓度 | 液温度 | 电压 | 电流 | 解析液品位 | 脱金液品位 |
|---|---|---|---|---|---|---|---|
| 解　析 | | | | | | | |
| 电　解 | | | | | | | |

操作控制：

（1）设备操作按照《解析电解设备操作规程》之规定进行。生产过程必须遵守《选矿安全规程》(GB 18152—2000)。设备运转情况须填写在《解析电解设备运转记录》上。

（2）产品检验由测定员负责，发现不符合要求的产品，测定员要及时通知操作工进行调整并记录，从而保证解析电解作业正常运行。

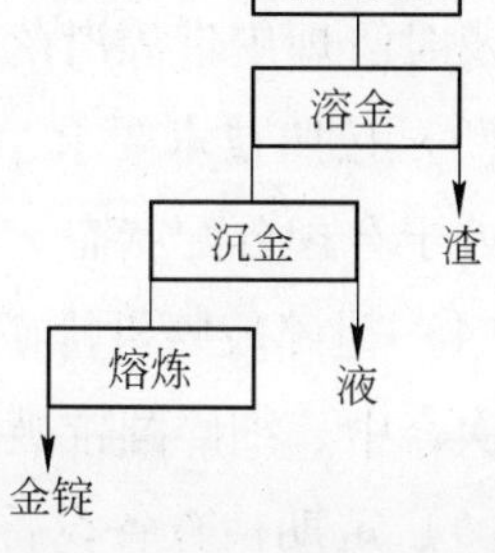


图 4-11　金泥冶炼工艺流程

## 九、金泥冶炼作业过程控制

作业要求：锌粉置换金泥在冶炼过程中，对原料和药剂要严格计量；对体系浓度、温度、药剂浓度、作业时间等都要严格控制。

工艺流程：金泥王水溶金工艺流程如图 4-11 所示。

工艺控制条件与指标参照表 4-9 据实填写。

**表 4-9 冶炼作业条件与指标要求**

| 作业名称 | 矿浆浓度 | 酸浓度 | 温 度 | 时间 | 王水浓度 | 沉金药量 |
| --- | --- | --- | --- | --- | --- | --- |
| 预处理 | | | | | | |
| 溶 金 | | | | | | |
| 沉 金 | | | | | | |
| 熔 炼 | | | | | | |

操作控制：

（1）设备操作按照《冶炼设备操作规程》进行。生产过程必须遵守《选矿安全规程》（GB 18152—2000）。设备运转情况填写在《冶炼设备运转记录》上。

（2）产品检验由测定员负责，发现不符合要求时，测定员要及时通知操作工进行调整并记录，从而保证产品合格。

# 第六节 选矿工艺技术质量管理标准

## 一、碎矿工序质量管理

碎矿工序质量管理：

（1）给矿块度及产品粒度：常用破碎设备给矿块度及产品粒度参照表 4-10 执行。

**表 4-10 破碎设备给矿、排矿的粒度参数**

| 项 目 | C100 | PEF 600×900 | PEF 400×600 | PYZ 1750 | HP300 | PYY 1200 |
| --- | --- | --- | --- | --- | --- | --- |
| 给矿粒度（mm） | 500 | 500 | 320 | 185 | 50 | 70~160 |
| 排矿粒度（mm） | <200 | <200 | <100 | <40 | <10 | <50 |

（2）保持各破碎段连续均衡生产，力求均匀给矿。破碎腔和筛子堵塞时应及时处理，及时清理皮带等滑落矿石。

（3）按照技术要求，及时测量和调整各碎矿机的排矿口尺寸，保证各段破碎比和负荷处于合理分配状态。

（4）粗碎破碎机排矿口按照设备技术手册的要求进行调整，一般粗碎 3~5 日调整一次，中、细碎圆锥破碎机 1~2 日调节一次。

（5）定期检查各设备的运行情况，定期检查筛面、衬板和易损部件的损耗情况。

（6）检查各种设备的润滑系统，做好设备的日常保养，保证设备正常运行。

（7）应制定切实可行的设备检修计划和备件计划，及时检修设备，保持设备完好。

（8）合理分配矿量，确保各系列球磨机供矿量。

（9）做好记录并认真进行交接班，班内设备运转状态、出现的故障及排除方式及结果等都应向接班者说明。

## 二、磨矿分级作业质量管理

磨矿分级作业质量管理：

（1）定时检测矿浆的浓度、细度并加以调节，矿浆浓度、细度参照表4-11执行。

**表4-11 矿浆浓度细度要求**

| 项　目 | 磨矿浓度（%） | 溢流浓度（%） | 溢流细度（%） |
|---|---|---|---|
| 一　段 | 70～75 | 30～35 | 60～65 |
| 二　段 | 55～60 | 20±2 | >80 |

（2）正常情况下球磨机必须连续均匀给矿。

（3）球磨机筒体内介质（钢球）充填率必须保持在42%～45%之间，定期按要求数量补加新球。

（4）初始加球、补加新球都应严格按照最合适的装球量和配比操作，保证磨矿效果。

（5）岗位人员应按照工艺要求，定时定量补加钢球；球磨机加球与配比可参照表4-12。

**表4-12 球磨机加球配比**

| 项　目 | 2700×3600 | 2100×2310 | 2100×3000（1500×3000） |
|---|---|---|---|
| 初　始 | $\phi$100：$\phi$80：$\phi$60 | $\phi$80：$\phi$60：$\phi$40 | $\phi$60：$\phi$40 |
| | 4：4：2 | 4：4：2 | 2：3 |
| 补　加 | $\phi$100：$\phi$80 | $\phi$80：$\phi$60 | $\phi$60：$\phi$40 |
| | 1：1 | 1：1 | 2：3 |

（6）球磨机前后给水量和分级返砂量要求均衡稳定。

（7）根据设备操作手册，检查电动机、传动部件和轴承的温度及润滑情况，保持各润滑点状态良好，使工作温度保持在正常范围。

（8）定期检查球磨机衬板及勺头、电动机摩擦片、旋流器沉沙嘴等易损件的磨损情况，因部件磨损而影响工艺参数及指标应及时更换。

（9）按要求定点、定时对原矿处理量及有关产品浓度、细度等进行检测并记录。

## 三、浮选工序质量管理

浮选工序质量管理：

（1）按要求浓度及时配制浮选所需药剂，要求当天配制当天使用，防止配制过久使药性降低或失效。药剂配制过程中要有计量并填写记录，不撒落跑冒，注意节约。常用浮选药剂配制浓度见表4-13。

**表4-13　常用浮选药剂配制浓度**

| 药剂名称 | 黄药类 | 丁铵黑药 | 碳酸钠 | 硫酸铜 | 硅酸钠 | 2号油 |
|---|---|---|---|---|---|---|
| 浓度（%） | 10 | 10 | 10 | 5～10 | 5 | 原液 |

（2）药剂添加严格按照技术要求定点、定量、均匀不断流，按时测定并做好记录。常规浮选药剂用量见表4-14。

**表4-14　常用药剂添加量**

| 药剂种类 | 黄药类 | 黑药类 | 2号油 |
|---|---|---|---|
| 用量（g/t） | 50～200 | 50～200 | 30～100 |

（3）保证搅拌槽搅拌效果，使矿浆与药剂充分混匀，不得有短路和沉槽现象发生。

（4）要密切监视浮选工作状态，包括液面高度、颜色、泡沫大小及黏度。不得出现跑槽、冒槽、坐槽现象。发现不正常时要立即调整。

（5）要随时检查电动机、传动部件和轴承的温度，检查各润滑点润滑状态是否良好，发现问题要立即处理或向有关管理人员报告，保证设备始终处于正常运行状态。

（6）经常与磨矿段进行联系，了解掌握处理量、磨矿细度及矿浆浓度。发生变化时在浮选操作上作相应调整。

（7）按规定及时对原、精、尾矿进行取样，质检单位分析其中有关元素品位并及时报告结果，以作为生产管理人员管理生产的依据及生产结果的统计核算。

（8）定期检查叶轮、盖板磨损情况，及时调整叶轮与盖板间隙。

## 四、脱水工序质量管理

脱水工序质量管理：

（1）浓密机给排矿必须均衡稳定。

（2）严格控制浓密机底流排矿浓度，金精矿脱水浓密机底流浓度一般控制在40%～60%。

（3）严禁浓密机溢流水跑浑。

（4）不允许浓密机压矿，遇有压矿时应加大排矿速度及时处置，压矿严重时应将耙子提起，同时加快排矿速度，一旦正常要及时放下耙子。

（5）控制过滤机给矿浓度，一般要大于40%。保证过滤机真空度（真空过滤机）、控制压紧力与给矿压力（压滤机），确保滤饼水分不超标。

（6）生产中要注意滤液浑浊程度，滤布如有破损要及时发现并处理。

（7）生产中经常巡回检查设备运行状况，如电动机及轴承温度、润滑点润滑情况等，发现异常要及时处理并做好设备运行记录。

（8）按要求及时检测有关控制参数，如给矿浓度、排矿浓度、真空度、压力、滤饼水分等。

（9）按要求添加石灰或絮凝剂。

## 五、氰化浸出洗涤工序质量管理

氰化浸出洗涤工序质量管理：

（1）按要求配制好药剂，如氰化钠、保护碱等。

（2）按技术要求定点、定量添加氰化钠。

（3）要按时检测矿浆浓度、氰化钠及保护碱浓度并填写记录；发现与技术要求不符应及时调整。金精矿氰化浸出矿浆浓度一般为25%～35%，氰化钠浓度0.3%～0.4%，氧化钙浓度0.02%。

（4）供风必须连续充足，供风管路堵塞要及时疏通，保证浸出矿浆中溶氧量达到要求。

（5）洗涤作业洗水要保证连续足量，多层浓密机洗涤要确保返液连通管畅通，如有堵塞需及时清理。

（6）洗涤浓密机给、排矿要均衡，控制排矿浓度达标，如有压矿要及时处置。

（7）巡回检查设备电动机、轴承等温度情况，检查设备各润滑点润滑状况，发现问题及时处理并做好设备运行记录。

（8）按要求定点、定时取样，由质检单位进行有关元素的化验分析并给出结果报告，据此进行生产技术管理和统计报表。

## 六、置换工序质量管理

置换工序质量管理：

（1）检查锌粉是否潮湿失效。

（2）锌粉及醋酸铅的添加要计量并记录，往生产流程中加入时，必须按要求用量连续均匀地给入。

（3）净化作业要保证液量进、出平衡，净化液澄清度要合格，过滤介质破损要及时处理。

(4) 脱氧作业要保证脱氧塔真空度达到要求，脱氧塔液位控制在合理水平并保持稳定。

(5) 经常检查压滤泵轴封情况，漏液严重时要及时处理。

(6) 密切注意置换压滤机工作状况，漏液严重时要采取措施处理；观察工作压力，金泥打满要及时停下。

(7) 起柜前吹风要充分，使金泥含水量达到要求。

(8) 巡视电动机、轴承等工作温度，异常时及时处理，填写好设备运行记录。

(9) 对贵液流量、真空度、压力等参数，按生产技术要求按时进行检测并填写记录。

(10) 按要求对贵液、贫液、金泥等产品定点、定时计量、取样，由质检单位化验分析报告结果，以便生产管理及结果统计。

## 七、炭浆（炭浸）工序质量管理

炭浆（炭浸）工序质量管理：

(1) 新炭使用前必须进行预处理，筛除粉炭消除锐边角并进行浸泡，处理时间不小于1h。

(2) 按要求浓度配制好氰化钠等药剂。氰化钠浓度一般配制成10%～30%的液体使用。

(3) 矿浆进、出要保持均衡稳定，矿浆浓度控制在30%～45%范围内，全泥氰化取高值，金精矿氰化取低值。

(4) 氰化钠要定点均匀加入，矿浆中氰化钠浓度：全泥氰化0.02%左右；金精矿氰化0.3%～0.4%。氧化钙浓度0.02%左右（参考值）。

(5) 要连续足量地对矿浆进行充气，使矿浆含有足够的溶解氧。

(6) 按时定量提炭和串炭，新炭要在最后一槽加入。矿浆中活性炭浓度一般保持在20～30g/L范围内。

(7) 对矿浆浓度、氰化钠及保护碱浓度，每隔2h检测一次并进行记录。测定结果与要求值有偏差时应及时调整。

(8) 筛网选择，隔炭筛20～24目（0.707～0.841mm），安全筛40目。

(9) 对生产情况进行巡回检查，发现管路堵塞、隔炭筛堵塞或破损要及时处理。

(10) 经常检查电动机、轴承等温度及润滑点润滑情况，发现异常要采取措施处理，填写好设备运行记录。

(11) 定点、定时进行取样，由质检部门化验分析并给出报告，据此进行生产管理与统计报表。

## 八、解析电解工序质量管理

解析电解工序质量管理：

（1）精心配制解吸溶液，氢氧化钠含量为5%，药剂溶解要彻底，溶液要清澈。

（2）按要求严格控制解析液流量与流速。

（3）严格控制解吸电解工作温度和压力，高效快速解析电解，温度要求在(150±2)℃范围，压力要求在（0.5±0.1)MPa范围。高温高压解析常压电解，解析温度要求在（120±10)℃范围、压力要求在（0.2±0.1)MPa范围，电解温度要求90~98℃。

（4）脱金炭应定期进行酸再生和热再生，以提高其活性和吸附效率。

（5）严格控制电解工作条件，电流密度一般为6~10A/m$^2$，电压一般为3~3.5V。

（6）当压力为零时，方可开启压力罩，以免液体飞溅伤人。

（7）随时检查流量、压力、温度等仪器仪表，发现不正常或失灵应及时校核更换。

（8）按要求检测记录，取样化验分析，统计报表。

## 九、冶炼工序质量管理

冶炼工序质量管理：

（1）严格执行检斤及取制样制度，电解金粉、金泥、废渣及粗金锭都应精确称量，并详细记录。

（2）酸洗时必须按要求添加（酸类）药剂，不得强烈搅拌，以免冒槽或飞溅造成金属流失。

（3）酸洗必须使用专用设备。酸洗后的金泥一定要用80℃左右的热水洗涤3~5次，直到中性。

（4）酸洗液应及时澄清过滤，回收其中的有价金属。

（5）王水溶金及沉金作业必须按要求严格控制工作条件，保证生产效果及产品质量。

（6）精心挑选坩埚，并在800℃的温度下预热烘烤，以防炸裂。

（7）炉料不要烘烤太大，加料时应先停风，以防炉料飞扬或被炉气吹走。

（8）定量添加炉料，严格按配比添加药剂，装完料后覆盖一层硼砂。

（9）熔炼时，当温度达到1250~1300℃时，必须恒温保持0.5h。

（10）精炼电解槽开柜取金泥时，应同时清理有关装置，保持管路畅通。装电解槽时，严防阴、阳极板错位。阳极板要用稀盐酸浸泡后方可使用。

（11）炼金场地的灰尘，用过的笤帚、刷子、滤布、手套、工作服以及废坩埚、废渣、废耐火砖等要集中存放，以便回收其中的有价金属。

（12）凡处理含金品位高的物料时，如处理金泥、重砂、废坩埚或废炭等，质检人员必须在场。

（13）严格按要求对工作条件进行检测并做好记录，按要求对有关产品进行取样，化验分析统计报表。

## 第七节　尾矿排放管理

尾矿管理的基本任务是做好尾矿的输送、堆存、回收再利用，防止尾矿流失、污染环境及造成地质灾害等。

尾矿输送设备和管道要保持良好的工作状态，定期检查、维修和更换，以保证尾矿输送堆存工作顺利进行。

尾矿库坝体设计和管理应符合国家有关的技术规范，并应按照相关规定，对坝体和储洪、排洪设施进行全面的检查和维护，保证尾矿输送与堆存安全高效。

尾矿排放过程控制：

（1）作业要求：控制给、排矿均衡稳定，确保尾矿输送畅通无阻，输送过程中严禁跑、冒、滴、漏。按计划及时筑坝，不允许矿浆溢出坝外。

（2）工艺流程：尾矿排放工艺流程如图 4-12 所示。

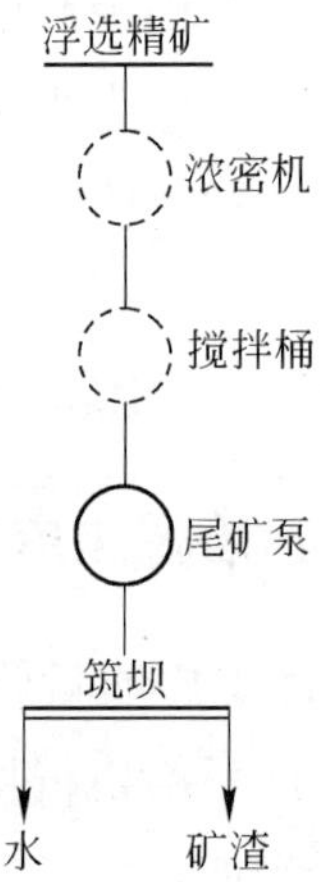


图 4-12　尾矿处理流程

（3）操作控制：相关设备的操作应按《设备操作、维护、保养规程》之规定进行；生产过程必须遵守《安全操作规程》；设备运转情况做好《设备运转记录》。

（4）作业质量检验以尾矿输送是否畅通为标准，一旦出现问题，管路巡视人员必须及时处理，确保生产正常进行。

（5）尾矿如果进行压滤处理的话，要控制滤饼水分达到要求，保证坝体安全。

（6）有关作业矿浆浓度及粒度按要求进行检测并做好记录。

（7）对尾矿库运行、环境影响及安全状况等进行监视并做好记录。

## 第八节　计量检验及金属平衡管理

计量检验和金属平衡管理是矿山生产技术管理的重要工作之一，是衡量生产、技术和经营管理水平的重要标志。

计量检验是指对计量设备、仪器和仪表的检查、校验和管理。

金属平衡是指进入选冶厂（车间）原矿（原料）中的金属含量与出厂（车间）产品和各工序排出物（尾矿、排液、冶炼渣等）中金属含量之间的平衡关系。金属平衡分为理论金属平衡（也称工艺金属平衡）和实际金属平衡（也称商品/产品金属平衡）。金属平衡的资料是各项工作的重要资料，它及时准确完整地反映实际生产情况，是生产管理的重要依据。

金属平衡管理的内容：

（1）金属平衡管理的基础工作：

1）原矿、中间和最终产品的计量和水分等的测定；

2）取样和加工管理；

3）样品化验和分析误差的管理。

（2）生产过程中在制品的统计工作：

1）矿仓中金属量的计算；

2）浓密机内/堆浸底垫上金属量的计算；

3）浮选槽、浸出槽内金属量的计算；

4）洗涤设备、贵液池中以及载金炭上金属量的计算；

5）金泥中金属量的计算；

6）沉淀池中金属量的计算。

金属平衡管理的任务：

（1）最大限度地合理利用矿产资源，减少金属损失。

（2）如实反映金属流向，揭露生产中的薄弱环节，为指导生产提供翔实可靠的技术数据资料。

（3）编制金属平衡表，为计划、生产、技术和财务决算报表提供重要依据。

（4）促进金属平衡的基础工作，研究改进计量、取样、加工、化验的检测手段，逐步提高机械与自动化操作水平，持续提高检测分析的效率和精确度。

企业的计量检验和金属平衡管理须贯彻执行国家有关计量管理、质量管理、技术检验、标准化管理方面的方针、政策、法规和条例。

## 一、管理机构及职责

成立金属平衡管理委员会，负责金属平衡管理工作的统一领导，每月召开一次金属平衡会。金属平衡管理委员会的日常工作由质检部门负责。

金属平衡管理委员会的职责：

（1）统筹安排金属平衡管理工作。

（2）审核批准质检部门提交的金属平衡办法。

（3）审核批准质检部门提交的月、季、年金属平衡表。

（4）对内部金属平衡中的数质量异议作出仲裁，对销售中的数质量异议进行调查、分析和处理。

（5）检查协调各部门所承担的金属平衡管理职责和任务的执行情况。

（6）研究提高金属回收率，减少金属流失的方法和措施。

（7）对在金属平衡管理工作中做出显著成绩者给予奖励，对严重失职造成金属流失或弄虚作假者给予惩处。

质检部门的职责：

（1）根据生产流程制定合理的理论和实际金属回收率计算公式作为标准计算方法，理论回收率和实际回收率的误差控制在3%以内。

（2）根据生产实际对原矿量和处理矿量进行平衡，误差控制在1%以内。

（3）月底会同有关部门对原矿、精矿（合质金）和中间产品进行数质量盘点。

（4）统计分析金属平衡的有关数据，编制金属平衡表，提交金属平衡委员会审批。

（5）参与公司对内、对外产品数质量异议的调查、分析和处理或按程序组织仲裁。

（6）及时了解生产情况，不断改进金属平衡管理工作。

（7）调查金属流失情况，会同有关部门研究改进措施。

## 二、计量检验管理

建立完善的计量检验管理网络、完备的计量检验器具，定期对计量检验器具进行鉴定、校核。

一切计量检验等原始数据，原则上不准改动，当误差较大时，应对计量、取样、加工、化验方法进行校验和复检，按校验和复检的数据进行调整，并报请金属平衡委员会批准，调整的依据及原因分析与金属平衡表同时上报。

质量计量：

（1）轨道衡、地中衡、皮带秤、核子秤、天平必须进行实物标定，参数确定后不得随意更改，保证计量器具、设施的准确性、合法性和计量数据的真实性、可靠性。

（2）严格按技术操作规程作业。

（3）计量原始单据必须有相关单位人员的签字。

（4）建立日统计台账。

（5）保存好原始单据。

（6）盘库误差应控制在允许范围以内。

样品采集：

（1）严格按技术操作规程作业。

(2) 静态矿物采用均匀布点法采样，布点和样品量具有代表性，量大时用四分法进行缩分。

(3) 流程样按 0.5h 采样一次，烘干后用四分法进行缩分。

样品制作：

(1) 严格按照样品制作技术操作规程作业，混匀、缩分、取点正确，保证样品具有代表性。

(2) 样品烘干时，要有人看管，注意调整温度，以免矿浆飞溅互相污染或烧糊。

(3) 每做一个样，样盆、样罐、设备缝隙、操作台要清扫干净，物品摆放有序，严防样品污染或混样。

(4) 原矿、精矿、尾矿样品的细磨应分别使用不同磨矿机，以防污染，使用滚筒磨样时应先用石英砂洗罐。

(5) 制成的样品细度要达到 -200 目（-0.074mm）占 98% 以上。

样品化验：

(1) 严格按照化学分析技术操作规定进行样品化验分析，确保化验设备、仪器的精确度，化验方法的可靠度，化验数据的准确度，内检化验合格率 95% 以上，外检化验合格率 90% 以上。

(2) 正确使用有毒有害化学药品，熟悉事故处理常识，做好自我防护。

(3) 操作台、仪器保持洁净，物品摆放有序，严防污染样品或混样。

(4) 化验结果经审核后及时报出，异常结果应安排复检。

(5) 为了提高化验合格率，应适当安排自检、互检。

样品管理：

(1) 地质探矿样品保存时间一般为三年。

(2) 流程样品保存时间一般为三个月。

(3) 销售样品保存时间一般为一年或另行约定。

有毒有害化学药品管理：

(1) 有毒有害化学药品必须有专人、专库管理，必须密封保存，放置在阴暗干燥的场所。

(2) 有毒有害化学药品的领用实行审批制定。

(3) 有毒有害化学药品必须建立专门的台账，记录领取的时间、名称、数量和每次使用的时间、名称、消耗的数量，领用要平衡。

(4) 未使用完倒入另外容器中时，该容器应有明显标志。

(5) 操作时应注意穿戴劳动防护用品，防止溅到皮肤或身上。

(6) 若不慎溅到皮肤上，立即用大量清水进行冲洗。

报表管理：

（1）保存好完整的原始单据。

（2）流程样24小时内报出化验结果、生产日报。

（3）月底7日内报出金属平衡表、质量月报。

## 三、金属平衡管理

金属平衡工作应该如实地反映金属流向，揭露生产中的薄弱环节，最大限度地合理利用资源，减少金属流失，为改进提高生产管理水平提供可靠依据，避免造成不必要的浪费。

金属平衡表的编制：

（1）金属平衡表的内容：

1）理论回收率计算表；

2）实际回收率计算表；

3）金属损失率统计表，包括：溢流损失、检修损失、事故损失和其他损失；

4）在制品金属统计表；

5）金属平衡综合分析表，包括：理论产量、实际产量、在制品产量、理论回收率与实际回收率的差值、金属平衡的情况分析等。

（2）编制金属平衡表的原则：

1）理论回收率的计算，要根据本厂（车间）现有生产工艺流程推导出合理的计算公式进行计算；产品的金属量和各工序排出物料的金属量要分别计算；应计算出各产物的回收率（金属含量与金属占有率），各产物的金属量和金属占有率要与原矿平衡。

2）应以检测部门（质检站、化验室）提供的原始数据为依据。所有的计量、测定和化验的原始数据原则上不准调整修改。对数据有怀疑，可对计量、取样、加工、化验方法进行检查和校验，以及用副样进行复检，以查明原因。如果校核、复验结果仍在规定/允许的误差范围内，则以原有数据为准；超出允许误差的范围，可按校核、复验数据进行调整，并将调整依据、调整情况及原因分析附在金属平衡表后，报请金属平衡委员会批准，调整的依据及原因分析与金属平衡表同时上报。

3）未经本厂（车间）加工的产品，未经原矿计量或原矿品位取样点以前回收的产品不参加金属平衡的计算，但可在金属平衡表中单独列出。

4）金泥水分应每批测定。

5）原料计量具要有专人维护，经常校验，使误差控制在1.5%以内。

（3）金属平衡表的编制要求：

1）金属平衡表由质检部门进行编制；

2）理论数据以生产日报为准，实际数据以出厂和盘库为准；

3）金属平衡委员会指定相关部门共同进行月底盘库；

4）金属平衡报表必须在生产日期截止7日内报出；

5）理论回收率与实际回收率的差值：选厂不大于±4%，选冶厂不大于±5%。

金属平衡工作的考核：

（1）金属平衡管理工作是考核企业生产、计检和销售管理好坏的依据之一。

（2）对由于管理混乱造成金属流失的单位要给予批评，限期解决，并给予经济处罚。

（3）对在金属平衡管理工作中弄虚作假者，要追究责任，对严重失误造成金属大量流失者，要给予纪律处分，直至追究法律责任。

为提高化验分析质量，由生产技术部门负责定期对化验样品进行内检和外检，以检查其偶然误差和系统误差。

不断改善计量、取样、化验和检测手段，探索更加合理的金属平衡办法。

## 第九节　其　　他

企业结合自身情况，由质检和生产等相关部门对水质、磨矿介质和工艺流程定期进行考查，同时对生产技术指标进行分析。

使用活性炭吸附金工艺的企业，要加强对活性炭的管理，并研究减少炭损失和回收细粒炭的工艺技术。

# 第五章　设备技术管理

## 第一节　概　　述

设备是结构较复杂、价值较高、有相对完整的结构和功能的机器、工具、仪器、设施和装置等物质资料以及支持其运行必不可少的配套软件，是企业生产经营的物质技术基础和提高劳动生产率的重要工具。做好企业的设备管理、安装、验收、维修和使用工作，保障设备安全高效运行，有利于促进企业生产顺利进行，取得良好的设备投资效益。

本章适用于企业设备管理、安装验收、维修和操作以及电气设施的安装、验收和检修等技术管理工作。

## 第二节　设 备 管 理

设备管理是对设备的规划、设计、制造、购置、使用、维护、修理和改造等全过程进行的管理，主要内容有设备维修管理、设备固定资产管理、设备事故和备件管理等。设备管理应当依靠先进的专业技术和管理方法，从技术、经济、人力资源和组织协调四个方面进行综合管理；坚持专业技术与管理方法、专业管理与全员参与相统一，设备的设计、制造和使用相结合，维修和改造相结合的原则。

### 一、企业设备管理的组织机构

企业的设备应实行三级管理，即公司、车间和班组。公司领导须有一人分管设备工作，公司机关有一个部室主管设备工作，财务和安全等部门参与对本公司的设备进行综合管理。车间领导须有一人分管设备工作，配置与车间设备相适应的专业技术人员和设备维修人员，对设备进行维修与管理。设备操作与维修班组（工段）须组织全员参与设备管理，正确使用、精心维护、及时检修本班组职责内的设备。

### 二、各级设备管理组织机构的职责

#### （一）公司设备管理的职责

公司设备管理的职责：

(1) 负责本企业设备管理工作的领导、监督、检查和组织协调等综合工作。贯彻落实国家有关设备管理的政策法规和上级管理部门设备管理制度。

(2) 根据国家有关政策法规，结合本企业的特点，组织制定本企业的《设备管理实施细则》、《设备安全操作规程》、《设备维护检修技术规范》和《设备点检、巡检制度》，建立特种设备技术档案，编制设备更新改造计划，规范企业的设备管理工作。

(3) 组织员工管好、用好、维修和改造好企业的设备，积极应用新技术提高企业技术装备素质；组织设备的月、季和年度检查，总结和考核设备管理工作。

(4) 按照有关要求向上级管理部门和地方行政主管部门报送设备管理的统计报表和相关资料，积极参加设备管理工作经验交流活动。

(5) 组织本企业设备、备件的采购和供应工作，及时收集企业设备和备件需求信息、了解市场信息，定期编制设备和备件采购计划，并组织实施；组织年度设备和备件的盘点工作，编制年度设备和备件盘点报告。

(6) 审核车间报送的设备检修计划，指导车间设备检修工作；组织设备安装、修理和改造的交工验收，编制验收报告，做好资料的归档工作。

(7) 组织员工技术培训，不断提高员工素质，建立一支与企业技术装备水平和生产规模相适应的专业化员工队伍。

(8) 负责设备事故管理，制定并不断完善本企业重大和特大设备事故救援预案，组织设备事故抢修、事故调查分析和处理工作。

(9) 定期调度和分析下属单位设备管理工作情况，确定当期设备工作重点，定期调整主要设备管理台账和设备明细账，不断充实和更新本企业设备管理信息。

(10) 总结推广设备管理、使用、保养、修理和改造等方面的先进技术、方法和经验。

### (二) 车间设备管理的职责

车间设备管理的职责：

(1) 贯彻落实本企业《设备管理实施细则》、《设备安全操作规程》、《设备维护检修技术规范》和《设备点检、巡检制度》等，负责与企业设备管理部门的业务联系，报送设备管理统计报表和相关资料。

(2) 组织本车间的设备月检查及临时检查，及时收集分析设备运行信息，掌握设备技术状况，编制设备检修月计划、月备件计划，制定设备临时检修方案，并报送企业设备管理部门审批。

(3) 组织实施设备检修，领取和发放备件，建立备件消耗台账，建立重点设备和特种设备技术档案，收集整理设备运行和检修原始记录，并妥善保管。

(4) 参与本企业的设备安全操作规程、设备维护保养技术规范和设备点检、巡检制度的制定，参与设备更新改造计划和员工培训计划的编制，制作、下发设备安全操作规程、设备润滑图和设备安全标识等标牌，并指导班组正确悬挂。

(5) 指定专人负责设备的润滑管理，建立重点设备的润滑档案，检查设备润滑状况和润滑油质量，指导更换和添加润滑油等。

(6) 定期对设备管理工作进行总结和考核，总结推广设备使用、保养、修理和小改小革等方面的先进方法和经验。

(三) 班组设备管理的职责

班组设备管理的职责：

(1) 组织开展全员设备管理活动，认真执行设备安全操作规程、设备维护保养技术规范和设备点检、巡检制度，正确操作、精心维护、保持设备完好，工作环境整洁，安全高效、文明生产。

(2) 组织班组成员相互帮助、相互学习，不断提高设备操作、维护和检修技能；引导班组成员爱岗敬业，集中精力、认真工作，团结协作、相互配合，协同完成设备操作、维护和检修任务，不断积累和总结工作经验，积极提出设备小改小革和合理化建议，不断优化设备性能和工艺参数。

(3) 班组长应具有必要的设备管理知识，设备操作工应了解设备性能，掌握设备操作规程，力求做到会检查、会保养、会记录和会排除设备故障，发现重大设备问题须立即采取措施，并及时向车间汇报。

(4) 认真做好设备运转、检查和修理的原始记录，并按要求向车间提交，参与车间设备检修计划、备件计划和设备点检、巡检制度的编制，组织落实设备的检修计划、设备点检、巡检和设备的小改小革工作。

(5) 选配设备机台长，合理安排设备操作和维修人员，定期对机台的工作进行考评，对班组设备工作进行总结，表扬先进员工，帮助落后员工。

## 三、设备的规划、更新和购置

企业在编制发展规划时应包含设备规划的内容，并根据规划的实施进程和设备新技术，对规划进行完善。每年第四季度，应编制出下一年的设备更新（购置）和改造计划，并汇入企业下一年度全面预算计划上报审批。

企业应高度重视设备购置工作，购置重要设备时，要组织相关专家和技术人员从设备的技术性能、质量、寿命周期、费用和维修性等方面进行论证，选择最符合企业要求的设备，并积极研究在设备采购中维护企业权益的对策，保障企业采购设备后能够充分享受到相应的技术服务和其他正当权益。

设备的采购要与设备的设计、制造、使用和维修相结合，设备采购部门应充分了解工艺流程和设备使用单位对设备技术参数、质量、维修和监控等方面的要求；在设备订货时将经过有关负责人确认的现场工艺条件和对设备的技术要求等必要信息提供给设备供货商，用书面文件与供货商明确约定相关参数、指标和要求，并监督供货商落实相关内容。

设备采购部门应认真调研设备供货商的设计制造能力、产品质量的保障能力、售后服务和信誉等方面的情况，从中选出符合要求的供货商参加投标或洽谈。设备采购部门对所购设备的质量、交货期和货款安全负有责任。

购置交货期较长的大型设备时，应安排专业技术人员（或委托有设备监造能力的单位）对设备进行监造，跟踪监督设备的设计制造进度和产品质量，及时与供货商沟通，纠正设计制造中的偏差。

设备到货后要在验收期（提出异议的期限）内组织人员验收，发现问题及时与供货商联系；采用铁路运输的设备，提货时应按铁路运单对包装情况及数量进行检查、清点，发现包装破损或数量不符时要立即与车站联系，进行复查，并索取检验证明，及时办理索赔。

要妥善保管库存设备，存放场地要有必要的防雨、防潮和防盗设施，设备摆放应整齐，便于发放；对于长期存放的设备要定期进行维护保养。

## 四、设备的维护、修理和改造

设备的维护是指对设备进行清洁、润滑、检查、监测、调整、紧固和整理等工作。设备的修理和改造是恢复和提高其性能或外观的活动。正确使用、精心维护、及时修理和改造设备能有效延长设备使用寿命，减少设备消耗，提高设备投资效益。

设备使用单位设备管理工作的重点是设备的维护保养，要充分发挥全体员工的作用，积极开展全员设备管理活动，将设备的清洁和机械设备的润滑作为设备日常维护保养工作的重点。重要设备的维护保养责任要落实到人，设一位机台长，负责监督管理设备的维护保养，监视设备技术状况，保障设备安全运行。

设备检修要坚持预防为主的原则，积极应用先进的设备状态监测技术、修理工具和修理方法，加强监测、检查设备状态，根据监测、检查结果、备件储备和维修人员情况等，结合当期生产的安排编制设备检修计划（一般每月停产 1 ~ 2 天进行设备的月计划检修），合理配置维修人员，不断提高设备检修效率和质量。不需要停产进行的设备调整和修理，要针对发现的问题及时处理。应不断完善设备的状态监测和故障诊断方法和装备，更准确地掌握设备技术状况，提高设备预防性检修的准确性，确保设备安全运行。

随着设备技术进步的加快，新设备的技术性能不断提高，设备的修理应与改造相结合，在对现有设备进行修理的同时，积极应用新技术对设备进行技术改造（例如：对传统设备进行智能化改造），可以达到投入少、收效大的效果。要有计划、有重点地对企业现有的高能耗、高污染设备进行技术改造；鼓励员工多提合理化建议，通过小改小革，优化和改善设备技术性能。

设备的操作工应会正确操作设备，并力求做到会检查、会保养、会记录和会排除故障；重点设备和特种设备的操作工须经培训合格，持证上岗。操作工在操作机械设备时要严格执行设备操作规程，通常是，首先对设备各部以及电、水和油等进行检查，然后启动设备，并观察电流、电压等的变化情况。在设备运行过程中要按设备点检制度对设备进行检查和调整，按设备维护保养技术规范对设备进行润滑和清洁，按要求填写设备运转记录。交班时，交班者要对设备进行清洁，对工作场所、工具和材料等进行清洁和整理，向接班者交代清当班遗留问题和注意事项等，向班（组）长简要汇报当班情况，接班者要对设备进行检查，对工具、材料等进行查看，查阅设备运转记录，填写交接班记录。

设备巡检工（维修工）在设备运行过程中要认真执行设备巡检制度，按规定的路线、检查点、检查内容、检查方法对区域内设备进行检查、调整和紧固等，并填写巡检记录，向班长简要汇报巡检结果。班长要及时安排处理检查中发现的问题，并将当班情况向当班车间主任汇报。

操作工发现一般设备隐患或缺陷，要记入设备运转记录，并及时将情况通知巡检工。操作工和巡检工发现需要紧急处理的问题，而又无能力处理时，要立即通知班长，由班长安排处理，若本班无能力处理该问题，要立即向当班车间主任汇报，由主任组织人员处理问题。

设备的日常维护保养应主要由设备操作工承担，设备的巡检应由具有一定经验的专业维修工承担。企业应保持设备操作工和巡检工（维修工）的相对稳定，以提高工作效率，保障作业安全。

较大的设备修理或改造应编制施工组织设计，并报上级设备管理部门和主管领导审批，由专业的设备修理人员承担；施工过程中应有技术人员进行现场管理，控制、监督施工进度与质量。

设备修理或改造可以组织本企业的设备维修人员完成，也可通过设备维修服务的社会化来实现。企业应根据自身特点和外部环境，建立与企业设备维修需求相匹配的设备维修力量和维修体制，降低设备维修成本，提高设备维修质量。

## 五、设备固定资产管理

凡使用寿命在一年以上，单台（套）价值在2000元以上的设备属于设备固定资产。设备到货应及时验收、办理入库手续，记入相关财务账目和实物保管账。设备出库应及时调整相关账目，从下月开始提取设备固定资产折旧费，提足折旧费的设备无论其是否继续使用均不再提取折旧费。设备改造后，应按实际投入资金办理固定资产增值手续。设备报废和处置后从当月起不再提取折旧费。采用融资租赁方式租入的设备，按照本企业的固定资产进行管理。

企业设备管理部门要不断完善设备台账，设备投入使用后应及时对其编号、登记，设备报废或处置后要及时销账。在企业内部调拨设备也应履行必要的手续，并及时调整设备台账和设备明细账。应及时处置长期闲置不用和报废的设备，盘活资产。

年末，企业要组织进行一次设备固定资产盘点，同时检查设备技术状况。盘点设备时，应将财务部门的设备固定资产明细账分别与设备管理部门的设备台账和设备实物相对照，逐一盘点和检查设备状况。两本账的相同数据项应一致，账与物应相符，发现差错要查明原因，编制设备固定资产盘点报告，调整相关账目；盘亏、盘盈的资产损益须进入企业当期损益。

## 六、车辆、特种设备和提升设备的管理

车辆是指在政府车辆主管部门挂牌的营运车辆；特种设备是指符合《特种设备安全监察条例》规定的压力锅炉、压力容器、压力管道、电梯、起重机械和厂车（场车）等；提升设备是指卷筒直径大于等于 $\phi$1600mm 的竖井和斜井提升设备。

营运车辆的管理执行国家和地方行政主管部门相关法规，接受车辆管理部门的管理。矿山专用轮式机械设备（铲运机和电机车等）的管理应参照营运车辆管理办法，由企业组织人员定期进行检查和保养，每年进行一次年检。矿山专用轮式机械设备的操作人员要经过严格的技术培训，考核合格，持证上岗。

特种设备的管理执行国家和地方行政主管部门相关法规，接受当地特种设备管理部门的管理与指导。特种设备的操作人员必须参加相关的专业培训、考试合格，持证上岗。锅炉和压力容器等特种设备的修理应委托给具有资质的单位，并由具有作业资质的人员承担。企业要加强对特种设备的管理，建立特种设备档案，定期检查、及时维修、保持特种设备完好。

提升设备是矿山的关键设备，企业主管设备和安全的领导对提升设备的技术状况和运行安全负总责，提升设备的管理要落实到人、到位。企业要健全提升设备管理制度，建立设备档案，制定提升设备维护检修技术规范。提升设备的操作人员必须经培训考核合格，持证上岗。

要加强对提升设备的维护保养和检修，每月组织（设备和安全管理人员）对提升设备进行一次检查，每半年组织对提升系统（提升设备主机、电控、井筒装备、天轮装置、提升容器、钢丝绳连接装置和井口设备等）进行一次大检查，每两年对提升容器、平衡锤和钢丝绳联接装置中的关键件进行一次探伤检查。对提升设备的检查和修理情况应认真记录，存档备查。提升设备的操作工和维修工要按照提升设备维修技术

规范定期对设备进行清洁、润滑、调整和检修，发现提升设备存在事故隐患要及时排除，保障提升系统安全高效运行。

## 七、员工队伍建设

企业应加强设备管理与维修员工队伍建设，针对不同的工作岗位，采取有效形式，组织技术培训。如集中学习、师傅带徒弟、技能培训和技能竞赛等形式；应充分发挥有技术特长的设备操作工和维修工在员工培训中的作用，鼓励他们多带徒弟，传授技术，为企业培养更多的技术骨干；要建立激励机制，促进员工自觉学习，并采取措施留住和吸引优秀员工。通过多种途径不断提高员工队伍综合素质，以适应设备的技术进步对员工素质的要求。

要求持证上岗的工作岗位，必须对员工进行培训，考试合格、取得相应的资质证后方可上岗。购置新型设备时，应对其操作工和维修工进行上岗培训，操作工须熟悉设备操作规程，掌握日常保养知识和安全注意事项，了解设备性能后方能上岗；设备维修工应熟悉设备结构，了解设备原理和维修要点后方能上岗；操作设备的新员工上岗或老员工转岗，应进行上岗或转岗培训。

## 八、备件管理

备件是指为修理或改造设备而备用的零部件。备件管理包括备件的计划、采购、保管和发放等工作，备件管理的重点是备件计划。企业备件计划有年度备件供应计划和月备件采购计划等。备件计划的编制依据是设备负荷量、备件损耗情况、备件采购周期、备件库存量和计划员的经验等。备件的储备要经济合理，在保障生产需要的前提下，尽可能少地占用资金。

备件采购的原则是质量好、价格合理、交货准时。企业应保持备件供货商相对稳定，以保障备件质量和交货期。应保持备件计划员相对稳定，充分利用其工作经验和业务关系，提高备件供应的及时性、可靠性和经济性。

备件到货后要及时组织验收、入库，发现问题应在异议期限内向供货商提出并洽商。备件入库后须妥善保管，做好防锈、防雨、防潮、防变质、防变形和防盗（简称：六防）工作，备件的摆放应整齐，装卸、摆放和运输备件时应注意人员和备件安全，防止撞伤、挤伤和擦伤。备件出、入库应及时办理手续，调整相关账目。年末，要进行一次备件盘点，将备件保管账与实物相对照，逐一清点、查看备件数量、状况；对于盘盈、盘亏和毁损的备件要查明原因，编制备件盘点报告，调整相关账目。

应做好备件的回收利用工作，备件供应部门应及时回收废旧零部件，组织修复废旧零件，及时处置闲置和无修复价值的废旧零部件，盘活资产。

## 九、设备合同和信息管理

设备（备件）的合同主要有设备订货合同、设备修理合同、设备改造合同、设备租赁合同、备件订货合同和备件修理合同等。合同的签订必须符合《中华人民共和国经济合同法》和国家政策，明确表达双方意愿。合同内容必须完整，文字准确、简洁，不得漏填、误填，同时应考虑可能发生的各种变动因素，制定相应的防范措施和解决方法。对于技术条款较多的设备（备件）合同，在签订商务合同时应附签一份技术协议。合同签订前，应认真审查合同条款，签订重要合同应由两人以上审核把关，经企业法律事务部审核，由企业主管领导核准。

合同签订后，要进行跟踪管理，及时检查、核实合同的执行情况，发现问题要及时与合同的另一方沟通，纠正偏差。合同生效后，若确实需要变更合同内容的，应及时与合同的签约方协商，签订合同变更协议。

要妥善保管合同以及与合同有关的往来信件、电函、协议书、商谈纪要、付款单据和合同执行情况记录等。合同履行完毕，要及时将合同及其相关资料归档保存。

企业应建立并不断完善设备管理信息系统，充分应用现代技术和管理方法（如：监控技术、网络技术和计算机辅助管理等）提高设备管理的工作效率，并做好信息和资料的保密工作。

应不断充实设备管理的资料，及时收集、分析、汇总设备管理的信息资料，如设备随机技术文件、设备安装验收资料、设备检修记录、设备运行记录、设备润滑油更换记录和备件更换记录等。

## 十、设备事故管理

设备事故是指正式投入生产的设备意外损坏，造成财产损失或影响生产，直接经济损失费在人民币10万元以上（含10万元）的事件。设备事故按直接经济损失大小分为：较小设备事故、一般设备事故、较大设备事故、重大设备事故和特大设备事故。设备事故直接损失费在10万元及以上，100万元（不含100万元）以下者为较小设备事故。设备事故直接损失费在100万元及以上，1000万元以下（不含1000万元）者为一般设备事故。设备事故直接损失费在1000万元及以上，5000万元以下（不含5000万元）者为较大设备事故。设备事故直接损失费在5000万元及以上，1亿元以下（不含1亿元）者为重大设备事故。设备事故直接损失费在1亿元及以上者为特大设备事故。

发生设备事故后，现场人员应立即报告本单位负责人，企业须立即组织抢修事故设备，尽快恢复生产，减少事故损失。在事故抢修过程中任何单位和个人都必须服从统一指挥，不得互相推诿。对抢修不利，使事故进一步扩大的责任者应视同事故责任者一并追究其责任。

设备事故发生后，要及时组织人员分析事故原因和善后处理。事故处理的原则是，事故原因和事故责任未查清不放过，事故防范措施未落实不放过，事故主要责任者未受到处理不放过，事故责任者和他人未接受事故教训不放过。

企业发生重大或特大设备事故后，须按相关规定及时向上级管理部门报告。在处理完毕事故现场后一周内，提交设备事故报告（说明事故原因、事故损失，事故停产时间、事故责任分析和对事故责任者的处理意见等）。

对玩忽职守、违章指挥、违反设备操作、维护、检修规程（规范），造成设备事故的主要责任人，要根据情节轻重给予相应的行政处分，并可同时要求其赔偿部分经济损失。

### 十一、设备管理工作的量化考核

评价企业设备管理工作可从设备技术素质、设备管理技术指标和设备管理基础工作等方面进行量化考核，采用百分制对设备管理进行量化考核的方法见表5-1。

## 第三节　机械设备安装施工与验收

机械设备安装及验收须执行《机械设备安装工程施工及验收通用规范》(GB 50231—98）的规定。

矿井提升机、绞车、固定式带式输送机、板式输送机、垂直斗式提升机、螺旋输送机、辊子输送机、悬挂输送机、振动输送机、埋刮板输送机和架空索道等设备的安装施工及验收须执行《连续输送设备安装工程施工及验收规范》(GB 50270—98）的规定。

压缩机、风机、泵安装验收须执行《压缩机、风机、泵安装工程施工及验收规范》(GB 50275—98)。

给矿机、放矿机、筛分设备、分级和选别设备等的安装施工及验收须执行《选矿机械设备工程安装验收规范》(GB 50377—2006）的规定。

颚式破碎机、圆锥破碎机、旋回破碎机、锤式破碎机、辊式破碎机、球磨机、棒磨机和自磨机等设备的安装施工及验收须执行《破碎、粉磨设备安装工程施工及验收规范》(GB 50276—98）的规定。

电动葫芦和起重设备的安装、检修和验收执行国家《特种设备安全监察条例》和《起重设备安装工程施工及验收规范》(GB 50278—98）的规定。

以水为介质额定工作压力不大于2.5MPa，现场组装的固定式蒸汽锅炉和固定式承压热水锅炉的安装、检修和验收执行国家《特种设备安全监察条例》和《工业锅炉安装工程施工及验收规范》(GB 50273—98）的规定。

**表 5-1 设备管理量化考核表**

| 序号 | 考核内容 | 分值 | 评分标准 | 考核办法 | 考核得分 |
|---|---|---|---|---|---|
| 一 | 设备技术状况和利用情况 | 18 | | | |
| 1 | 主要设备完好率 | 8 | 主要设备完好率≥95%得8分；95%＞主要设备完好率≥90%，每降低一个百分点扣1分；主要设备完好率＜90%，每降低一个百分点扣0.5分，该项分扣完为止 | 考核时对主要设备的技术状况进行检查，以检查结果为考核依据 | |
| 2 | 选冶设备可利用率 | 5 | 选冶设备可利用率≥93%得5分；93%＞选冶设备可利用率≥90%，每降低一个百分点扣1分；选冶设备可利用率＜90%，每降低一个百分点扣0.5，该项分扣完为止 | 查设备记录及调度日志，计算出从元月至检查月累计的设备可利用率，作为考核依据 | |
| 3 | 选冶设备实际利用率 | 5 | 选冶设备实际利用率≥90%得5分；选冶设备实际利用率＜90%，每降低一个百分点扣0.5分，该项分扣完为止 | 查设备记录及调度日志，计算出从元月至检查月累计的设备实际利用率，作为考核依据 | |
| 二 | 技术装备水平 | 11 | | | |
| 1 | 设备技术水平 | 6 | 设备符合节能减排要求，无高耗能、高污染和应淘汰的设备，得6分；每存在一台国家或行业明令淘汰的高耗能、高污染设备扣1分，该项分值扣完为止 | 查看设备台账和实物。对照国家和行业有关规定进行考核 | |
| 2 | 采掘作业机械化水平 | 5 | 采、掘、运全部采用机械作业得5分，局部采用机械作业适当扣分 | 查看井下作业情况，根据机械化作业范围评分 | |
| 三 | 设备维护保养 | 18 | | | |

续表 5-1

| 序号 | 考核内容 | 分值 | 评分标准 | 考核办法 | 考核得分 |
|---|---|---|---|---|---|
| 1 | 设备及其运行场所整洁 | 6 | 设备本体清洁得3分，设备工作环境清洁得2分，工器具等摆放整齐得1分 | 查看设备及其运行场所 | |
| 2 | 设备润滑情况 | 8 | 按润滑管理的5定（定期、定量、定质、定点和定方法）对设备进行润滑，每项得1分；设备润滑状态良好得3分 | 查看设备及其工作现场，检查设备润滑记录 | |
| 3 | 其他 | 4 | 设备无跑、冒、滴、漏得2分，设备各部的调整、紧固和连接等正确得2分 | 查看设备及其工作现场 | |
| 四 | 设备预防性检修 | 10 | | | |
| 1 | 设备预防性检修计划和实施情况 | 6 | 有设备预防性检修（试验）计划得2分，认真执行检修计划得4分 | 查看设备检修计划、检修记录、电气设备预防性试验报告和调度日志等 | |
| 2 | 设备状态监测和故障诊断 | 4 | 采用便携式的温度、振动和声音等设备状态监测或诊断仪器、工具进行设备状态监测、诊断，得1分；重点生产设备采用在线的温度、压力和振动等设备状态监测仪器进行设备运行状态实时监测，并自动进行设备故障预警和事故保护，得2分；建立区域（或车间）设备运行状态监测和评价信息系统，进行设备运行状态监测、评价和事故保护，得1分 | 查看实物（状态监测仪器、工具）和检测记录 | |
| 五 | 设备管理基础工作 | 22 | | | |
| 1 | 设备管理统计报表 | 4 | 按时报送设备管理统计报表得2分，每延期一次扣除1分（最多扣2分）；统计报表准确得1分；建立设备统计报表台账得1分；不报统计报表该项不得分 | 查报录记录，查看企业统计台账 | |

续表 5-1

| 序号 | 考核内容 | 分值 | 评 分 标 准 | 考 核 办 法 | 考核得分 |
|---|---|---|---|---|---|
| 2 | 设备管理组织机构和人员 | 3 | 公司和车间（设备较多的车间）有分管设备的领导和分管设备的部门，重要设备有机台长（负责人），组织机构和人员齐全得 3 分，缺一个层次的主管设备领导或部门扣 1 分，扣完为止 | 查看企业组织机构和职责分工 | |
| 3 | 设备管理制度及设备维护检修技术规范 | 3 | 有设备管理制度得 1 分，认真执行设备管理制度得 1 分，有主要设备的维护检修技术规范得 1 分 | 查看企业设备管理制度、设备维护检修技术规范和设备检查记录等 | |
| 4 | 设备管理工具和方法 | 7 | 利用计算机辅助设备管理，有设备、备件等设备管理电子台账，得 4 分；利用网络技术实现设备管理信息共享得 2 分，利用设备管理软件进行设备管理得 1 分 | 查看企业设备管理的硬件设施、设备电子台账和软件应用情况等 | |
| 5 | 设备档案管理 | 2 | 有设备图纸、合格证等设备原始资料，设备及备件订货合同等归档及时完整，得 1 分；有重点设备的运行、检修记录和设备点检巡检记录得 1 分 | 查看企业设备技术资料和相关记录 | |
| 6 | 设备固定资产管理 | 3 | 有年度设备购置计划，购置重要设备进行经济技术论证，认真执行设备采购的有关规定，得 1 分；建立主要设备台账，并定期更新，得 1 分；定期（1 年）盘点设备固定资产，设备台账与实物相符，设备固定资产变更资料齐全，得 1 分 | 查看计划、会议记录、设备台账和出入库资料等，抽查实物 | |
| 六 | 备件管理 | 7 | | | |

续表 5-1

| 序号 | 考核内容 | 分值 | 评分标准 | 考核办法 | 考核得分 |
|---|---|---|---|---|---|
| 1 | 备件计划和管理 | 5 | 公司和（设备较多的）车间编制备件月计划和季度计划得 2 分；公司有月备件采购计划得 1 分；备件管理流程清楚，备件出入库手续完整，备件周转天数合理，得 1 分；跟踪管理重要（或批量）备件从订货至报废的全过程，有重要备件管理台账（跟踪记录），得 1 分 | 查看备件计划、备件周转天数等 | |
| 2 | 备件采购 | 2 | 大宗备件实行招标采购或比价采购得 1 分，备件质量可靠、价格合理得 1 分 | 查备件采购资料，了解备件质量情况 | |
| 七 | 设备管理考核 | 6 | 有设备管理考核办法得 1 分；开展设备管理考核活动，有考核记录和奖罚记录得 3 分；认真执行设备管理考核办法，得 2 分 | 查看设备管理考核办法、考核结果和记录 | |
| 八 | 特种设备和提升设备管理 | 5 | | | |
| 1 | 执行《特种设备安全监察条例》 | 2 | 有特种设备登记表、检验合格证书，特种设备档案齐全，得 1 分；按《特种设备安全监察条例》的规定检修特种设备得 1 分 | 查看特种设备登记表、档案和检修记录等 | |
| 2 | 设备技术状况 | 2 | 全部特种设备和提升设备完好得 1 分；设备保养状况好得 1 分；提升设备存在重大隐患该项不得分 | 查看实物 | |
| 3 | 设备的操作工持证上岗 | 1 | 特种设备和提升设备的操作工持证上岗得 1 分 | 抽查特种作业人员的证件 | |
| 九 | 设备和备件仓储管理 | 3 | 库存设备、备件账物相符、摆放规范、库房整洁得 2 分；库存设备、备件保养良好，无锈蚀变质，得 1 分 | 查看库房，抽查实物与保管账 | |
| 十 | 合　计 | 100 | | | |

竖井井筒装备安装施工及验收须执行《矿山井巷施工及验收规范》(GBJ 213—90)的规定。

设备基础的施工及验收须执行《钢筋混凝土工程施工及验收规范》(GBJ 204—83)的规定。基础应紧固、无裂纹、油浸及腐蚀等现象，其尺寸和位置偏差应符合表5-2的要求。

**表5-2　设备基础尺寸和位置的质量要求**

| 项次 | 项目 | | 允许偏差（mm） |
|---|---|---|---|
| 1 | 基础坐标位置（纵、横轴线） | | ±20 |
| 2 | 基础各不同平面的标高 | | +0<br>-20 |
| 3 | 基础上平面外形尺寸 | | ±20 |
| | 凸台上平面外形尺寸 | | -20 |
| | 凹穴尺寸 | | +20 |
| 4 | 基础上平面的不水平度（包括地坪上需安装设备部分） | 每米 | 5 |
| | | 全高 | 10 |
| 5 | 竖向偏差 | 每米 | 5 |
| | | 全高 | 20 |
| 6 | 预埋地脚螺栓 | 标高 | +20<br>-0 |
| | | 中心距（在根部和顶部测量） | ±2 |
| 7 | 预留地脚螺栓孔 | 中心位置 | ±10 |
| | | 深度 | ±20<br>-10 |
| | | 孔壁的铅垂度 | 10 |
| | 预埋地脚螺栓锚板 | 标高 | +20<br>-0 |
| | | 中心位置 | ±5 |
| | 不水平度（带槽的锚板） | | 5 |
| | 不水平度（带螺纹孔的锚板） | | 2 |

注：表5-2引自《钢筋混凝土工程施工及验收规范》(CBJ 204—83)。

设备吊装前，必须将设备底座底面的油污、泥土等脏物和地脚螺栓预留孔的杂物除去。灌浆处的基础或地坪表面应凿成麻面，被油沾污的混凝土应凿除，以保证灌浆质量。

设备上定位基准的面、线或点对安装基准线平面位置和标高允差，一般应符合表5-3的规定。

**表5-3 定位基准对安装基准的位置和标高允差表**

| 项次 | 项　　目 | 允许偏差（mm） | |
|---|---|---|---|
| | | 平面位置 | 标高 |
| 1 | 与其他设备无机械上的关系 | ±10 | +20<br>-10 |
| 2 | 与其他设备有机械上的关系 | ±2 | ±1 |

设备安装施工前，应编制施工组织设计；施工过程中应对每道工序进行检验和记录，并以此作为验收依据之一；施工结束应组织试车验收，将有关资料归档保存。

# 第四节　设备维护检修技术

## 一、设备维护检修总体规定

企业设备的维护检修须执行《金属非金属矿山安全规程》(GB 16423—2006）和《选矿安全规程》(GB 18152—2000）的规定，锅炉、起重设备等特种设备的维护检修须执行国家《特种设备安全监察条例》的规定。

企业应根据国家和行业的有关规定，结合本企业特点编制《企业主要设备维护检修技术规范》和《企业主要设备润滑技术规范》，规范样式可参照表5-4和表5-5。

**表5-4 竖井提升系统维护检修技术规范**

| 序　号 | 检查内容 | 标　准 | 周　期 | 责任人 |
|---|---|---|---|---|
| 一 | JKMD 2.25×4提升机主机 | | | |
| 1 | 主轴轴承温度 | <75℃ | 每班 | |
| 2 | 提升机各部声音 | 正常 | 每班 | |
| 3 | 液压油温度 | <65℃ | 每班 | |
| 4 | 减速机轴承温升 | <35℃ | 每班 | |
| 5 | 减速机润滑油温升 | <30℃ | 每班 | |
| 6 | 液压站各电磁阀 | 灵敏可靠 | 每班 | |
| 7 | 制动盘表面是否清洁 | 无油污 | 每班 | |
| 8 | 闸瓦与制动盘的间隙 | 1mm≤$\delta$<2mm | 每班 | |
| 9 | 每对制动器两侧闸瓦间隙之差 | <0.01mm | 一周 | |

续表 5-4

| 序号 | 检查内容 | 标准 | 周期 | 责任人 |
| --- | --- | --- | --- | --- |
| 10 | 制动摩擦片厚度 | >7mm | 一周 | |
| 11 | 液压油和润滑油的油位 | 在标定范围内 | 每班 | |
| 12 | 卷筒、制动装置、防过卷装置、限速器、传动装置、连接装置、天轮日常检查 | 无异常 | 每班 | |
| 13 | 卷筒、制动装置、防过卷装置、限速器、传动装置、连接装置、天轮周检查 | 无异常 | 一周 | |
| 14 | 卷筒、制动装置、防过卷装置、限速器、传动装置、连接装置、天轮详细检查 | 无异常 | 一个月 | |
| 15 | 测速传动装置 | | 一个月 | |
| 16 | 摩擦轮绳槽直径差 | <0.8mm | 一个月 | |
| 17 | 摩擦衬垫磨损量（检查绳槽深度）<2/3 厚度 | 49mm | 一个月 | |
| 18 | 天轮衬垫径向磨损量 | $<d$（22mm） | 一个月 | |
| 19 | 天轮衬垫侧向磨损量 | $<d/2$（11mm） | 一个月 | |
| 20 | 提升机各螺栓和紧固情况 | 按说明书 | 六个月 | |
| 21 | 液压站电液调压装置解体检修 | 正常 | 一年 | |
| 22 | 润滑站安全阀的整定压力 | 0.6MPa | 一年 | |
| 23 | 闸瓦接触面积 | >60% | 更换闸瓦后 | |
| 二 | 钢丝绳及其悬挂装置 | | | |
| 24 | 张力自动平衡装置的管路、接头、U型销是否松动、钢丝绳等日常检查 | 无异常 | 每天 | |
| 25 | 首绳一个捻距内的断丝数 | <5% | 一周 | |
| 26 | 首绳直径比开始使用时的缩小量 | <10% | 一周 | |
| 27 | 首绳捻距比开始使用时的延长量 | <0.5% | 一周 | |
| 28 | 钢丝绳外观检查 | 无严重锈蚀等 | 一周 | |
| 29 | 张力平衡装置油缸杆伸出量 | 不到极限 | 一周 | |
| 30 | 检查圆尾绳悬挂装置转动是否灵活 | 是 | 一周 | |
| 31 | 尾绳是否被水淹，是否有异物干扰尾绳 | 否 | 一周 | |

续表 5-4

| 序　号 | 检查内容 | 标　准 | 周　期 | 责任人 |
|---|---|---|---|---|
| 32 | 尾绳一个捻距内断丝数 | <10% | 一个月 | |
| 33 | 首绳及其悬挂装置详细检查 | 正常 | 一个月 | |
| 34 | 圆尾绳悬挂装置解体检查 | 正常 | 三个月 | |
| 35 | 悬挂装置承力件探伤检查 | 无裂纹 | 一年 | |
| 36 | 首绳检验 | 提升人员时大于7，提升物料时大于6 | 六个月 | |
| 三 | 井口设备、提升容器和平衡锤 | | | |
| 37 | 摇台起落是否平稳，有无松动左右摇摆现象 | 平稳 | 每班 | |
| 38 | 罐内阻车器分合是否灵活，有无卡住现象 | 无 | 每班 | |
| 39 | 井口操车设备的液压站油位、油温、油压情况，电动机、油泵声响是否异常 | 正常 | 每班 | |
| 40 | 阻车器、推车机、罐笼、罐耳、摇台、安全门等日常检查 | 无异常 | 每天 | |
| 41 | 摇台、阻车器、推车器、安全门和罐笼等详细检查 | 正常 | 一个月 | |
| 42 | 罐耳一侧的磨损量 | <8mm | 一个月 | |
| 四 | 井筒装备（木罐道） | | | |
| 43 | 井口、井底木罐道是否有裂纹和损伤 | 无 | 每天 | |
| 44 | 罐道与罐耳的间隙（每侧） | <10mm | 一个月 | |
| 45 | 罐道一侧的磨损量 | <15mm | 一个月 | |
| 46 | 罐道紧固螺丝是否松动，罐道是否损坏等及井筒检查 | 正常 | 一个月 | |
| 47 | 井底尾绳梁衬木磨损情况 | 不到极限 | 一周 | |
| 48 | 井架（天轮梁等）全面检查 | 正常 | 一年 | |
| 五 | 提升机交流电控系统及信号系统 | | | |
| 49 | 电控系统保护和连锁装置是否正常 | 正常 | 一周 | |
| 50 | 主电机电刷的磨损情况 | | 半个月 | |
| 51 | 清除滑环及电刷装置上的积尘沉积 | | 一周 | |

续表 5-4

| 序 号 | 检查内容 | 标 准 | 周 期 | 责任人 |
|---|---|---|---|---|
| 52 | 电缆、连接线是否有过热现象 | 否 | 每天 | |
| 53 | 测速发电机运行情况及输出电压变化情况 | 正常 | 一周 | |
| 54 | 各配电柜内元件动作是否正常 | 正常 | 一周 | |
| 55 | 清除各柜内积尘特别是高压柜积尘 | | 一个月 | |
| 56 | 低频柜工作情况 | 正常 | 每天 | |
| 57 | 各控制变压器工作情况 | | 一周 | |
| 58 | 换向柜真空接触器触头间隙及动作情况 | 正常 | 每天 | |
| 59 | 转子柜真空接触器触头间隙或晶闸管动作情况 | 正常 | 一周 | |
| 60 | 手闸电流变化是否正常及压力表动作情况 | 正常 | 一周 | |
| 61 | 光电编码器及深度指示器变化情况 | 正常 | 一周 | |
| 62 | 液压站、润滑站电动机运行情况 | 正常 | 两周 | |
| 63 | 信号系统指示灯及相关铃声是否正常 | 正常 | 每天 | |
| 64 | 井筒各停车点开关、过卷开关是否正常 | 正常 | 每天 | |
| 65 | 井口操车设备运行是否正常 | 正常 | 一周 | |
| 66 | 进线电源电压是否正常 | 正常 | 每天 | |
| 67 | 润滑站仪表盘和电控箱 | 正常 | 一个月 | |
| 68 | 过卷保护装置 | 灵敏可靠 | 一个月 | |
| 69 | 钢丝绳滑动监测装置 | 正常 | 一个月 | |

**表 5-5 竖井提升系统润滑技术规范**

| 序 号 | 润滑内容 | 油名称及标号 | 数量 | 周期（d） | 责任人 |
|---|---|---|---|---|---|
| 1 | 主轴装置及天轮主轴承清洗、换油 | 2 号或 3 号基脂 | | 180 | |
| 2 | 天轮轴瓦加油 | 2 号或 3 号基脂 | | 7 | |
| 3 | 液压站换油 | 22 号透平油 | | 365 | |
| 4 | 润滑站换油 | L-CKC220 闭式齿轮油 | | 365 | |

续表 5-5

| 序 号 | 润滑内容 | 油名称及标号 | 数量 | 周期（d） | 责任人 |
|---|---|---|---|---|---|
| 5 | 齿轮联轴器加油 | 硫化钼锂基脂和锯末 | | 30 | |
| 6 | 棒销联轴器加油 | 硫化钼润滑剂 | | 180 | |
| 7 | 电动机轴承 | 锂基脂 | | 365 | |
| 8 | 罐笼各销轴、轴承等 | 锂基脂 | | 7 | |
| 9 | 张力平衡装置各销轴等 | 锂基脂 | | 7 | |
| 10 | 张力平衡装置油缸换油 | V46 液压油 | | 90 | |
| 11 | 尾绳装置换油 | 2 号或 3 号基脂 | | 90 | |
| 12 | 提升机绳加油 | 戈培油 | | 90 | |
| 13 | 提升机尾绳加油 | 钢丝绳油 | | 90 | |
| 14 | 摇台轴承等加油 | 2 号或 3 号锂基脂 | | 7 | |
| 15 | 安全门轴承等加油 | 2 号或 3 号锂基脂 | | 7 | |
| 16 | 阻车器轴承销等加油 | 2 号或 3 号锂基脂 | | 7 | |
| 17 | 推车机轴承销等加油 | 2 号或 3 号锂基脂 | | 3 | |
| 18 | 推车机减速机换油 | V46 机械油 | | 365 | |

注：以 JKMD 2. 25 ×4 型提升机为例。

设备操作工、设备修理工和设备管理人员须按照各自的职责做好设备的维护保养、修理和管理工作，并做好相关记录。

设备修理与验收应参照《设备安装施工与验收技术规范》执行。

拆卸设备时，应测量被拆卸件的必要装配间隙和有关零部件的相对位置尺寸，并做出标记和记录；装配设备时，应先检查与零部件装配有关的外表形状和尺寸精度，确认符合要求后，方能进行装配；需要装配和清洗的零部件，应认真清洗洁净，并涂以适当的润滑剂。

## 二、螺栓的装配

螺栓的装配应符合下列要求：

（1）螺栓紧固时，宜采用梅花扳手或套筒扳手，不得使用打击法和超过螺栓使用应力。

（2）螺栓头和螺母与被连接件的接触应紧密，对接触面积和接触间隙有特殊要求的，应按技术要求进行检验。

（3）有预紧力要求的连接应按装配规定的预紧力进行预紧，可采用机械、液压拉伸法和加热法；钢制螺栓的加热温度不得超过400℃。

（4）螺栓与螺母拧紧后，螺栓应露出螺母2～4个螺距；沉头螺钉紧固后，钉头应埋入机件内，不得外露。

（5）有锁紧要求的，拧紧后应按其技术规定进行锁紧，用双螺母锁紧时，薄螺母应放在厚螺母之下；每个螺母下面不得用两个相同的垫圈。

（6）不锈钢、铜和铝等材质的螺栓装配时，应在螺纹部分涂抹润滑剂。

## 三、键和销的装配

键的装配应符合下列要求：

（1）键的表面应无裂纹、浮锈、凹痕、条痕及毛刺，键和键槽的表面粗糙度、平面度和尺寸在装配前均应检验。

（2）普通平键、导向键、薄型平键和半圆键的两个侧面与键槽应紧密接触，与轮毂键槽底面不接触。

（3）普通楔键和钩头楔键的上、下面应与轴和轮毂键槽的底面紧密接触。

（4）切向键的两斜面间以及键的侧面与轴和轮毂的工作面间，均应紧密接触，装配后相互位置应采用销固定。

销的装配应符合下列要求：

（1）销的形式和规格应符合规定，有关连接机件精度经调整符合要求、销孔的位置正确，方可装销。

（2）装销时不宜使销承受载荷，根据销的性质，宜选用相应的方式装入。

（3）对于定位精度要求高的销和销孔，装配前检查其接触面积，应符合设备技术文件的规定，若无规定时，其总接触面积应为50%～75%。

（4）装配中，发现销和销孔不符合要求时，应铰孔、另配新销；对定位精度要求高的销，应在设备的几何精度符合要求或空运转合格后进行装配。

## 四、联轴器的装配

联轴器的装配应符合下列要求：

（1）凸缘联轴节装配时，两个半联轴节端面间（包括半圆配合圈）应紧密接触，两轴心的径向位移不应超过0.03mm。

（2）十字滑块联轴节，挠性爪型联轴节装配时，其同轴度应符合表5-6的规定；十字滑块联轴节的端面间隙：当外形直径不大于190mm时，应为0.5～0.8mm；超过190mm时应为1～1.5mm。挠性爪型联轴节的端面间隙约为2mm。

表 5-6 十字滑块和挠性爪型联轴节两轴的同轴度

| 联轴节外形最大直径（mm） | 两轴的同轴度不应超过 | |
|---|---|---|
| | 径向位移（mm） | 倾 斜 |
| 105 ~ 260<br>290 ~ 500 | 0.05<br>0.10 | 0.2/1000 |

（3）蛇形弹簧联轴节装配时，其同轴度和端面间隙应符合表 5-7 的规定。

表 5-7 蛇形弹簧联轴节两轴的同轴度和端面间隙

| 联轴节外形最大直径（mm） | 两轴的同轴度不应超过 | | 端面间隙（mm） |
|---|---|---|---|
| | 径向位移（mm） | 倾 斜 | |
| ≤200 | 0.1 | 1.0/1000 | 1 ~ 4 |
| >200 ~ 400 | 0.2 | 1.0/1000 | 1.5 ~ 6 |
| >400 ~ 700 | 0.3 | 1.5/1000 | 2 ~ 8 |
| >700 ~ 1350 | 0.5 | 1.5/1000 | 2.5 ~ 10 |
| >1350 ~ 2500 | 0.7 | 2.0/1000 | 3 ~ 12 |

（4）齿轮联轴节装配时，两轴的同轴度和外齿轴套端面处的间隙应符合表 5-8 的规定。

表 5-8 齿轮联轴节两轴的同轴度和外齿轴套端面处的间隙

| 联轴节外形最大直径（mm） | 两轴的同轴度不应超过 | | 端面间隙（mm） |
|---|---|---|---|
| | 径向位移（mm） | 倾 斜 | |
| 170 ~ 185<br>220 ~ 250 | 0.30<br>0.45 | 0.5/1000 | 2 ~ 4 |
| 290 ~ 430 | 0.65 | 1.0/1000 | 5 ~ 7 |
| 490 ~ 590<br>680 ~ 780 | 0.90<br>1.20 | 1.5/1000 | 5 ~ 7<br>7 ~ 10 |
| 900 ~ 1100<br>1250 | 1.50<br>1.50 | 2.0/1000 | 10 ~ 13<br>15 ~ 18 |

（5）弹性圈柱销联轴节装配时，两轴的同轴度应符合表 5-9 的规定；两个半联轴节端面间的间隙应符合表 5-10 的规定，并不应小于实测的轴向窜动。

表 5-9　弹性圈柱销联轴节两轴的同轴度

| 联轴节外形最大直径（mm） | 两轴的同轴度不应超过 | |
|---|---|---|
| | 径向位移（mm） | 倾　斜 |
| 105～260 | 0.05 | |
| 290～500 | 0.10 | 0.2/1000 |

表 5-10　弹性圈柱销联轴节端面间隙

| 轴孔直径（mm） | 标准型 | | | 轻　型 | | |
|---|---|---|---|---|---|---|
| | 型号 | 外形最大直径（mm） | 间隙（mm） | 型号 | 外形最大直径（mm） | 间隙（mm） |
| 25～28 | B1 | 120 | 1～5 | Q1 | 105 | 1～4 |
| 30～38 | B2 | 140 | 1～5 | Q2 | 120 | 1～4 |
| 35～45 | B3 | 170 | 2～6 | Q3 | 145 | 1～4 |
| 40～55 | B4 | 190 | 2～6 | Q4 | 170 | 1～5 |
| 45～65 | B5 | 220 | 2～6 | Q5 | 200 | 1～5 |
| 50～75 | B6 | 260 | 2～8 | Q6 | 240 | 2～6 |
| 70～95 | B7 | 330 | 2～10 | Q7 | 250 | 2～6 |
| 80～120 | B8 | 410 | 2～12 | Q8 | 350 | 2～8 |
| 100～150 | B9 | 500 | 2～15 | Q9 | 440 | 2～10 |

（6）圆片摩擦离合器装配后，摩擦片组应能灵活地沿花键轴移动，在接合位置不应有打滑现象；在脱开位置不应有阻滞现象。

## 五、轴承的装配

滑动轴承的装配应符合下列要求：

（1）轴瓦（或轴套）与轴承座的接合面应紧密接触，不受力轴瓦的接触面积应不小于 40%，受力轴瓦的接触面积应不小于 50%，并应分布均匀。

（2）轴与受力轴瓦的接触角度一般应为 90°～120°，其接触面（在 25mm×25mm 面积内）研刮的接触点数应符合表 5-11 的要求。

表 5-11　轴瓦接触面研刮接触点数

| 机械类别 | 接触点数 | 机械类别 | 接触点数 |
|---|---|---|---|
| 重负荷和高速运转的机械 | 5～8 | 低速和间歇工作机械 | 2～4 |
| 中负荷和连续运转的机械 | 3～5 | | |

（3）轴颈与轴瓦的侧间隙一般应为顶间隙的 1/2～2/3，其顶间隙一般应为轴颈的 1‰～2‰，或符合表 5-12 规定的要求。

**表 5-12 滑动轴承顶间隙**

| 轴承类别 | | | | 轴的直径（mm） | | | | | | | |
|---|---|---|---|---|---|---|---|---|---|---|---|
| | | | | 18~30 | 大于 30~50 | 大于 50~80 | 大于 80~120 | 大于 120~180 | 大于 180~260 | 大于 260~360 | 大于 360~500 |
| 非主要传动轴轴承 | | 初间隙 | | 0.07 | 0.1 | 0.15 | 0.22 | 0.3 | 0.4 | 0.5 | 0.6 |
| | | 极限间隙 | | 0.25 | 0.35 | 0.5 | 0.8 | 1.2 | 1.6 | 2 | 2.4 |
| 主要传动轴轴承 | 低速传动的轴（小于1000 r/min）减速机和齿轮传动等的轴承 | 载荷小于 2.94MPa | 初间隙 | 0.04 | 0.05 | 0.06 | 0.07 | 0.08 | 0.1 | 0.12 | 0.14 |
| | | | 极限间隙 | 0.13 | 0.16 | 0.2 | 0.25 | 0.3 | 0.4 | 0.5 | 0.6 |
| | | 载荷大于 2.94MPa | 初间隙 | 0.02 | 0.03 | 0.04 | 0.05 | 0.06 | 0.07 | 0.08 | 0.1 |
| | | | 极限间隙 | 0.07 | 0.09 | 0.12 | 0.15 | 0.2 | 0.25 | 0.3 | 0.36 |
| | 高速传动的轴（大于1000 r/min）齿轮传动离心泵和皮带传动的轴承 | 载荷小于 2.94MPa | 初间隙 | — | — | 0.25~0.30 | 0.30~0.35 | 0.35~0.45 | 0.45~0.60 | 0.60~0.70 | 0.70~0.80 |
| | | | 极限间隙 | — | — | 0.90~1.20 | 1.20~1.40 | 1.40~1.30 | 1.80~2.30 | 2.30~2.50 | 2.50~2.80 |
| | | 载荷大于 2.94MPa | 初间隙 | — | — | 0.10~0.15 | 0.15~0.20 | 0.20~0.25 | 0.25~0.35 | 0.35~0.45 | 0.45~0.55 |
| | | | 极限间隙 | — | — | 0.35~0.50 | 0.50~0.70 | 0.75~0.90 | 0.90~1.40 | 1.40~1.80 | 1.80~2.2 |
| | 空压机轴承等 | | 初间隙 | — | — | 0.07~0.08 | 0.09~0.11 | 0.13~0.15 | 0.15~0.20 | 0.23~0.26 | 0.28~0.42 |
| | | | 极限间隙 | — | — | 0.25~0.30 | 0.30~0.40 | 0.45~0.55 | 0.55~0.70 | 0.80~0.90 | 1.00~1.40 |
| | 轴套 | | 初间隙 | 0.05 | 0.06 | 0.07 | 0.8 | — | — | — | — |
| | | | 极限间隙 | 0.16 | 0.2 | 0.25 | 0.3 | — | — | — | — |

（4）固定端轴承与两端轴肩间的轴向间隙之和不应大于0.15～0.20mm；自由端轴承与轴肩间的间隙不得小于热膨胀的伸长量。

（5）轴瓦合缝处放置垫片时，两边垫片的总厚度应相等，垫片不应与轴接触，其宽度应小于瓦口面1～2mm，长度小于瓦口面1mm。

（6）含油轴套装入轴承座时，轴套端部应均匀受力，并不得直接敲打轴套。轴套与轴颈间的间隙一般应为轴颈直径的0.1%～0.2%。

（7）尼龙轴套与轴颈间的间隙，一般应为轴颈直径的0.5%～0.6%，装配时应涂以较多的润滑脂。

滚动轴承的装配应符合下列要求：

（1）装配滚动轴承前，应按轴承的防锈方式选择适当的清洗清洁方法；检查轴承的状况，应无损伤、无锈蚀、转动灵活无异常声音；测量轴承的配合尺寸，选择适当的装配方法。

（2）滚动轴承装在对开式轴承座上时，轴承盖与轴承底座的接合面应无间隙；轴承外圈与轴承座两侧间为防止卡紧而留出楔形间隙的宽度及深度，一般应符合表5-13的规定。

**表5-13 滚动轴承与对开式轴承座间的楔形间隙**

| 轴承外径（mm） | 宽度（mm） | 深度（mm） |
|---|---|---|
| ≤120 | 0.10 | 10 |
| >120～260 | 0.15 | 15 |
| >260～400 | 0.20 | 20 |
| >400 | 0.25 | 30 |

（3）装配滚动轴承时，用热油加热轴承、油温不应超过100℃；轴承与轴肩或轴承座挡间应紧靠，轴承盖与垫圈必须平整，并均匀地紧贴在轴承端面上。如设备技术文件规定有间隙，应按规定留出。

（4）装配轴两端用径向间隙不可调整、且轴的轴向位移是以两端盖限定的向心轴承时，应留出间隙，当设备技术文件无规定时，留出间隙可取0.2～0.4mm，当温差变化较大或两轴承中心距大于500mm时，其留出的间隙可按式（5-1）计算：

$$C = L\alpha\Delta t + 0.15 \tag{5-1}$$

式中 $C$——轴承端面与端盖间的间隙，mm；

$\Delta t$——轴工作温度和环境温度最大可能的差值，℃；

$L$——两轴承中心距，mm；

$\alpha$——轴材料的线膨胀系数。

（5）各种可调整间隙的轴承，其轴向间隙值应符合表5-14～表5-17的规定。

表 5-14　单列径向止推滚珠轴承（6000）之轴向游隙

| 轴承内圈内径（mm） | 轴向间隙（mm） | |
|---|---|---|
| | 轻　型 | 中型、重型 |
| 30 以下 | 0.02～0.06 | 0.03～0.09 |
| ＞30～50 | 0.03～0.09 | 0.04～0.10 |
| ＞50～80 | 0.04～0.10 | 0.05～0.12 |
| ＞80～120 | 0.05～0.12 | 0.06～0.15 |

表 5-15　单列径向止推圆锥滚子轴承（7000）之轴向游隙

| 轴承内圈内径（mm） | 轴向间隙（mm） | |
|---|---|---|
| | 轻　型 | 中型、重型 |
| 30 以下 | 0.03～0.09 | 0.04～0.10 |
| ＞30～50 | 0.04～0.10 | 0.05～0.12 |
| ＞50～80 | 0.05～0.12 | 0.06～0.14 |
| ＞80～120 | 0.06～0.15 | 0.07～0.17 |

表 5-16　双列径向止推圆锥滚子轴承（37000）之轴向游隙

| 轴承内圈内径（mm） | 轴向间隙（mm） | |
|---|---|---|
| | 一般情况 | 内圈温度比外圈温度高 25～30℃时 |
| 80 以下 | 0.10～0.20 | 0.30～0.40 |
| ＞80～180 | 0.15～0.25 | 0.40～0.50 |
| ＞180～225 | 0.20～0.30 | 0.50～0.60 |
| ＞225～315 | 0.30～0.40 | 0.70～0.80 |
| ＞315～560 | 0.40～0.50 | 0.90～1.00 |

表 5-17　双列止推滚珠轴承（38000）之轴向游隙

| 轴承内圈内径（mm） | 轴向间隙（mm） | |
|---|---|---|
| | 轻　型 | 中型、重型 |
| 30 以下 | 0.03～0.08 | 0.05～0.11 |
| ＞30～50 | 0.04～0.10 | 0.06～0.12 |
| ＞50～80 | 0.05～0.12 | 0.07～0.14 |
| ＞80～120 | 0.06～0.15 | 0.10～0.18 |

注：轴承精确的间隙必须经过计算确定。

## 六、齿轮、蜗轮与蜗杆的装配

齿轮、蜗轮与蜗杆的装配应符合下列要求：

（1）用着色法检查传动齿轮啮合的接触斑点时，应将颜色涂在小齿轮（或蜗杆）上，在轻微制动条件下，用小齿轮驱动大齿轮，使大齿轮转动 3～4 圈，圆柱齿轮和蜗轮的接触斑点应趋于齿侧面的中部，圆锥齿轮的接触斑点应趋于齿侧面的中部并接近小端。其接触斑点百分值应符合表 5-18 和表 5-19 的规定。

**表 5-18　接触斑点百分值**

| 齿轮类别 | 测量部位 | 精度等级 | | | | | | | | |
|---|---|---|---|---|---|---|---|---|---|---|
| | | 3 | 4 | 5 | 6 | 7 | 8 | 9 | 10 | 11 |
| | | 接触面百分值不应小于 | | | | | | | | |
| 圆柱齿轮（渐开线齿形） | 齿高 | 65 | 60 | 55 | 50 | 45 | 40 | 30 | 25 | 20 |
| | 齿长 | 95 | 90 | 80 | 70 | 60 | 50 | 40 | 30 | 25 |
| 圆柱齿轮（圆弧齿形） | 齿高 | | | | 70 | 65 | 60 | 50 | | |
| | 齿长 | | | | 90 | 85 | 80 | 75 | | |
| 圆锥齿轮 | 齿高 | | | 75 | 70 | 60 | 50 | 40 | 30 | 30 |
| | 齿长 | | | 75 | 70 | 60 | 50 | 40 | 30 | 30 |

**表 5-19　接触斑点百分值**

| 齿轮类别 | 测量部位 | 精度等级 | | | | | | | | |
|---|---|---|---|---|---|---|---|---|---|---|
| | | 3 | 4 | 5 | 6 | 7 | 8 | 9 | 10 | 11 |
| | | 接触面百分值不应小于 | | | | | | | | |
| 圆柱蜗杆 | 运动传动 | 齿高 | 60 | 60 | 60 | 50 | | | | |
| | | 齿长 | 75 | 75 | 75 | 60 | | | | |
| | 动力传动 | 齿高 | | | 60 | 60 | 60 | 50 | 30 | |
| | | 齿长 | | | 75 | 70 | 65 | 50 | 35 | |

（2）圆柱、圆锥齿轮啮合侧间隙，应符合表 5-20 和表 5-21 的规定。蜗轮蜗杆啮合侧间隙应符合表 5-22 的规定。

**表 5-20　圆柱齿轮的侧间隙**

| 精度等级 | | 模数 | 两齿轮的中心距（mm） | | | | | | | | | | | |
|---|---|---|---|---|---|---|---|---|---|---|---|---|---|---|
| | | | 300 以下 | | 大于 300～500 | | 大于 500～1000 | | 大于 1000～1600 | | 大于 1600～2000 | | 大于 1400 | |
| | | | 侧间隙 | | | | | | | | | | | |
| 旧标准 | 新标准 | | 最小 | 最大 | 最小 | 最大 | 最小 | 最大 | 最小 | 最大 | 最小 | 最大 | 最小 | 最大 |
| Ⅱ | 7 | 10 以下 | 0.1 | 0.5 | 0.2 | 0.6 | 0.2 | 0.75 | 0.3 | 1 | | | | |
| | | ＞10 | 0.2 | 0.7 | 0.2 | 0.9 | 0.3 | 1 | 0.4 | 1.3 | 0.4 | 1.5 | | |

续表 5-20

| 精度等级 | | 模数 | 两齿轮的中心距（mm） | | | | | | | | | | | |
|---|---|---|---|---|---|---|---|---|---|---|---|---|---|---|
| | | | 300 以下 | | 大于<br>300~500 | | 大于<br>500~1000 | | 大于<br>1000~1600 | | 大于<br>1600~2000 | | 大于<br>1400 | |
| 旧标准 | 新标准 | | 侧 间 隙 | | | | | | | | | | | |
| | | | 最小 | 最大 | 最小 | 最大 | 最小 | 最大 | 最小 | 最大 | 最小 | 最大 | 最小 | 最大 |
| Ⅲ | 8 | 10 以下 | 0.2 | 0.7 | 0.2 | 0.9 | 0.3 | 1.2 | 0.3 | 1.5 | | | | |
| | | >10~24 | 0.2 | 1 | 0.3 | 1.2 | 0.3 | 1.45 | 0.4 | 1.6 | 0.5 | 2 | | |
| | | >24 | | | 0.3 | 1.45 | 0.4 | 1.7 | 0.5 | 2 | 0.6 | 2 | 0.7 | 2.7 |
| Ⅳ | 9 | 24 以下 | 0.3 | 2 | 0.4 | 2.2 | 0.5 | 2.6 | 0.6 | 3 | 0.8 | 2.9 | 1 | 4 |
| | | >24 | | | | | 0.7 | 3.3 | 0.9 | 3.8 | 1.2 | 4.4 | 1.4 | 5.2 |

**表 5-21 圆锥齿轮的侧间隙**

| 精度等级 | | 模 数 | 侧间隙（mm） | |
|---|---|---|---|---|
| 旧标准 | 新标准 | | 最小 | 最大 |
| Ⅲ | 8 | <5 | 0.02 | 0.75 |
| | | >5~10 | 0.25 | 0.85 |
| | | >10 | 0.30 | 0.90 |
| Ⅳ | 9 | <10 | 1.30 | 2.10 |
| | | >10~16 | 0.40 | 3.20 |
| | | >16 | 0.50 | 1.40 |

**表 5-22 圆柱蜗杆侧间隙**

| 精度等级 | 中心距离（mm） | 最小间隙（mm） | 最大间隙（mm） | | | | | |
|---|---|---|---|---|---|---|---|---|
| | | | 模 数 | | | | | |
| | | | 1~2.25 | 2.25~4 | 4~6 | 6~10 | 10~14 | 14~20 |
| 5~6 | 25~75 | 0.04 | 0.18 | 0.2 | 0.22 | 0.24 | — | — |
| | 75~150 | 0.06 | 0.2 | 0.22 | 0.25 | 0.28 | — | — |
| | 150~300 | 0.09 | 0.24 | 0.26 | 0.3 | 0.34 | — | — |
| | 300~500 | 0.14 | 0.3 | 0.34 | 0.36 | 0.4 | — | — |
| | 500~800 | 0.22 | — | 0.4 | 0.45 | 0.45 | — | — |
| | 800~1150 | 0.3 | — | — | — | 0.55 | — | — |
| 7 | 25~75 | 0.06 | 0.28 | 0.32 | 0.4 | 0.55 | — | — |
| | 75~150 | 0.09 | 0.32 | 0.38 | 0.45 | 0.6 | 0.75 | 0.95 |
| | 150~300 | 0.15 | 0.38 | 0.45 | 0.55 | 0.65 | 0.8 | 1 |
| | 300~500 | 0.24 | 0.45 | 0.59 | 0.6 | 0.7 | 0.9 | 1.1 |
| | 500~800 | 0.35 | — | 0.65 | 0.7 | 0.8 | 1 | 1.2 |
| | 800~1156 | 0.5 | — | — | — | 1 | 1.1 | 1.4 |

续表 5-22

| 精度等级 | 中心距离（mm） | 最小间隙（mm） | 最大间隙（mm） | | | | | |
|---|---|---|---|---|---|---|---|---|
| | | | 模 数 | | | | | |
| | | | 1~2.25 | 2.25~4 | 4~6 | 6~10 | 10~14 | 14~20 |
| 8 | 25~75 | 0.07 | 0.4 | 0.45 | 0.55 | 0.66 | — | — |
| | 75~150 | 0.1 | 0.45 | 0.55 | 0.6 | 0.7 | 0.8 | 0.9 |
| | 150~300 | 0.16 | 0.5 | 0.6 | 0.7 | 0.8 | 0.9 | 1 |
| | 300~500 | 0.24 | 0.6 | 0.7 | 0.8 | 0.9 | 1 | 1.2 |
| | 500~800 | 0.36 | — | 0.85 | 0.95 | 1.1 | 1.2 | 1.4 |
| | 800~1150 | 0.5 | — | — | — | 1.3 | 1.4 | 1.6 |
| 9 | 25~75 | 0.07 | — | 0.55 | 0.6 | 0.7 | — | — |
| | 75~150 | 0.09 | — | 0.6 | 0.65 | 0.75 | 0.85 | 0.9 |
| | 150~300 | 0.12 | — | 0.7 | 0.75 | 0.85 | 0.95 | 1.1 |
| | 300~500 | 0.18 | — | 0.80 | 0.85 | 0.95 | 1.1 | 1.3 |
| | 500~800 | 0.24 | — | 0.90 | 1 | 1.1 | 1.2 | 1.4 |
| | 800~1150 | 0.32 | — | — | — | 1.3 | 1.5 | 1.7 |

## 七、皮带和链条的装配

皮带和链条的装配应符合下列要求：

（1）两轮的轮宽中央平面应在同一平面上（指两轴系平行者），其偏移，三角皮带轮或链条轮不应超过1mm，平皮带轮不应超过1.5mm。

（2）两轴的平行度不应超过0.5‰，偏移和平行度的检查，宜以轮的边缘为基准。

（3）链轮与链条装配前应清洁，主动链轮与被动链轮齿的中心线应重合，其偏差不得大于两链轮中心距的2/1000；链条工作边拉紧时，非工作边的驰垂度应符合设计规定，当无规定，且轮链条与水平线夹角小于60°时，可按两链轮中心距的1%~4.5%调整。

## 八、过盈配合件的装配

过盈配合（含过渡配合）件的装配应符合下列要求：

（1）过盈配合件装配前，应测量孔与轴配合部分两端和中间的尺寸及进入端倒角角度与尺寸，每处在同一径向平面上互成90°位置各测一次，每一装配件所测6个直径的平均值与每处所测直径的偏差不得超过0.05mm。根据实测的平均值和技术要求选择装配方法。

（2）横向过盈连接的装配宜采用温差法，过盈配合件加热时，温度上升应缓慢均匀，不得产生局部过热；加热装配后，应检查装配件相互位置是否符合设备技术文件的规定；冷却应均匀，防止局部冷却过快。

（3）未经热处理的装配件的加热温度不得超过400℃；经过热处理的件，其装配温度应小于回火温度。热装配的最小间隙可按表5-23选取，加热温度可按式（5-2）计算：

$$t_r = (Y_{max} + \Delta)/\alpha_2 d + t \quad (5\text{-}2)$$

式中 $t_r$——包容件加热温度,℃；

$Y_{max}$——实际测得的最大过盈值，mm；

$\Delta$——装配所需的最小间隙见表5-22，mm；

$t$——室温,℃；

$d$——配合直径，mm；

$\alpha_2$——被加热件线膨胀系数（$\times 10^{-6}$）,℃；

注：碳素钢加热温度不应超过400℃。

**表5-23 加热装配最小间隙**

| 零件质量（kg） | 被加热件直径（mm） | | | | |
|---|---|---|---|---|---|
| | 80～120 | >120～180 | >180～260 | >260～360 | >360～500 |
| | 最小间隙（mm） | | | | |
| ≤16 | | 0.06 | 0.07 | | |
| >16～50 | 0.05 | 0.09 | 0.10 | 0.12 | |
| >50～100 | 0.07 | 0.15 | 0.17 | 0.20 | 0.24 |
| >100～500 | 0.12 | 0.20 | 0.24 | 0.28 | 0.32 |
| >500～1000 | 0.17 | 0.23 | 0.27 | 0.31 | 0.36 |
| >1000 | | | 0.30 | 0.36 | 0.40 |

## 九、密封件的装配

密封件的装配应符合下列要求：

（1）使用密封胶时，应将结合面上的油污、水分、铁锈及其他污物清除干净。

（2）压装填料密封件时，应将填料圈的接口切成45°的剖口，相邻两圈的切口应错开90°以上。填料圈不宜压得过紧，压盖的压力应沿圆周均匀分布。

（3）油封装配时，应在油封唇部及轴面涂润滑剂；油封装配方向是，使介质工作压力把油封唇部压紧在轴上，不得装反，油封唇部应无损伤；油封在壳体内应可靠地固定，不得有轴向移动或转动现象。

（4）装配“O”型密封圈时，密封圈不得有扭曲和损伤；应正确选择预压量；当橡胶密封圈用于固定密封和法兰密封时，其预压量为橡胶圆条直径的20%～25%；当用于运动密封时，其预压量宜为橡胶圆条直径的10%～15%。

（5）装配V型、Y型和U型密封圈时，支承环、密封坏和压环应组装正确，其凹槽应对着压力高的一侧，唇力不得损伤，且不宜压得过紧。

（6）压装油浸石棉盘根时，第一圈和最后一圈宜采用干石棉盘根，防止油渗出；压装铝箔包石棉盘根，应在盘根内缘涂一层用润滑油脂调和的鳞状石墨粉。

（7）装配防尘节流环密封、防尘迷宫密封时，防尘节流环间隙、防尘迷宫缝隙内一般应填满润滑脂（气封除外），密封缝隙应均匀。

## 十、润滑、液压管路的装配

润滑、液压管路的装配应符合下列要求：

（1）管道的排列应符合设计要求，达到横平竖直，布置合理整齐；并列交叉的压力管路，其管壁之间应有适当的间距，防止振动干扰；弯管的弯曲半径一般应大于3倍管子外径，椭圆度不应超过原管径的10%；管接头螺纹部分的密封填料，可用聚四氟乙烯、硝基酸基漆、虫胶漆或铅油麻丝，低压法兰密封可用耐油橡胶板等垫片。

（2）吸油管应尽量短、减少弯曲，吸油高度应根据泵的类型决定，一般不应超过500mm；油管应连接紧密，不应漏气，吸油口应深入油面下，并离油箱底面一定距离。

（3）液压系统的回油管应伸到油面下，管口宜为斜口，并朝向箱壁，使回油平稳；水平回油管的坡度应为3/1000～5/1000。

（4）软管的安装应避免急弯，外径大于30mm的软管，其最小弯曲半径不应小于管子外径的9倍；外径小于30mm的软管，其最小弯曲半径不得小于管子外径的7倍；软管与管接头的连接处，应有一直线段过渡，其长度不应小于管子直径的6倍；软管在静止或随机移动时，均不得有扭转和变形现象；当软管长度过长或受急剧振动时，宜用管夹固定，高压软管宜少用管卡；当软管自重会引起过大变形时，应设支托架或按其自垂位置安装；软管的长度除满足弯曲半径和移动行程外，尚应留有4%的余量；软管相互间以及同其他物之间不得摩擦，多根软管宜平行排列，并无交缠扭转现象；软管靠近热源时，应有隔热措施；经常随部件移动的软管，与支架、设备边角和其他管路的接触处，应采取防护措施，防止磨损破裂。

## 十一、液压系统管路压力试验要求

液压系统管路装配后，应进行压力试验，试验压力的选择按表5-24；系统中的油（液）马达、伺服阀、比例阀、压力传感器、压力继电器和蓄能器等，均不得参与试压；试压时应缓慢升压至规定值，当达到试验压力后，保持10min，然后降至公称压力，检查管路、接口和密封处等，均不得有渗漏和裂纹现象。

表5-24 液压管路试验压力

| 系统公称压力p(MPa) | ≤16 | 16～31.5 | >31.5 |
|---|---|---|---|
| 试验压力（MPa） | 1.5p | 1.25p | 1.15p |

## 第五节 设备零件失效的参考标准

轴类零件有下列情况之一者，应视为失效，需进行修复或更换：

（1）轴与轮、联轴器、滚动轴承以及其他配合件的配合发生松动，或键槽损坏。

（2）轴颈（与滑动轴承配合处）磨损量达到原直径的5%。

（3）轴产生弯曲和扭转变形等，不能保证有效传递动力或传动精度。

（4）重要设备的轴产生裂纹、可能危及设备或人身安全（如提升机轴、车辆轴等)。

滑动轴承有下列情况之一者，应视为失效，需进行修复或更换：

（1）滑动轴承瓦衬层磨损，导致轴承配合间隙超过最大允许间隙。

（2）滑动轴承瓦衬磨损超过原厚度的1/3～1/2时，应更换轴瓦。

（3）滑动轴承瓦衬层松脱、开裂或有严重沟槽。

（4）滑动轴瓦体变形或圆度偏差超过其外径的0.2%～0.3%。

（5）轴套磨损超过原厚度10%～20%，以及发生转动、窜动、破裂、严重沟槽时。

（6）滑动轴承磨损后，不能保证设备的精度要求时。

滚动轴承有下列情况之一者，应视为失效，需进行更换：

（1）滚动轴承产生表面剥落、刮伤、斑痕、裂纹或变形。

（2）轴承架损坏，滚动体卡住或工作时发出异常声音。

（3）滚动轴承磨损至不能保证设备的精度要求时。

齿轮有下列情况之一者，应视为失效，需进行修复或更换：

（1）开式或低速传动齿轮，齿面磨损超过齿厚的30%或0.5模数时；中速或闭式传动齿轮，齿面磨损超过齿厚的20%或0.3模数时，应更换（部分大齿轮可进行翻面)。

（2）齿轮发生折齿时，应进行镶补，当不能修复或修复后不能保证运行效果时，应更换。

（3）齿面发生剥落、斑坑部分已超过齿面面积的45%以上时，宜将其更换。

（4）齿轮轮缘变形，径向和端面跳动超过最大允许值时，应修理或更换。

（5）齿轮有裂纹或轴孔、键槽损坏应修理或更换。

（6）在非重要部位的低速、轻载的齿轮发生折齿，数量在三个以下，且不连续时，允许镶补。

闸轮与闸带有下列情况之一者，应视为失效，需进行修复或更换：

（1）闸轮表面产生明显沟痕，应更换或进行车削处理，但总车削量一般不宜超过原有轮缘厚度的30%。

（2）轮缘有裂纹或损坏时，应更换。

（3）闸带裂纹或其挂耳磨损时，应更换。

（4）闸皮厚度磨损量，达到原有厚度的25%时应进行更换（避免摩擦铆钉）。

弹性柱销联轴器的柱销孔，磨损超过原直径的8%，或与轴颈配合发生松动、轴孔磨出沟槽、键槽损坏以及外缘损伤严重，应修复或更换。

## 第六节　电气设备安装、验收与维护检修

### 一、电缆线路安装

本节内容适用于500kV及以下电力电缆、控制电缆线路安装工程的施工及验收。

电缆线路的安装应按已批准的设计进行施工。

电缆及其附件的运输、保管，应符合本节内容要求，并应符合产品的特殊要求。

电缆及其附件在安装前的保管，其保管期限应为一年及以下。当需长期保管时，应符合设备保管的专门规定。

采用的电缆及附件，均应符合国家现行技术规范的规定，并应有合格证件。设备应有铭牌。

施工中的安全技术措施，应符合本节内容及现行有关安全技术规范及产品的技术文件的规定。对重要的施工项目或工序，尚应事先制定安全技术措施。

电缆线路的施工及验收，除按本节内容的规定执行外，尚应符合国家现行的有关规范的规定。

#### （一）电缆线路安装前的准备工作

与电缆线路安装有关的建筑工程的施工应符合下列要求：

（1）与电缆线路安装有关的建筑物、构筑物的建筑工程质量，应符合国家现行的建筑工程施工及验收规范中的有关规定。

（2）电缆线路安装前，建筑工程应具备的条件。

1）预埋件符合设计，安置牢固；

2）电缆沟、隧道、竖井及人孔等处的地坪及抹面工作结束；

3）电缆层、电缆沟、隧道等处的施工临时设施、模板及建筑废料等清理干净、施工用道路畅通，盖板齐全；

4）电缆线路敷设后，不能再进行的建筑工程工作应结束；

5）电缆沟排水畅通，电缆室的门窗安装完毕。

（3）电缆线路安装完毕后投入运行前，建筑工程应完成由于预埋件补遗、开孔、扩孔等需要而造成的建筑工程修饰工作。可靠的预防鼠害的措施必须完成。

电缆及其附件安装用的钢制紧固件、除地脚螺栓外，应用热镀锌制品。

对有抗干扰要求的电缆线路，应按设计要求采取抗干扰措施。

在运输装卸过程中，不应使电缆及电缆盘受到损伤。严禁将电缆盘直接由车上推下。电缆盘不应平放运输、平放储存。

运输或滚动电缆盘前，必须保证电缆盘牢固，电缆绕紧。充油电缆至压力油箱间的油管应固定，不得损伤。压力油箱应牢固，压力指示应符合要求。滚动时必须顺着电缆盘上的箭头指示或电缆的缠紧方向。

电缆及其附件到达现场后，应按下列要求及时进行检查：

（1）产品的技术文件应齐全。

（2）电缆型号、规格、长度应符合订货要求，附件应齐全；电缆外观不应受损。

（3）电缆封端应严密。当外观检查有怀疑时，应进行受潮判断或试验。

（4）充油电缆的压力油箱、油管、阀门和压力表应符合要求且完好无损。

电缆及其有关材料如不立即安装，应按下列要求储存：

（1）电缆应集中分类存放，并应标明型号、电压、规格、长度。电缆盘之间应有通道。地基应坚实，当受条件限制时，盘下应加垫，存放处不得积水。

（2）电缆终端瓷套在储存时，应有防止受机械损伤的措施。

（3）电缆附件的绝缘材料的防潮包装应密封良好，并应根据材料性能和保管要求储存和保管。

（4）防火涂料、包带、堵料等防火材料，应根据材料性能和保管要求储存和保管。

（5）电缆桥架应分类保管，不得因受力变形。

电缆在保管期间，电缆盘及包装应完好，标志应齐全，封端应严密。当有缺陷时，应及时处理。

充油电缆应经常检查油压，并做记录，油压不得降至最低值。当油压降至零或出现真空时，应及时处理。

### （二）电缆管的安装

电缆管不应有穿孔、裂缝和显著的凹凸不平，内壁应光滑。金属电缆管不应有严重锈蚀。硬质塑料管不得用在温度过高或过低的场所。在易受机械损伤的地方和在受力较大处直埋时，应采用足够强度的管材。

电缆管的加工应符合下列要求：

（1）管口应无毛刺和尖锐棱角，管口宜做成喇叭形。

（2）电缆管在弯制后，不应有裂缝和显著的凹瘪现象，其弯扁程度不宜大于管子外径的10%；电缆管的弯曲半径不应小于所穿入电缆的最小允许弯曲半径。

（3）金属电缆管应在外表涂防腐漆或涂沥青，镀锌管锌层剥落处也应涂以防腐漆。

电缆管的内径与电缆外径之比不得小于1.5；混凝土管、陶土管、石棉水泥管除应满足上述要求外，其内径尚不宜小于100mm。

每根电缆管的弯头不应超过3个，直角弯不应超过2个。

电缆管明敷时应符合下列要求：

（1）电缆管应安装牢固；电缆管支持点间的距离，当设计无规定时，不宜超过3m。

（2）当塑料管的直线长度超过30m时，宜加装伸缩节。

电缆管的连接应符合下列要求：

（1）金属电缆管连接应牢固，密封应良好，两管口应对准。套接的短套管或带螺纹的管接头的长度，不应小于电缆管外径的2.2倍。金属电缆管不宜直接对焊。

（2）硬质塑料管在套接或插接时，其插入深度宜为管子内径的1.1～1.8倍。在插接面上应涂以胶合剂粘牢密封；采用套接时套管两端应封焊。

引至设备的电缆管管口位置，应便于与设备连接并不妨碍设备拆装和进出。并列敷设的电缆管管口应排列整齐。

利用电缆的保护钢管作接地线时，应先焊好接地线；有螺纹的管接头处，应用跳线焊接，再敷设电缆。

敷设混凝土、陶土、石棉水泥等电缆管时，其地基应坚实、平整，不应有沉陷。电缆管的敷设应符合下列要求：

（1）电缆管的埋设深度不应小于0.7m；在人行道下面敷设时，不应小于0.5m。

（2）电缆管应有不小于0.1%的排水坡度。

（3）电缆管连接时，管孔应对准，接缝应严密，不得有地下水和泥浆渗入。

### （三）电缆支架的安装

电缆支架的加工应符合下列要求：

（1）钢材应平直，无明显扭曲。下料误差应在5mm范围内，切口应无卷边、毛刺。

（2）支架应焊接牢固，无显著变形。各横撑间的垂直净距与设计偏差不应大于5mm。

(3) 金属电缆支架必须进行防腐处理。位于湿热、盐雾以及有化学腐蚀地区时，应根据设计作特殊的防腐处理。

电缆支架的层间允许最小距离，当设计无规定时，可采用表5-25所示的规定。但层间净距不应小于两倍电缆外径加10mm，35kV及以上高压电缆不应小于2倍电缆外径加50mm。

**表5-25 电缆支架的层间垂直距离允许最小距离值**（mm）

| 电缆类型和敷设特征 | 支（吊）架 | 桥　架 |
|---|---|---|
| 控制电缆 | 120 | 200 |
| 10kV及以下（除6～10kV交联聚乙烯绝缘外） | 150～200 | 250 |
| 6～10kV交联聚乙烯绝缘 | 200～250 | 300 |
| 35kV单芯 | 200～250 | 300 |
| 35kV三芯 | 300 | 350 |
| 110kV及以上 | 每层多于1根300，每层1根250 | 350 电力电缆300 |
| 电缆敷设于槽盒内 | $h+80$ | $h+100$ |

注：$h$表示槽盒外壳高度。

电缆支架应安装牢固，横平竖直，托架支吊架的固定方式应按设计要求进行。各支架的同层横挡应在同一水平面上，其高低偏差不应大于5mm，托架支吊架沿桥架走向左右的偏差不应大于10mm。电缆支架的层间垂直距离，应满足电缆能方便地敷设和固定，且在多根电缆同置于一层支架上时，有更换或增设任一电缆的可能。电缆支架层间垂直距离宜符合表5-25所列数值。在有坡度的电缆沟内或建筑物上安装的电缆支架，应有与电缆沟或建筑物相同的坡度。电缆支架最上层及最下层至沟顶、楼板或沟底、地面的距离，当设计无规定时，不宜小于表5-26的数值。

**表5-26 电缆支架最上层及最下层至沟顶、楼板或沟底、地面的距离**（mm）

| 敷设方式 | 电缆隧道及夹层 | 电缆沟 | 吊　架 | 桥　架 |
|---|---|---|---|---|
| 最上层至沟顶或楼板 | 300～350 | 150～200 | 150～200 | 350～450 |
| 最下层至沟底或地面 | 100～150 | 50～100 | — | 100～150 |

组装后的钢结构竖井，其垂直偏差不应大于其长度的2/1000，支架横撑的水平误差不应大于其宽度的2/1000；竖井对角线的偏差不应大于其对角线长度的5/1000。

电缆桥架的配制应符合下列要求：

（1）电缆梯架（托盘）、电缆梯架（托盘）的支（吊）架、连接件和附件的质量应符合现行的有关技术规范。

（2）电缆梯架（托盘）的规格、支吊跨距、防腐类型应符合设计要求。

梯架（托盘）在每个支吊架上的固定应牢固；梯架（托盘）连接板的螺栓应紧固，螺母应位于梯架（托盘）的外侧。

铝合金梯架在钢制支吊架上固定时，应有防电化腐蚀的措施。

当直线段钢制电缆桥架超过30m、铝合金或玻璃钢制电缆桥架超过15m时，应有伸缩缝，其连接宜采用伸缩连接板；电缆桥架跨越建筑物伸缩缝处应设置伸缩缝。

电缆桥架转弯处的转弯半径，不应小于该桥架上的电缆最小允许弯曲半径的最大者。

电缆支架全长均应有良好的接地。

（四）电缆的敷设

电缆敷设前应按下列要求进行检查：

（1）电缆通道畅通，排水良好。金属部分的防腐层完整。隧道内照明、通风符合要求。

（2）电缆型号、电压、规格应符合设计。

（3）电缆外观应无损伤、绝缘良好，当对电缆的密封有怀疑时，应进行潮湿判断；直埋电缆与水底电缆应经试验合格。

（4）充油电缆的油压不宜低于0.15MPa；供油阀门应在开启位置，动作应灵活；压力表指示应无异常；所有管接头应无渗漏油；油样应试验合格。

（5）电缆放线架应放置稳妥，钢轴的强度和长度应与电缆盘质量和宽度相配合。

（6）敷设前应按设计和实际路径计算每根电缆的长度，合理安排每盘电缆，减少电缆接头。

（7）在带电区域内敷设电缆，应有可靠的安全措施。

电缆敷设时，不应损坏电缆沟、隧道、电缆井和人井的防水层。

三相四线制系统中应采用四芯电力电缆，不应采用三芯电缆另加一根单芯电缆或以导线、电缆金属护套作中性线。

并联使用的电力电缆其长度、型号、规格宜相同。

电力电缆在终端头与接头附近宜留有备用长度。

电缆各支持点间的距离应符合设计规定。

注：全塑型电力电缆水平敷设沿支架能把电缆固定时，支持点间的距离允许为800mm。

电缆的最小弯曲半径应符合表5-27的规定。

**表 5-27 电缆最小弯曲半径**

| 电缆型式 | 多芯 | 单芯 | 电缆型式 | 多芯 | 单芯 |
|---|---|---|---|---|---|
| 控制电缆 | 10*D* | | 交联聚乙烯绝缘电力电缆 | 15*D* | 20*D* |
| 无铅包、钢铠护套 | 10*D* | | 铅 包 | 30*D* | |
| 裸铅包护套 | 15*D* | | 有铠装 | 15*D* | 20*D* |
| 橡皮绝缘电力电缆 钢铠护套 | 20*D* | | 油浸纸绝缘电力电缆 铅包 无铠装 | 20*D* | |
| 聚氯乙烯绝缘电力电缆 | 10*D* | | 自容式充油（铅包）电缆 | 20*D* | |

注：表中 *D* 为电缆外径。

电缆敷设时，电缆应从盘的上端引出，不应使电缆在支架上及地面摩擦拖拉。电缆上不得有铠装压扁、电缆绞拧、护层折裂等未消除的机械损伤。

用机械敷设电缆时的最大牵引强度宜符合表 5-28 的规定。充油电缆总拉力不应超过 27kN。

**表 5-28 电缆最大牵引强度**（$N/mm^2$）

| 牵引方式 | 牵引头 | | 钢丝网套 | | |
|---|---|---|---|---|---|
| 受力部位 | 铜 芯 | 铝 芯 | 铅 套 | 铝 套 | 塑料护套 |
| 允许牵引强度 | 70 | 40 | 10 | 40 | 7 |

机械敷设电缆的速度不宜超过 15m/min，110kV 及以上电缆或在较复杂路径上敷设时，其速度应适当放慢。

在复杂的条件下用机械敷设大截面电缆时，应进行施工组织设计，确定敷设方法、线盘架设位置、电缆牵引方向，校核牵引力和侧压力，配备敷设人员和机具。

机械敷设电缆时，应在牵引头或钢丝网套与牵引钢缆之间装设防捻器。

110kV 及以上电缆敷设时，其转弯处的侧压力不应该大于3kN/m。

油浸纸绝缘电力电缆在切断后，应将端头立即铅封，塑料绝缘电缆应有可靠的防潮封端；充油电缆在切断后尚应符合下列要求：

（1）在任何情况下，充油电缆的任一段都应有压力油箱保持油压。

（2）连接油管路时，应排除管内空气，并采用喷油连接。

（3）充油电缆的切断处必须高于邻近两侧的电缆。

（4）切断电缆时不应有金属屑及污物进入电缆。

敷设电缆时，电缆允许敷设最低温度，在敷设前 24h 内的平均温度以及敷设现场的温度不应低于表 5-29 的规定，当温度低于表 5-29 规定值时，应采取措施。

**表 5-29　电缆允许敷设最低温度**

| 电缆类型　电缆结构 | 允许敷设最低温度（℃） |
|---|---|
| 充油电缆 | -10 |
| 油浸纸绝缘电力电缆　其他油纸电缆 | 0 |
| 橡皮或聚氯乙烯护套 | -15 |
| 裸铅套 | -20 |
| 橡皮绝缘电力电缆、铅护套钢带铠装 | -7 |
| 塑料绝缘电力电缆 | 0 |
| 耐寒护套 | -20 |
| 橡皮绝缘聚氯乙烯护套 | -15 |
| 聚氯乙烯绝缘聚氯乙烯护套 | -10 |

电力电缆接头的布置应符合下列要求：

（1）并列敷设的电缆，其接头的位置宜相互错开。

（2）电缆明敷时的接头，应用托板托置固定。

（3）直埋电缆接头盒外面应有防止机械损伤的保护盒（环氧树脂接头盒除外）。位于冻土层内的保护盒，盒内宜注以沥青。

电缆敷设时应排列整齐，不宜交叉，加以固定，并及时装设标志牌。

标志牌的装设应符合下列要求：

（1）在电缆终端头、电缆接头、拐弯处、夹层内、隧道及竖井的两端、人井内等地方，电缆上应装设标志牌。

（2）标志牌上应注明线路编号。当无编号时，应写明电缆型号，规格及起讫地点；并联使用的电缆应有顺序号。标志牌的字迹应清晰、不易脱落。

（3）标志牌规格宜统一。标志牌应能防腐，挂装应牢固。

电缆的固定，应符合下列要求：

（1）在下列地方应将电缆加以固定：

1）垂直敷设或超过45°倾斜敷设的电缆在每个支架上，桥架上每隔2m处；

2）水平敷设的电缆，在电缆首末两端及转弯、电缆接头的两端处，当对电缆间距有要求时，每隔5~10m处；

3）单芯电线的固定应符合设计要求。

（2）交流系统的单芯电缆或分相后的分相铅套电缆的固定夹具不应构成闭合磁路。

（3）裸铅（铝）套电缆的固定处，应加软衬垫保护。

（4）护层有绝缘要求的电缆，在固定处应加绝缘衬垫。

沿电气化铁路或有电气化铁路通过的桥梁上明敷电缆的金属护层或电缆金属管

道，应沿其全长与金属支架或桥梁的金属构件绝缘。

电缆进入电缆沟、隧道、竖井、建筑物、盘（柜）以及穿入管子时，出入口应封闭，管口应密封。

装有避雷针的照明灯塔，电缆敷设时应符合现行国家规范《电气装置安装工程接地装置施工及验收规范》(GB 50169—92) 的有关要求。

电缆的排列，应符合下列要求：

(1) 电力电缆和控制电缆不应配置在同一层支架上。

(2) 高低压电力电缆，强电，弱电控制电缆应按顺序分层配置，一般情况宜由上而下配置，但在含有35kV以上高压电缆引入柜盘时，为满足弯曲半径要求，可由下而上配置。

并列敷设的电力电缆，其相互间的净距应符合设计要求。

电缆在支架上的敷设应符合下列要求：

(1) 控制电缆在普通支架上，不宜超过一层；桥架上不宜超过三层。

(2) 交流三芯电力电缆，在普通支吊架上不宜超过一层；桥架上不宜超过两层。

(3) 交流单芯电力电缆，应布置在同侧支架上。当按紧贴的正三角形排列时，应每隔1m用绑带扎牢。

电缆与热力管道、热力设备之间的净距，平行时不应小于1m，交叉时不应小于0.5m，当受条件限制时，应采取隔热保护措施。电缆通道应避开锅炉的看火孔和制粉系统的防爆门；当受条件限制时，应采取穿管或封闭槽盒等隔热防火措施。电缆不宜平行敷设于热力设备和热力管道的上部。

明敷在室内及电缆沟、隧道、竖井内带有麻护层的电缆，应剥除麻护层，并对其铠装加以防腐。平巷或斜井中的电缆应架设在井巷的上方，高出平行的车辆、矿车200mm以上，电缆支架的跨距小于3m。

电缆敷设完毕后，应及时清除杂物，盖好盖板。必要时，尚应将盖板缝隙密封。要做好预防鼠害的措施。

在下列地点，电缆应有一定机械强度的保护管或加装保护罩：

(1) 电缆进入建筑物、隧道、穿过楼板及墙壁处。

(2) 从沟道引至电杆、设备、墙外表面或屋内行人容易接近处，距地面高度2m以下的一段。

(3) 其他可能受到机械损伤的地方。保护管埋入非混凝土地面的深度不应小于100mm；伸出建筑物散水坡的长度不应小于250mm。保护罩根部不应高出地面。

管道内部应无积水，且无杂物堵塞，穿电缆时，不得损伤护层，可采用无腐蚀性的润滑剂（粉）。

电缆排管在敷设电缆前，应进行疏通，清除杂物。

穿入管中电缆的数量应符合设计要求，交流单芯电缆不得单独存入钢管内。

在电缆线路路径上有可能使电缆受到机械性损伤、化学作用、地下电流、振动、热影响、腐殖物质、虫鼠等危害的地段，应采取保护措施。

电缆埋置深度应符合下列要求：

（1）电缆表面距地面的距离不应小于 0.7m。穿越农田时不应小于 1m。在引入建筑物、与地下建筑物交叉及绕过地下建筑物处，可浅埋，但应采取保护措施。

（2）电缆应埋设于冻土层以下，当受条件限制时，应采取防止电缆受到损坏的措施。

电缆之间，电缆与其他管道、道路、建筑物等之间平行和交叉时的最小净距，应符合表 5-30 的规定。严禁将电缆平行敷设于管道的上方或下方。特殊情况应按下列规定执行：

（1）电力电缆间及其与控制电缆间或不同使用部门的电缆间，当电缆穿管或用隔板隔开时，平行净距可降低为 0.1m。

（2）电力电缆间、控制电缆间以及它们相互之间，不同使用部门的电缆间在交叉点前后 1m 范围内，当电缆穿入管中或用隔板隔开时，其交叉净距可降为 0.25m。

（3）电缆与热管道（沟）、油管道（沟）、可燃气体及易燃液体管道（沟）、热力设备或其他管道（沟）之间，虽净距能满足要求，但检修管路可能伤及电缆时，在交叉点前后 1m 范围内，尚应采取保护措施，当交叉净距不能满足要求时，应将电缆穿入管中，其净距可减为 0.25m。电缆之间，电缆与管道，道路、建筑物之间平行和交叉时的最小净距见表 5-30。

**表 5-30　最小净距（m）**

| 项　目 | 平　行 | 交　叉 |
|---|---|---|
| 电力电缆间及其 10kV 及以下 | 0.10 | 0.50 |
| 与控制电缆间 10kV 以上 | 0.20 | 0.25 |
| 控制电缆间 | — | 0.50 |
| 不同使用部门的电缆间 | 0.50 | 0.50 |
| 热管道（管沟）及热力设备 | 2.00 | 0.50 |
| 油管道（管沟） | 1.00 | 0.50 |
| 可燃气体及易燃液体管道（沟） | 1.00 | 0.50 |
| 其他管道（管沟） | 0.50 | 0.50 |
| 铁路路轨 | 3.00 | 1.00 |
| 交　流 | 3.00 | 1.00 |
| 电气化铁路路轨　直流 | 10.0 | 1.00 |

续表 5-30

| 项　目 | 平　行 | 交　叉 |
|---|---|---|
| 公　路 | 1.50 | 1.00 |
| 城市街道路面 | 1.00 | 0.70 |
| 杆基础（边线） | 1.00 | — |
| 建筑物基础（边线） | 0.60 | — |
| 排水沟 | 1.00 | 0.50 |

注：1. 电缆与公路平行的净距，当情况特殊时可酌减；

2. 当电缆穿管或者其他管道有保温层等防护设施时，表中净距应从管壁或防护设施的外壁算起。

（4）电缆与热管道（沟）及热力设备平行、交叉时，应采取隔热措施，使电缆周围土壤的温升不超过10℃。

（5）当直流电缆与电气化铁路路轨平行、交叉其净距不能满足要求时，应采取防电化腐蚀措施。

电缆与铁路、公路、城市街道、厂区道路交叉时，应敷设于坚固的保护管或隧道内。电缆管的两端宜伸出道路路基两边各2m；伸出排水沟0.5m；在城市街道应伸出车道路面。

直埋电缆的上、下部应铺以不小于100mm厚的软土或沙层，并加盖保护板，其覆盖宽度应超过电缆两侧各50mm，保护板可采用混凝土盖板或砖块。软土或沙子中不应有石块或其他硬质杂物。

直埋电缆在直线段每隔50～100m处、电缆接头处、转弯处、进入建筑物等处，应设置明显的方位标志或标桩。

直埋电缆回填土前，应经隐蔽工程验收合格。回填土应分层夯实。

（五）电缆接头与终端

电缆终端与接头的制作，应由经过培训的熟悉工艺的人员进行。

电缆终端及接头制作时，应严格遵守制作工艺规程；充油电缆尚应遵守油务及真空工艺等有关规程的规定。

在室外制作6kV及以上电缆终端与接头时，其空气相对湿度宜为70%及以下；当湿度大时，可提高环境温度或加热电缆。110kV及以上高压电缆终端与接头施工时，应搭临时工棚，环境湿度应严格控制，温度宜为10～30℃。制作塑料绝缘电力电缆终端与接头时，应防止尘埃、杂物落入绝缘内。严禁在雾或雨中施工。

在室内及充油电缆施工现场应备有消防器材。室内或隧道中施工应有临时电源。

35kV及以下电缆终端与接头应符合下列要求：

（1）形式、规格应与电缆类型如电压、芯数、截面、护层结构和环境要求一致。

（2）结构应简单、紧凑，便于安装。

（3）所用材料、部件应符合技术要求。

（4）主要性能应符合现行国家规范《额定电压35kV及以下电力电缆附件基本性能要求》的规定。

采用的附加绝缘材料除电气性能应满足要求外，尚应与电缆本体绝缘具有相容性。两种材料的硬度、膨胀系数、抗张强度和断裂伸长率等物理性能指标应接近。橡塑绝缘电缆应采用弹性大、黏结性能好的材料作为附加绝缘。

电缆线芯连接金具，应采用符合规范的连接管和接线端子，其内径应与电缆线芯紧密配合，间隙不应过大，截面宜为线芯截面的1.2～1.5倍。采用压接时，压接钳和模具应符合规格要求。

控制电缆在下列情况下可有接头，但必须连接牢固，并不应受到机械拉力：

（1）当敷设的长度超过其制造长度时。

（2）必须延长已敷设竣工的控制电缆时，当消除使用中的电缆故障时。

制作电缆终端和接头前，应熟悉安装工艺资料，做好检查，并符合下列要求：

（1）电缆绝缘状况良好，无受潮；塑料电缆内不得进水；充油电缆施工前应对电缆本体、压力箱、电缆油桶及纸卷桶逐个取油样，做电气性能试验，并应符合规范。

（2）附件规格应与电缆一致；零部件应齐全无损伤；绝缘材料不得受潮，密封材料不得失效。壳体结构附件应预先组装，清洁内壁；试验密封，结构尺寸符合要求。

（3）施工用机具齐全，便于操作，状况清洁，消耗材料齐备。清洁塑料绝缘表面的溶剂宜遵循工艺导则。

（4）必要时应进行试装配。

电力电缆接地线应采用铜绞线或镀锡铜编织线，其截面面积不应小于表5-31的规定。110kV及以上电缆的截面面积应符合设计规定。

**表5-31 电缆终端接地线截面**

| 电缆截面（$mm^2$） | 接地线截面（$mm^2$） |
|---|---|
| 120及以下 | 16 |
| 150及以上 | 25 |

电缆终端与电气装置的连接，应符合现行国家规范《电气装置安装工程母线装置施工及验收规范》（GBJ 149—90）的有关规定。

制作电缆终端与接头，从剥切电缆开始应连续操作直至完成，缩短绝缘暴露时间。剥切电缆时不应损伤线芯和保留的绝缘层。附加绝缘的包绕、装配、热缩等应清洁。

充油电缆线路有接头时，应先制作接头，两端有位差时，应先制作低位终端头。

电缆终端和接头应采取加强绝缘、密封防潮、机械保护等措施。6kV及以上电力电缆的终端和接头，尚应有改善电缆屏蔽端部电场集中的有效措施，并应确保外绝缘相间和对地距离。

35kV及以下电缆在剥切线芯绝缘、屏蔽、金属护套时，线芯沿绝缘表面至最近接地点（屏蔽或金属护套端部）的最小距离应符合表5-32的要求。

**表5-32 电缆终端和接头中最小距离**

| 额定电压（kV） | 最小距离（mm） | 额定电压（kV） | 最小距离（mm） |
|---|---|---|---|
| 1 | 50 | 10 | 125 |
| 6 | 100 | 35 | 250 |

塑料绝缘电缆在制作终端头和接头时，应彻底清除半导体屏蔽层。对包带石墨屏蔽层，应使用溶剂擦去碳迹；对挤出屏蔽层，剥除时不得损伤绝缘表面，屏蔽端部应平整。

三芯油纸绝缘电缆应保留统包绝缘25mm，不得损伤。剥除屏蔽炭黑纸，端部应平整。弯曲线芯时应均匀用力，不应损伤绝缘纸；线芯弯曲半径不应小于其直径的10倍。包缠或灌注、填充绝缘材料时，应消除线芯分支处的气隙。

充油电缆终端和接头包绕附加绝缘时，不得完全关闭压力箱。制作中和真空处理时，从电缆中渗出的油应及时排出，不得积存在瓷套或壳体内。

电缆线芯连接时，应除去线芯和连接管内壁油污及氧化层。压接模具与金具应配合恰当。压缩比应符合要求。压接后应将端子或连接管上的凸痕修理光滑，不得残留毛刺。采用锡焊连接铜芯，应使用中性焊锡膏，不得烧伤绝缘。

三芯电力电缆接头两侧电缆的金属屏蔽层（或金属套）、铠装层应分别连接良好，不得中断，跨接线的截面不应小于本章节表5-31接地线截面的规定。直埋电缆接头的金属外壳及电缆的金属护层应做防腐处理。

三芯电力电缆终端处的金属护层必须接地良好；塑料电缆每相铜屏蔽和钢铠应锡焊接地线。电缆通过零序电流互感器时，电缆金属护层和接地线应对地绝缘，电缆接地点在互感器以下时，接地线应直接接地；接地点在互感器以上时，接地线应穿过互感器接地。

装配、组合电缆终端和接头时，各部件间的配合或搭接处必须采取堵漏、防潮和密封措施。铅包电缆铅封时应擦去表面氧化物；搪铅时间不宜过长，铅封必须密实无气孔。充油电缆的铅封应分两次进行，第一次封堵油，第二次成形和加强，高位差铅封应用环氧树脂加固。塑料电缆宜采用自黏带、黏胶带、胶黏剂（热熔胶）等方式密封；塑料护套表面应打毛，黏结表面应用溶剂除去油污，黏结应良好。电缆终端、接头及充油电缆供油管路均不应有渗漏。

充油电缆供油系统的安装应符合下列要求：

(1) 供油系统的金属油管与电缆终端间应有绝缘接头，其绝缘强度不低于电缆外护层。

(2) 当每相设置多台压力箱时，应并联连接。

(3) 每相电缆线路应装设油压监视或报警装置。

(4) 仪表应安装牢固，室外仪表应有防雨措施，施工结束后应进行整定。

(5) 调整压力油箱的油压，使其在任何情况下都不应超过电缆允许的压力范围。

电缆终端上应有明显的相色标志，且应与系统的相位一致。

控制电缆终端可采用一般包扎，接头应有防潮措施。

(六) 电缆线路安装的防火阻燃

对易受外部影响着火的电缆密集场所或可能着火蔓延而酿成严重事故的电缆回路，必须按设计要求的防火阻燃措施施工。

电缆的防火阻燃尚应采取下列措施：

(1) 在电缆穿过竖井、墙壁、楼板或进入电气盘、柜的孔洞处，用防火堵料密实封堵。

(2) 在重要的电缆沟和隧道中，按要求分段或用软质耐火材料设置阻火墙。

(3) 对重要回路的电缆，可单独敷设于专门的沟道中或耐火封闭槽盒内，或对其施加防火涂料、防火包带。

(4) 在电力电缆接头两侧及相邻电缆2~3m长的区段施加防火涂料或防火包带。

(5) 采用耐火或阻燃型电缆。

(6) 设置报警和灭火装置。

防火阻燃材料必须经过技术或产品鉴定。在使用时，应按设计要求和材料使用工艺提出施工措施。

涂料应按一定浓度稀释，搅拌均匀，并应顺电缆长度方向进行涂刷，涂刷厚度或次数、间隔时间应符合材料使用要求。

包带在绕包时，应拉紧密实，缠绕层数或厚度应符合材料使用要求。绕包完毕后，每隔一定距离应绑扎牢固。

在封堵电缆孔洞时，封堵应严实可靠，不应有明显的裂缝和可见的孔隙，孔洞较大者应加耐火衬板后再进行封堵。

阻火墙上的防火门应严密，孔洞应封堵；阻火墙两侧电缆应施加防火包带或涂料。

(七) 电缆安装的验收

在验收时，应按下列要求进行检查：

(1) 电缆规格应符合规定；排列整齐，无机械损伤，标志牌应装设齐全、正确、清晰。

(2) 电缆的固定、弯曲半径、有关距离和单芯电力电缆的金属护层的接线、相序排列等应符合要求。

（3）电缆终端、电缆接头及充油电缆的供油系统应安装牢固，不应有渗漏现象，充油电缆的油压及表计整定值应符合要求。

（4）接地应良好；充油电缆及护层保护器的接地电阻应符合设计。

（5）电缆终端的相色应正确，电缆支架等的金属部件防腐层应完好。

（6）电缆沟内应无杂物，盖板齐全，隧道内应无杂物，照明、通风、排水等设施应符合设计。

（7）直埋电缆路径标志，应与实际路径相符。路径标志应清晰、牢固，间距适当，且应符合前述标志牌装设的要求。

（8）隐蔽工程应在施工过程中进行中间验收，并做好签证。

在验收时，应提交下列资料和技术文件：

（1）电缆线路路径的协议文件。

（2）设计资料图纸、电缆清册、变更设计的证明文件和竣工图。

（3）直埋电缆输电线路的敷设位置图，比例宜为1∶500。地下管线密集的地段不应小于1∶100，在管线稀少、地形简单的地段可为1∶1000；平行敷设的电缆线路，宜合用一张图纸，图上必须标明各线路的相对位置，并有标明地下管线的剖面图。

（4）制造厂提供的产品说明书、试验记录、合格证件及安装图纸等技术文件。

（5）隐蔽工程的技术记录。

（6）电缆线路的原始记录：

1）电缆的型号、规格及其实际敷设总长度及分段长度，电缆终端和接头的型式及安装日期；

2）电缆终端和接头中填充的绝缘材料名称、型号。

## 二、电力变压器安装

### （一）依据规范

电力变压器安装依据的规范有：《建筑工程施工质量验收统一标准》（GB 50300—2001），《建筑电气工程施工质量验收规范》（GB 50303—2002）。

本节内容适用于一般工业与民用建筑电气安装工程10kV及以下室内变压器安装。

### （二）施工准备

1. 设备及材料要求

（1）变压器应装有铭牌，铭牌上应注明制造厂名，额定容量，一二次额定电压、电流，阻抗电压百分比及接线组别等技术数据。

（2）变压器的容量、规格及型号必须符合设计要求，附件、备件齐全，并有出厂合格证及技术文件。

（3）螺栓，除地脚螺栓及防震装置螺栓外，均应采用镀锌螺栓，并配相应的平垫圈和弹簧垫圈。

（4）其他材料，如蛇皮管、耐油塑料管、电焊条、防锈漆、调和漆及变压器油等，均应符合设计要求，并有产品合格证。

2. 主要机具

（1）搬运吊装机具：汽车吊、汽车、卷扬机、吊链、三步搭、道木、钢丝绳、带子绳、滚杠。

（2）安装机具：台钻、砂轮、电焊机、气焊工具、电锤、台虎钳、活扳子、榔头、套丝板。

（3）测试器具：钢卷尺、钢板尺、水平、线坠、摇表、万用表、电桥及试验仪器。

3. 作业条件

（1）施工图及技术资料齐全无误。

（2）土建工程基本施工完毕，标高、尺寸、结构及预埋件焊件强度均符合设计要求。

（3）变压器轨道安装完毕，并符合设计要求（注：此项工作应由土建单位做，安装单位配合）。

（4）墙面、屋顶喷浆完毕，屋顶无漏水，门窗及玻璃安装完好。

（5）室内地面工程结束，场地清理干净，道路畅通。

（6）安装干式变压器室内应无灰尘，相对湿度宜保持在70%以下。

（三）操作工艺

1. 工艺流程

工艺流程为：设备点件检查—变压器二次搬运—变压器稳装—附件安装—变压器吊芯检查及交接试验—送电前的检查—送电运行验收。

2. 设备点件检查

（1）设备点件检查应由安装单位、供货单位，会同建设单位代表共同进行，并做好记录。

（2）按照设备清单、施工图纸及设备技术文件核对变压器本体及附件、备件的规格型号是否符合设计图纸要求，是否齐全，有无丢失及损坏。

（3）变压器本体外观检查无损伤及变形，油漆完好无损伤。

（4）油箱封闭是否良好，有无漏油、渗油现象，油标处油面是否正常，发现问题应立即处理。

（5）绝缘瓷件及环氧树脂铸件有无损伤、缺陷及裂纹。

3. 变压器二次搬运

（1）变压器二次搬运应由起重工作业，电工配合，最好采用汽车吊吊装，也可采用吊链吊装，距离较长最好用汽车运输，运输时必须用钢丝绳固定牢固，并应行车平稳，尽量减少振动；距离较短且道路良好时，可用卷扬机、滚杠运输。

（2）变压器吊装时，索具必须检查合格，钢丝绳必须挂在油箱的吊钩上，上盘的吊环仅作吊芯用，不得用此吊环吊装整台变压器。

（3）变压器搬运时，应注意保护瓷瓶，最好用木箱或纸箱将高低压瓷瓶罩住，使其不受损伤。

（4）变压器搬运过程中，不应有冲击或严重震动情况，利用机械牵引时，牵引的着力点应在变压器重心以下，以防倾斜，运输斜角不得超过15°，防止内部结构变形。

（5）用千斤顶顶升大型变压器时，应将千斤顶放置在油箱专门部位。

（6）大型变压器在搬运或装卸前，应核对高低压侧方向，以免安装时调换方向发生困难。

4. 变压器稳装

（1）变压器就位可用汽车吊直接甩进变压器室内，或用道木搭设临时轨道，用三步搭、吊链吊至临时轨道上，然后用吊链拉入室内合适位置。

（2）变压器就位时，应注意其方位和距墙尺寸应与图纸相符，允许误差为±25mm，图纸无标注时，纵向按轨道定位，横向距离不得小于800mm，距门不得小于1000mm，并适当照顾屋内吊环的垂线位于变压器中心，以便于吊芯。

（3）变压器基础的轨道应水平，轨距与轮距应配合，装有气体继电器的变压器，应使其顶盖沿气体继电器气流方向有1%～1.5%的升高坡度（制造厂规定不需安装坡度者除外）。

（4）变压器宽面推进时，低压侧应向外；窄面推进时，油枕侧一般应向外。在装有开关的情况下，操作方向应留有1200mm以上的宽度。

（5）油浸变压器的安装，应考虑能在带电的情况下，便于检查油枕和套管中的油位、上层油温、瓦斯继电器等。

（6）装有滚轮的变压器，滚轮应能转动灵活，在变压器就位后，应将滚轮用能拆卸的制动装置加以固定。

5. 附件安装

气体继电器安装：

（1）气体继电器安装前应经检验鉴定。

（2）气体继电器应水平安装，观察窗应装在便于检查的一侧，箭头方向应指向油枕，与连通管的连接应密封良好，截油阀应位于油枕和气体继电器之间。

（3）打开放气嘴，放出空气，直到有油溢出时将放气嘴关上，以免有空气使继电保护器误动作。

（4）当操作电源为直流时，必须将电源正极接到水银侧的接点上，以免接点断开时产生飞弧。

（5）事故喷油管的安装方位，应注意到事故排油时不致危及其他电器设备；喷油管口应换为割划有“十”字线的玻璃，以便发生故障时气流能顺利冲破玻璃。

防潮呼吸器的安装：

（1）防潮呼吸器安装前，应检查硅胶是否失效，如已失效，应在115～120℃温度烘烤8h，使其复原或更新，浅蓝色硅胶变为浅红色，即已失效；白色硅胶，不加鉴定一律烘烤。

（2）防潮呼吸器安装时，必须将呼吸器盖子上橡皮垫去掉，使其通畅，并在下方隔离器具中装适量变压器油，起滤尘作用。

温度计的安装：

（1）套管温度计安装，应直接安装在变压器上盖的预留孔内，并在孔内加以适当变压器油，刻度方向应便于检查。

（2）电接点温度计安装前应进行校验，油浸变压器一次元件应安装在变压器顶盖上的温度计套筒内，并加适当变压器油；二次仪表挂在变压器一侧的预留板上，干式变压器一次元件应按厂家说明书位置安装，二次仪表安装在便于观测的变压器护网栏上，软管不得有压扁或死弯，弯曲半径不得小于50mm，富余部分应盘圈并固定在温度计附近。

（3）干式变压器的电阻温度计，一次元件应预埋在变压器内，二次仪表应安装值班室或操作台上，导线应符合仪表要求，并加以适当的附加电阻校验调试后方可使用。

电压切换装置的安装：

（1）变压器电压切换装置各分接点与线圈的连线应紧固正确，且接触紧密良好，转动点应正确停留在各个位置上，并与指示位置一致。

（2）电压切换装置的拉杆，分接头的凸轮、小轴销子等应完整无损；转动盘应动作灵活，密封良好。

（3）电压切换装置的传动机构（包括有载调压装置）的固定应牢靠，传动机构的摩擦部分应有足够的润滑油。

（4）有载调压切换装置的调换开关的触头及铜辫子软线应完整无损，触头间应有足够的压力（一般为8～10kg）。

（5）有载调压切换装置转动到极限位置时，应装有机械联锁与带有限位开关的电气联锁。

（6）有载调压切换装置的控制箱一般应安装在值班室或操作台上，连线应正确无误，并应调整好，手动，自动工作正常，档位指示正确。

（7）电压切换装置吊出检查调整时，暴露在空气中的时间应符合表5-33的规定。

表 5-33 调压切换装置露空时间

| 环境温度（℃） | 空气相对湿度（%） | 持续时间不大于（h） |
|---|---|---|
| >0 | 65 以下 | 24 |
| >0 | 65～75 | 16 |
| >0 | 75～85 | 10 |
| <0 | 不控制 | 8 |

变压器连线：

（1）变压器的一、二次连线、地线、控制管线均应符合现行国家施工验收规范规定。

（2）变压器的一次、二次引线连接时，不能够使变压器的套管直接承受应力。

（3）变压器工作零线与中性点接地线，应分别敷设，工作零线宜用绝缘导线。

（4）变压器中性点的接地回路中，靠近变压器处，宜做一个可拆卸的连接点。

（5）油浸变压器附件的控制导线，应采用具有耐油性能的绝缘导线，靠近箱壁的导线，应用金属软管保护，并排列整齐，接线盒应密封良好。

6. 变压器吊芯检查及交接试验

变压器吊芯检查：

（1）变压器安装前应做吊芯检查，制造厂有特殊规定者、1000kVA 以下、运输过程中无异常情况者、短途运输、事先参与了厂家的检查并符合规定、运输过程中确认无损伤者，可不做吊芯检查。

（2）吊芯检查应在气温不低于 0℃，芯子温度不低于周围空气温度，空气相对湿度不大于 75% 的条件下进行（器身暴露在空气中的时间不得超过 16h）。

（3）所有螺栓应紧固，并应有防松措施，铁芯无变形，表面漆层良好，铁芯应接地良好。

（4）线圈的绝缘层应完整，表面无变色、脆裂、击穿等缺陷，高低压线圈无移动变位情况。

（5）线圈间，线圈与铁芯，铁芯与轭铁间的绝缘层应完整无松动。

（6）引出线绝缘良好，包扎紧固无破裂情况，引出线固定应牢固可靠，其固定支架应紧固，引出线与套管连接牢靠，接触良好紧密，引出线接线正确。

（7）所有能触及的穿心螺栓应连接坚固，用摇表测量穿心螺栓与铁芯及轭铁，以及铁芯与轭铁之间的绝缘电阻，并做 1000V 的耐压试验。

（8）油路应畅通，油箱底部清洁无油垢杂物，油箱内壁无锈蚀。

（9）芯子检查完毕后，应用合格的变压器油冲洗，并从箱底油堵将油放净，吊芯过程中，芯子与箱壁不应碰撞。

（10）吊芯检查后如无异常，应立即将芯子复位并注油至正常油位，吊芯、复位、注油必须在16h内完成。

（11）吊芯检查完成后，要对油系统密封进行全面检查，不得有漏油渗油现象。

变压器的交接试验：

（1）变压器的交接试验应由当地供电部门许可的试验室进行，试验程序应符合规范要求、当地供电部门规定及产品技术资料的要求。

（2）变压器交接试验的内容：

1）测量绕组连同套管的直流电阻；

2）检查所有分接头的变压比；

3）检查变压器的三相接线组别和单相变压器引出线的极性；

4）测量绕组连同套管的绝缘电阻，吸收比或极化指数；

5）测量绕组连同套管的介质损耗角正切值 $\tan\delta$；

6）测量绕组连同套管的直流泄漏电流；

7）绕组连同套管的交流耐压试验；

8）绕组连同套管的局部放电试验；

9）测量与铁芯绝缘的各紧固件及铁芯接地线引出套管对外壳的绝缘电阻；

10）绝缘油试验；

11）有载调压切换装置的检查和试验；

12）额定电压下的冲击合闸试验；

13）检查相位；

14）测量噪声。

7. 变压器送电前的检查

（1）变压器试运行前应做全面检查，确认符合试运行条件时方可投入运行。

（2）变压器试运行前，必须由质量监督部门检查合格。

（3）变压器试运行前的检查内容：

1）各种交接试验单据齐全，数据符合要求；

2）变压器应清理，擦拭干净，顶盖上无遗留杂物，本体及附件无缺损，且不渗油；

3）变压器一、二次引线相位正确，绝缘良好；

4）接地线良好；

5）通风设施安装完毕，工作正常，事故排油设施完好；消防设施齐备；

6）油浸变压器油系统油门应打开，油门指示正确，油位正常；

7）油浸变压器的电压切换装置及干式变压器的分接头位置放置正常电压档位；

8）保护装置整定值符合规定要求；操作及联动试验正常；

9）干式变压器护栏安装完毕。各种标志牌挂好，门装锁。

8. 变压器送电试运行验收

送电试运行：

（1）变压器第一次投入时，可全压冲击合闸，冲击合闸时一般可由高压侧投入；

（2）变压器第一次受电后，持续时间不应少于10min，无异常情况；

（3）变压器应进行3～5次全压冲击合闸，并无异常情况，励磁涌流不应引起保护装置误动作；

（4）油浸变压器带电后，检查油系统不应有渗油现象；

（5）变压器试运行要注意冲击电流，空载电流，一、二次电压及温度，并做好详细记录；

（6）变压器并列运行前，应核对好相位；

（7）变压器空载运行24h，无异常情况，方可投入负荷运行。

验收：

（1）变压器开始带电起，24h后无异常情况，应办理验收手续；

（2）验收时，应移交下列资料和文件：

1）变更设计证明；

2）产品说明书，试验报告单，合格证及安装图纸等技术文件；

3）安装检查及调整记录。

（四）质量规范

1. 基本规定

（1）一般规定：

1）建筑电气工程施工现场的质量管理，除应符合现行国家规范《建筑工程施工质量验收统一规范》（GB 50300—2001）第3.0.1条规定外，应符合下列规定：

①安装电工、焊工、起重吊装工和电气调试人员等，按有关要求持证上岗；

②安装和调试用各类计量器具，应检定合格，使用时在有效期内。

2）电气设备上计量仪表和与电气保护有关的仪表应检定合格，当投入试运行时，应在有效期内。

3）建筑电气动力工程的空载试运行和建筑电气照明工程的负荷试运行，应按本规范规定执行；建筑电气动力工程的负荷试运行，依据电气设备及相关建筑设备的种类、特性、编制试运行方案或作业指导书，并应经施工单位审查批准，监理单位确认后执行。

（2）主要设备、材料、成品和半成品进场验收：

1）主要设备、材料、成品和半成品进场检验结论应有记录，确认符合本规范规定，才能在施工中应用。

2）如有异议送有资质试验室进行抽样检测，试验室应出具检测报告，确认符合本规范和相关技术规范规定，才能在施工中应用。

3）依法定程序批准进入市场的新电气设备，器具和材料进场验收，除符合本规范规定外，尚应提供安装、使用、维修和试验要求等技术文件。

4）进口电气设备、器具和材料进场验收，除符合本规范规定外，尚应提供商检证明和中文的质量合格证明文件、规格、型号、性能检测报告以及中文的安装、使用、维修和试验要求等技术文件。

5）经批准的免检产品或认定的名牌产品，当进场验收时，宜不做抽样检测。

6）变压器、箱式变电所、高压电器及电瓷制品应符合下列规定：

①查验合格证和随带技术文件，变压器有出厂试验记录；

②外观检查：有铭牌，附件齐全，绝缘件无缺损、裂纹，充油部分不渗漏，充气高压设备气压指示正常，涂层完整。

（3）工序交接确认。变压器、箱式变电所安装应按以下程序进行：

1）变压器、箱式变电所的基础验收合格，且对埋入基础的电线导管、电缆导管和变压器进、出线预留孔及相关预埋件进行检查，才能安装变压器、箱式变电所；

2）杆上变压器的支架紧固检查后，才能吊装变压器且就位固定；

3）变压器及接地装置交接试验合格，才能通电。

2. 主控项目

（1）变压器安装应位置正确，附件齐全，油浸变压器油位正常，无渗油现象。

（2）接地装置引出的接地干线与变压器的低压侧中性点直接连接；接地干线与箱式变电所的N母线和PE母线直接连接；变压器箱体、干式变压器的支架或外壳应接地（PE），所有连接应可靠，紧固件及防松零件齐全。

（3）变压器必须按《建筑电气工程施工质量验收规范》(GB 50303—2002）第3.1.8条的规定交接试验合格。

（4）箱式变电所及落地式配电箱的基础应高于室外地坪，周围排水通畅，用地脚螺栓固定的螺帽齐全，拧紧牢固；自由安放的应垫平放正，金属箱式变电所及落州式配电箱，箱体应接地（PE）或接零（PEN）可靠，且有标识。

（5）箱式变电所的交接试验，必须符合下列规定：

1）由高压成套开关柜、低压成套开关柜和变压器三个独立单元组合成的箱式变电所高压电气设备部分，按《建筑电气工程施工质量验收规范》(GB 50303—2002）第3.1.8条的规定交接试验合格。

2）高压开关、熔断器等与变压器组合在同一个密闭油箱内的箱式变电所，交接试验按产品提供的技术文件要求执行。

3）低压成套配电柜交接试验符合《建筑电气工程施工质量验收规范》(GB

50303—2002）第 4.1.5 条的规定。

3. 一般项目

（1）有载调压开关的传动部分润滑应良好，动作灵活，点动给定位置与开关实际位置一致，自动调节符合产品的技术文件要求。

（2）绝缘件应无裂纹、缺损和瓷件瓷釉损坏等缺陷，外表清洁，测温仪表指示准确。

（3）装有滚轮的变压器就位后，应将滚轮用能拆卸的制动部件固定。

（4）变压器应按产品技术文件要求进行检查器身，当满足下列条件之一时，可不检查器身：

1）制造厂规定不检查器身者；

2）就地生产仅做短途运输的变压器，且在运输过程中有效监督，无紧急制动，剧烈振动，冲撞或严重颠簸等异常情况者。

（5）箱式变电所内外涂层完整，无损伤，有通风口的风口防护网完好。

（6）箱式变电所的高低压柜内部接线完整，低压每个输出回路标记清晰，回路名称准确。

（7）装有气体继电器的变压器顶盖，沿气体继电器的气流方向有 1.0% ~1.5% 的升高坡度。

（五）成品保护

（1）变压器门应加锁，未经安装单位许可，闲杂人员不得入内。

（2）对就位的变压器高低压瓷套管及环氧树脂铸件，应有防砸及防碰撞措施。

（3）变压器器身要保持清洁干净，油漆面有碰撞损伤。干式变压器就位后，要采取保护措施，防止铁件掉入线圈内。

（4）在变压器上方作业时，操作人员不得蹬踩变压器，并带工具袋，以防工具材料掉下砸坏，砸伤变压器。

（5）变压器发现漏油、渗油时应及时处理，防止油面太低，潮气侵入，降低线圈绝缘程度。

（6）对安装完的电气管线及其支架应注意保护，不得碰撞损伤。

（7）在变压器上方操作电气焊时，应对变压器进行全方位保护，防止焊渣掉下，损伤设备。

（六）应注意的质量问题

变压器安装应注意的质量问题和防治措施参见表 5-34。

质量记录内容包括：

（1）产品合格证。

（2）产品出厂技术文件：

**表 5-34　变压器安装应注意的质量问题和防治措施**

| 序号 | 易产生的质量问题及防治措施 |
| --- | --- |
| 1 | 铁件焊渣清理不净，除锈不净，刷漆不均匀，有漏刷现象；<br>加强工作责任心，做好工序搭接的自检互检 |
| 2 | 防地震装置安装不牢；<br>加强对防地震的认识，按照工艺规范进行施工 |
| 3 | 管线排列不整齐不美观；<br>提高质量意识，管线按规范要求进行卡设，做到横平竖直 |
| 4 | 变压器一、二次瓷套管损坏；<br>瓷套管在变压器搬运到安装完毕应加强保护 |
| 5 | 变压器中性点、零线及中性点接地线，不分开敷设 |
| 6 | 变压器一、二次引线，螺栓不紧，压按不牢，母带与变压器连接间隙不符合规范要求；<br>提高质量意识，加强自互检，母带与变压器连接时应锉平 |
| 7 | 变压器附件安装后，有渗油现象；<br>附件安装时，应垫好密封圈，螺栓应拧紧 |

1）产品出厂试验报告单；

2）产品安装使用说明书。

（3）设备材料进货检查记录。

（4）器身检查记录。

（5）交接试验报告单。

（6）安装自互检记录。

（7）设计变更洽商记录。

（8）试运行记录。

（9）钢材材质证明。

（10）预检记录。

（11）分项工程质量评定记录。

（七）安全环保措施

（1）剔槽、打洞时，必须戴防护眼镜，锤子柄不得松动，錾子不得卷边、裂纹，打过墙、楼板透眼时，墙体后面、楼板下面不得有人靠近。

（2）在脚手架上作业，脚手板必须满铺，不得有空隙和探头板，使用的料具，应放入工具袋随身携带，不得投掷。

（3）现场变配电高压设备，不论带电与否，单人值班严禁跨越遮栏和从事修理工作。

（4）高压带电区域内部分停电工作时，人体与带电部分必须保持安全距离，并应有人监护。

（5）在变配电室内，外高压部分及线路工作时，应按顺序进行，停电、验电挂地线，操作手柄应上锁或挂标示牌。

（6）验电时必须戴绝缘手套，按电压等级使用验电器，在设备两侧各相或线路各相分别验电标点验明设备或线路确实无电后，即将检修设备或线路做短路接地。

## 三、10kV 及以下室内成套配电柜的安装

成套配电柜应用地脚螺栓或点焊方法固定在基础上，且各柜应互相连接成一个整体。

成套配电柜应安装牢固，连接紧密，无明显的缝隙。垂直误差不大于其高度的1.5‰，水平误差不大于1‰，最大总误差不大于5mm。盘面应在同一平面内，母线应在同一水平面上。

成套配电柜的门、锁应开闭灵活，巡视检修照明灯应齐全。

高压成套配电柜之间应装有牢固的隔板。

低于2.5m 的低压母线桥和低于3.5m 的高压母线桥应加装护网或隔板。

靠墙安装的高压成套配电柜，柜后及侧面有出线者，距墙面应保持0.6m 以上的距离。

低压成套配电柜一般不靠墙安装（封闭式除外），盘前操作及盘前检修的低压成套配电柜数量在两面及以下时，可靠墙安装，但两端应留有维护通道（一面开关柜可在一端留有维护通道）。

低压成套配电柜总长度大于7m 时，两端应留有维护通道。

## 四、电气装置的接地

### （一）接地的电气装置

电气装置的下列金属部分均应接地或接零：

（1）电动机、变压器、携带式电器或移动式用电器具等的金属底座和外壳。

（2）电气设备的传动装置。

（3）屋内外配电装置的金属或钢筋混凝土构架以及靠近带电部分的金属遮栏和金属门。

（4）配电控制保护用的屏（柜箱）及操作台等的金属框架和底座。

（5）交直流电力电缆的接头盒终端头和膨胀器的金属外壳和电缆的金属护层；可触及的电缆金属保护管和穿线的钢管。

（6）电缆桥架支架和井架。

（7）装有避雷线的电力线路杆塔。

（8）装在配电线路杆上的电力设备。

（9）在非沥青地面的居民区内无避雷线的小接地电流架空电力线路的金属杆塔和钢筋混凝土杆塔。

（10）电除尘器的构架。

（11）封闭母线的外壳及其他裸露的金属部分。

（12）六氟化硫封闭式组合电器和箱式变电站的金属箱体。

（13）电热设备的金属外壳。

（14）控制电缆的金属护层。

电气装置的下列金属部分可不接地或不接零：

（1）在木质沥青等不良导电地面的干燥房间内交流额定电压为380V及以下或直流；额定电压为440V及以下的电气设备的外壳。但当有可能同时触及上述电气设备外壳和已接地的其他物体时则仍应接地。

（2）在干燥场所交流额定电压为127V及以下或直流额定电压为110V及以下的电气设备的外壳。

（3）安装在配电屏控制屏和配电装置上的电气测量仪表继电器和其他低压电器等的外壳以及当发生绝缘损坏时在支持物上不会引起危险电压的绝缘子的金属底座。

（4）安装在已接地金属构架上的设备如穿墙套管等。

（5）额定电压为220V及以下的蓄电池室内的金属支架。

（6）由发电厂变电所和工业企业区域内引出的铁路轨道。

（7）与已接地的机床机座之间有可靠电气接触的电动机和电器的外壳。

### （二）对接地装置的要求

需要接地的直流系统的接地装置应符合下列要求：

（1）能与地构成闭合回路且经常流过电流的接地线应沿绝缘垫板敷设，不得与金属管道建筑物和设备的构件有金属的连接。

（2）在土壤中含有在电解时能产生腐蚀性物质的地方不宜敷设接地装置，必要时可采取外引式接地装置或改良土壤的措施。

（3）直流电力回路专用的中性线和直流两线制正极的接地体接地线不得与自然接地体有金属连接，当无绝缘隔离装置时相互间的距离不应小于1m。

（4）三线制直流回路的中性线宜直接接地，接地线不应作其他用途。

接地装置的选择：

（1）交流电气设备的接地可以利用下列自然接地体标点：

1）埋设在地下的金属管道，但不包括有可燃或有爆炸物质的管道；

2）金属井架；

3）与大地有可靠连接的建筑物的金属结构；

4）水工构筑物及其类似的构筑物的金属管桩。

（2）交流电气设备的接地线可利用下列接地体接地：

1）建筑物的金属结构（梁柱等）及设计规定的混凝土结构内部的钢筋；

2）生产用的起重机的轨道、配电装置的外壳、走廊、平台、电梯竖井、起重机与升降机的构架、运输皮带的钢梁、电除尘器的构架等金属结构；

3）配线的钢管。

电力线路杆塔的接地体引出线的截面不应小于50$mm^2$，引出线应热镀锌。

在地下不得采用裸铝导体作为接地体或接地线。

利用化学方法降低土壤电阻率时采用的降阻剂应符合下列要求：

（1）材料的选择应符合设计要求。

（2）使用的材料必须符合国家现行技术规范并有合格证件。

（3）严格按照生产厂家使用说明书规定的操作工艺施工。

不得利用蛇皮管管道保温层的金属外皮或金属网以及电缆金属护层作接地线。

（三）接地装置的敷设

接地装置的敷设：

（1）接地体顶面埋设深度应符合设计规定，当无规定时，不宜小于0.6m角钢，并且钢管接地体应垂直配置。除接地体外，接地体引出线的垂直部分和接地装置焊接部位应作防腐处理，在做防腐处理前表面必须除锈并去掉焊接处残留的焊药。

（2）垂直接地体的间距不宜小于其长度的2倍，水平接地体的间距应符合设计规定，当无设计规定时不宜小于5m。

（3）接地干线应在不同的两点及以上与接地网相连接，自然接地体应在不同的两点及以上与接地干线或接地网相连接。

（4）每个电气装置的接地应以单独的接地线与接地干线相连接，不得在一个接地线中串接几个需要接地的电气装置。

（5）接地体敷设完后的土沟其回填土内不应夹有石块和建筑垃圾等，外取的土壤不得有较强的腐蚀性，在回填土时应分层夯实。

明敷接地线的安装应符合下列要求：

（1）应便于检查。

（2）敷设位置不应妨碍设备的拆卸与检修。

（3）支持件间的距离在水平直线部分宜为0.5～1.5m，垂直部分宜为1.5～3m，转弯部分宜为0.3~0.5m。

(4) 接地线应按水平或垂直敷设，也可与建筑物倾斜结构平行敷设，在直线段上，不应有高低起伏及弯曲等情况。

(5) 接地线沿建筑物墙壁水平敷设时，离地面距离宜为250~300mm接地线与建筑物墙壁间的间隙宜为10~15mm。

(6) 在接地线跨越建筑物伸缩缝沉降缝处时应设置补偿器，补偿器可用接地线本身弯成弧状代替。

接地体（线）的连接：

(1) 接地体（线）的连接应采用焊接，焊接必须牢固无虚焊。接至电气设备上的接地线，应用镀锌螺栓连接。有色金属接地线不能采用焊接时，可用螺栓连接，螺栓连接处的接触面应按现行国家规范《电气装置安装工程母线装置施工及验收规范》(GB 50149—2010) 的规定处理。

(2) 接地体（线）的焊接应采用搭接焊，其搭接长度必须符合下列规定：

1) 扁钢为其宽度的2倍（且至少3个棱边焊接）；

2) 圆钢为其直径的6倍；

3) 圆钢与扁钢连接时其长度为圆钢直径的6倍；

4) 扁钢与钢管、扁钢与角钢焊接时，为了连接可靠，除应在其接触部位两侧进行焊接外，并应焊以由钢带弯成的弧形（或直角形）卡子或直接由钢带本身弯成弧形（或直角形）与钢管（或角钢）焊接。

避雷针（线带网）的接地：

(1) 避雷针（线带网）的接地除应符合本章上述有关规定外尚应遵守下列规定：

1) 避雷针（带）与引下线之间的连接应采用焊接；

2) 避雷针（带）的引下线及接地装置使用的紧固件均应使用镀锌制品，当采用没有镀锌的地脚螺栓时应采取防腐措施；

3) 建筑物上的防雷设施采用多根引下线时宜在各引下线距地面的1.5~1.8m处设置断接卡，断接卡应加保护措施；

4) 装有避雷针的金属筒体当其厚度不小于4mm时可作避雷针的引下线，筒体底部应有两处与接地体对称连接；

5) 独立避雷针及其接地装置与道路或建筑物的出入口等的距离应大于3m，当小于3m时应采取均压措施或铺设卵石或沥青地面；

6) 独立避雷针（线）应设置独立的集中接地装置，当有困难时该接地装置可与接地网连接，但避雷针与主接地网的地下连接点至35kV及以下设备与主接地网的地下连接点沿接地体的长度不得小于15m；

7) 独立避雷针的接地装置与接地网的地中距离不应小于3m；

8）配电装置的架构或屋顶上的避雷针应与接地网连接并应在其附近装设集中接地装置。

（2）建筑物上的避雷针或防雷金属网应和建筑物顶部的其他金属物体连接成一个整体。

（3）装有避雷针和避雷线的构架上的照明灯电源线，必须采用带金属护层的电缆或导线、电缆穿入金属管，金属护层或金属管必须直接埋入土壤中在10m以上，方可与配电装置的接地网相连，电源线才可接入低压配电装置。

（4）发电厂和变电所的架空避雷线不应有接头。

（5）避雷针（网带）及其接地装置应采取自下而上的施工顺序，首先安装集中接地装置后安装引下线最后安装接闪器。

携带式和移动式电气设备的接地：

（1）携带式电气设备应用专用芯线接地，严禁利用其他用电设备的零线接地，零线和接地线应分别与接地装置相连接。

（2）携带式电气设备的接地线应采用软铜绞线，其截面不小于1.5$mm^2$。

（3）由固定电源或移动式发电设备供电的移动机械，其金属外壳应使用金属线与供电电源的接地装置连接。在中性点不接地系统中，应在机械附近装设接地装置以代替敷设接地线或利用附近的自然接地体。

（4）移动式电气设备和机械的接地应符合固定式电气设备接地的规定，但下列情况可不接地：

1）移动式机械自用的发电设备直接放在机械的同一金属框架上又不供给其他设备用电；

2）当机械由专用的移动式发电设备供电机械数量不超过2台，机械距移动式发电设备不超过50m，且发电设备和机械的外壳之间有可靠的金属连接。

电气设备的接地电阻阻值：

（1）100kVA及以上变压器（发电机）不大于4Ω。

（2）100kVA及以上变压器供电线路的重复接地不大于10Ω。

（3）100kVA以下变压器（发电机）不大于10Ω。

（4）100kVA及以上变压器供电线路的重复接地不大于30Ω。

（5）高低压电气设备的联合接地不大于4Ω。

（6）电流、电压互感器二次绕组接地不大于10Ω。

（7）低压电力设备接地装置不大于4Ω。

（8）电气试验设备接地不大于4Ω。

（9）装在变电所与母线连接的避雷器接地不大于10Ω。

（10）3~10kV配、变电所高低压公用接地装置不大于4Ω。

（11）3～10kV 线路在居民区的水泥电杆接地装置不大于 30Ω。

## 五、日常运行与维护检修

### （一）变压器的日常运行与维护检修

变压器完好的标准：

（1）主体结构完整、零附件齐全。

（2）外壳上的铭牌完好。

按规定装设瓦斯继电器、油枕、温度计、吸湿器、油位计、冷却系统、防爆筒、油再生装置及接地线，并完好适用。

外观整洁、瓷件完整、无渗漏，一、二次附属设备灵活好用，保护装置齐全可靠。

变压器检测试验项目：

（1）停运的变压器在恢复送电时，必须进行清扫、检查、绝缘电阻试验。停运期超过 6 个月，须按检查后监定项目做实验。

（2）变压器绝缘电阻测量：

1）测量绝缘电阻应使用电压 2500V 的兆欧表；

2）运行中的变压器在气温 5℃以上的干燥天气（湿度不超过 85%）进行；

3）测量绝缘电阻时，必须测量变压器温度，封闭式变压器无测量孔，测温部位变压器中上部背阴处，参见表 5-35。

**表 5-35　10kV 及以下变压器绝缘电阻容许值（MΩ）**

| 温度（℃）<br>测量项 | 10 | 20 | 30 | 40 | 50 | 60 | 70 | 80 |
|---|---|---|---|---|---|---|---|---|
| 一次对二次及地 | 450 | 300 | 200 | 130 | 90 | 60 | 40 | 25 |
| 二次对地 | 40 | 20 | 10 | 5 | 3 | 2 | 1 | 1 |

新变压器投入运行前的绝缘电阻值，应不低于制造厂所测量的 70%（换算到同一温度）。运行中变压器的绝缘电阻值（换算为相同的温度）应不低于初温值的 50%，参见表 5-36。

**表 5-36　绝缘电阻换算系数**

| 温度差（℃） | 5 | 10 | 15 | 20 | 25 | 30 | 35 | 40 | 50 |
|---|---|---|---|---|---|---|---|---|---|
| 换算系数 | 1.2 | 1.5 | 1.8 | 2.3 | 2.8 | 3.4 | 4.1 | 5.25 | 7.6 |

油浸式配电变压器过负荷允许时间的规定，可按表 5-37。

**表 5-37　油浸式配电变压器过负荷允许时间**

| 过负载倍数 | 过负载前上层油的温升为下列数值时的允许过负载持续时间（h） | | | | | |
|---|---|---|---|---|---|---|
| | 18℃ | 24℃ | 30℃ | 36℃ | 42℃ | 48℃ |
| 1.05 | 5.83 | 5.42 | 4.83 | 4.67 | 3 | 1.5 |
| 1.10 | 3.83 | 3.42 | 2.83 | 2.17 | 1.42 | 0.17 |
| 1.15 | 2.83 | 2.42 | 1.83 | 1.33 | 0.58 | — |
| 1.20 | 2.83 | 1.67 | 1.25 | 0.75 | — | — |
| 1.25 | 1.58 | 1.25 | 0.83 | 0.42 | — | — |
| 1.30 | 1.17 | 0.83 | 0.5 | — | — | — |

变压器一、二次熔丝选择的规定：

（1）100kVA 及以下、10kVA 以上变压器高压侧熔丝，应按变压器额定电流的 2～3 倍选用，不足 5A 的选用 5A 熔丝；100kVA 以上变压器按变压器额定电流 1.5～2 倍左右选用。

（2）变压器低压侧熔丝（片）按低压侧额定电流选择。

（3）多台变压器共有一组跌落式开关时，其熔丝的额定电流应按变压器综合容量的 1.0～1.5 倍选用。

（4）单台电动机的专用变压器，考虑启动电流影响，二次熔丝额定电流可增大 30%。

（5）熔丝（片）不得用其他金属丝代替，可按表 5-38 采用。

**表 5-38　三相变压器二次侧熔丝选择参考**

| 额定容量（kVA） | 熔丝额定电流（A） | | | |
|---|---|---|---|---|
| | 10kV | 6kV | 3kV | 400V |
| 50 | 5 | 10 | 20 | 75 |
| 80 | 10 | 15 | 30 | 120 |
| 100 | 15 | 20 | 30 | 150 |
| 125 | 15 | 20 | 35 | 180（200） |
| 160 | 15 | 25 | 40 | 230（250） |
| 180 | 15 | 25 | 50 | 250（300） |
| 250 | 25 | 35 | 60 | 300 |
| 315 | 30 | 40 | 75 | 350（400） |

注：括号内数字为变压器过载运行时（不超过允许时间）用的熔片。

变压器油质量及其他的简易鉴定：

（1）油的颜色：新油一般为浅黄色，氧化后颜色变深。新油呈深暗色是不允许的，运行中的油颜色迅速变暗，不表示油变坏。

（2）透明度：新油在玻璃瓶中是透明的，油带有银紫色的荧光，如果失去荧光和透明度，说明有机械杂质和游离碳。

（3）气味：变压器油应没有味道或带有一点煤油味，如有别的气味说明油质变坏。

（4）对于运行的变压器，上层油温不得超过允许值，油位在规定监视线内，为了防止油质劣化规定上层油温不得超过95℃，而在正常情况下，为使绝缘油不致迅速氧化，上层油温不得超过85℃。对于采用强迫水冷和风冷变压器，上层油温不宜经常超过75℃。

（5）声音：对于正常运行的变压器，变压器铁芯，发出的应该是"嗡嗡"的均匀声音，当有其他杂声时，就应认真查找原因。

（6）变压器一、二次引出线及其节点符合标准，温度不得超过70℃。

（7）变压器的接地电阻应符合要求，对于100kVA以上的变压器，接地电阻小于4Ω，而100kVA以下的变压器接地电阻小于10Ω。

两台或多台变压器并联运行应满足以下条件：

（1）变压器的接线组别相同。

（2）变压器的变比相同（允许有±0.5%的差值）。

（3）变压器短路电压相同（允许有±10%的差值）除满足以上三个条件外，对于并联运行的变压器的容量比一般不宜超过3∶1。

### （二）电动机的日常运行与维护检修

电动机的完好标准：

（1）绝缘电阻在热状态下每千伏不小于1MΩ。

（2）电流在额定电流范围内，最大电流不得超过电流的10%。

（3）定子、转子和轴承温升不得超过下列数值：A级绝缘60℃，E级绝缘65℃，B级绝缘75℃，F级绝缘85℃，H级绝缘95℃，滑动轴承65℃，滚动轴承75℃。

（4）滑环、整流子无火花运行。

（5）各部振幅及轴向窜动不大于规定值。

（6）构件无损，附件齐全。

电动机的使用方法：

（1）电动机的使用：

1）电源电压：应与电动机额定电压一致，启动电压波动允许值10%；

2）工作电流：应略低于电动机额定电流的20%。

（2）电动机的启动：

1）直接启动，电动机容量低于变压器容量的20%的鼠笼电动机，可采用直接启动，启动电流为额定电流的6~7倍；

2）降压启动。降压启动技术数据参见表5-39。

**表5-39　降压启动技术数据**

| 启动方式 | 启动转矩/额定转矩（N·m） | 启动电流/额定电流（A） |
|---|---|---|
| Y-△ | 0.27~1 | 2~1.67 |
| 自耦变压器 | 0.37~0.96 | 1.75~4.5 |

（3）绕线型电动机启动：

1）频敏变阻器启动，启动电流为额定电流的2.5~3倍，启动设备简单，可实现电动机平稳无级启动；

2）启动电阻器启动，启动电流为额定电流的2倍，启动转矩大。

电动机的保护：

（1）短路保护：每台电动机装设单独的短路保护；

（2）熔断器的熔体选择：熔体额定电流 $I_{er} > I_{ed}/a$（$I_{ed}$ 为电动机的额定电流，$a$ 为熔体计算系数，见表5-40）。

**表5-40　熔体计算系数 *a* 选择表**

| 熔断器型号 | 重载启动 | 轻载启动 |
|---|---|---|
| RTO | 0.28~0.45 | 0.3~0.6 |
| RMI | 0.3~0.45 | 0.4~0.5 |
| RLI | 0.3~0.38 | 0.38~0.45 |
| RC | 0.35 | 0.38 |

（3）自动开关的选择：自动开关瞬时电流脱扣器整定电流（$I_{zol}$）计算见式(5-3)。

$$I_{zol} = KI_{gd} \tag{5-3}$$

式中　$K$——自动开关计算系数，低返回系数继电器采用1.7~2；

$I_{gd}$——电动机启动电流。

（4）过载保护：热继电器电流整定值为（0.95~1.05）$I_{ed}$。

（5）断相保护：选用带有断相保护的三相热继电器。

电刷的更换与火花鉴别：

（1）电刷磨损后，应按规定进行更换。形状、牌号应和原炭刷一致。

（2）电刷更换后，一定要将电刷和滑环（换向器）的接触面用0号玻璃纸磨好，不能使用金刚纱布。

（三）电缆选择的基本原则

电力电缆一般选用塑料电缆，交联电缆或橡套电缆。直埋敷设或在井筒、井巷中安装的电缆，一般选用钢带铠装或钢丝铠装阻燃电缆。经常移动的设备的供电电缆，一般选用重型橡套电缆，控制电缆采用铜芯，电力电缆一般采用铝芯，但发电机、同步发电机、直流电机的励磁回路宜采用铜芯。

## 第七节　设备安全技术与安全操作

### 一、总述

设备的配置和操作须符合《金属非金属矿山安全规程》(GB 16423—2006) 和《选矿安全规程》(GB 18152—2000) 的规定。

新工人进厂（矿）应首先进行安全教育，经考试合格后，由熟练工人带领工作至少四个月，熟悉本工种操作技术并经考核合格，方可独立工作；调换工种或脱离本岗位半年以上的人员，应重新进行岗位安全技术教育；采用新工艺、新技术、新设备时，应对有关人员进行专门培训；特种作业人员，须取得操作资格证书或执照，方可上岗。

入厂（矿）人员，应按规定穿戴劳动防护用品，上班前不应饮酒或服用麻醉性药物，当班期间不应擅自离岗、换岗、脱岗。

设备的开关和操作箱，应设在设备附近便于操作的位置；相互联系的设备开关和操作箱，宜集中放置；主要设备电机的安装高度，应便于操作人员检查、维护，如难以满足，应设局部操作平台；设备裸露的转动部分，应设防护罩或防护屏，防护罩、防护屏应分别符合《机械设备防护罩安全要求》(GB 8196—1987)、《防护屏安全要求》(GB 8197—1987) 的要求。

厂房应有足够的、供设备（部件）装配和检修用的场地，根据检修部件的各种装卸方向、部件的大小和位置确定合理的检修空间，在检修空间范围内不应设置其他设备和构筑物。

在光线不足的场所或夜间进行检修，应有足够的照明；多层作业或危险作业，应有专人监护，并采取防护措施；进行高处作业（包括45°以上的斜坡），应系安全带；浇灌锌合金时，现场不应有水，浇注件应干燥并预热到 80～120℃，雨天不应在露天浇灌；遇到 6 级以上大风时，不应进行露天高处作业。

应定期检查、维护和清扫栏杆、平台和走梯；检修设备的同时应检修安全装置和除尘设备，检修后应立即重新安装好，不得随意弃置。

检修场地的梁板荷载，应按满荷载考虑；整体装配重型设备有可能出现集中荷载时，应采取加固措施；用建筑物作为起吊搬运重物的承力点时，必须符合建筑结构允许的负荷量。

在2m以上高空作业及跳板、栏杆和安全设施不完全的场地工作时，必须扎好安全带，双层作业必须有安全隔板；高空作业（或竖井井筒中）使用的工具要放在工具袋中。

设备大、中修后，应经厂（车间）主管设备负责人、主管安全负责人和设备使用者验收，不合格的应返修。

矿山企业的要害岗位、重要设备和设施及危险区域，应根据其可能出现的事故模式，设置相应的、符合《矿山安全标志》(GB 14161—2008）要求的安全警示标志。未经主管部门许可，不应任意拆除或移动安全警示标志。

## 二、通用规程

设备安全操作通用规程：

（1）操作人员应了解设备的构造，熟悉设备的性能，掌握设备操作程序；在操作前，应对设备各部位进行全面、系统的检查，查看润滑油油位、油色是否正常，冷却水是否供给，压力如何，确认无误后，方可进行操作。

（2）旋转的设备操作前，应注意察看设备周围有无障碍物，并将自己的工作服袖口扣住，女工的发辫要盘在工作帽内，以防止设备对人员造成伤害，对他物造成损坏；液压设备操作前应仔细检查油位、油压是否正常。

（3）设备启动和停机须按规定的先后顺序操作各按钮或手柄，操作和运行过程中，应注意观察各种检测仪表（电流、电压、温度压力、流量和速度等）的变化情况，观察（检查）设备各部的运行情况，监听设备各部声音，发现异常情况，立即采取相应措施。

（4）按设备维护保养技术规范对设备进行清洁、润滑和调整，对工作环境进行清洁和整理，将设备运行情况记入其运行记录。

## 三、竖井安全规程

竖井安全规程：

（1）竖井与各中段的连接处，须设置阻车器，应有足够的照明和设置高度不低于1.5m的栅栏或金属网，进出口设栅栏门；栅栏门只准在通过人员或车辆时打开；井筒与水平大巷连接处，应设绕道，人员不得通过提升间。

（2）在交接班、人员上下井时间内，非计算机控制的提升机，应由正司机开车，副司机在场监护；每班升降人员之前，应先对卷扬钢丝绳用探测仪器进行一次探测，确保钢丝绳安全，再开一次空车，检查提升机的运转情况，并将检查结果记录存档（连续运转时，可不受此限）。

(3) 发生故障时，司机应立即停车并向矿（坑）机电部门和调度报告，并应记录停车时间、故障原因、修复时间和所采取的措施。

(4) 人员站在空提升容器的顶盖上检修、检查井筒时，应在保护伞下作业；应佩带安全带，安全带应牢固地绑在提升钢丝绳上；容器上应设专用信号联系装置；井口及各中段马头门，应设专人警戒，不应下坠任何物品，提升容器升降速度应不超过0.3m/s。

(5) 维修竖井，应编制施工组织方案，在坚固的平台上作业，平台上应有保护设施和联络信号，工作平台与中段平巷之间应有可靠的通信联络方式；作业人员应系好安全带；作业前，应将各中段马头门、罐道梁及井框上的浮石清理干净，各中段的马头门应设专人看管。

## 四、维修钳工（井下）安全操作规程

维修钳工（井下）安全操作规程：

(1) 维修钳工下井作业前须认真检查所使用的工具和工作位置是否安全；修理与电气有关设备时，应先与电气人员联系，切断电源，并在开关上挂上警示牌；操作电钻时，应检查电钻是否漏电，地线是否接地，以免发生触电事故。

(2) 手锤柄需加楔，检查锤头、锤柄是否牢固；打大锤时禁止戴手套，手锤不可当垫锤，也不可将其他工具当手锤用。

(3) 使用套筒扳手紧螺丝时，不得用套管加力；用梅花扳手拧螺丝时，应用与螺丝型号相等的扳手，以免损坏机件和扳手；拧紧元宝螺丝时，不可用工具，要用手并不能用力过猛。

(4) 锉刀、刮刀应有柄，使用时不要用力过猛；老虎钳把柄不可用锤打，应用手紧虎钳，以防损坏。

(5) 拆卸修理机械设备时，必须按拆卸程序进行，有条理放置零部件，并做记录。

## 五、电气焊工（井下）安全操作规程

电焊安全操作规程：

(1) 焊工必须懂得电器基本知识，经考试合格后方允许单独操作，无证或非电焊人员不得进行操作。电焊设备必须有安全接地装置，电焊钳应有可靠的绝缘保护，严禁使用绝缘不好的电焊钳，以免发生触电事故。

(2) 电焊工必须使用带有护目玻璃的面罩，设备的安装、修理和检查必须由专业人员进行。

(3) 严禁在储存易燃、易爆物品的周围，或带有压力的容器上焊接；严禁在密封容器内焊接，以免发生中毒或爆炸事故。

（4）在超过2m以上的地方工作时，要系符合防火要求的安全带。

气焊与气割操作规程：

（1）焊、割炬在使用前，应检查皮管与割炬的连接处，是否有漏气现象，焊割嘴是否有堵塞现象。

（2）氧气瓶在搬运时，必须将瓶口上的保护帽装好；使用时，氧气瓶口严禁有油脂，气瓶使用时不可将瓶内气体全部用完，至少要保留98～196kPa气压；使用后要妥善安放，避免撞击、震动，夏季在露天工作时须避免直接暴晒。

（3）乙炔瓶在工作时要直立放置，严禁卧放；气焊、气割结束后，应先关闭乙炔，后关闭氧气，再将氧气管和乙炔管内余气放完，然后在各自（乙炔瓶和氧气瓶不能混放在一起）位置摆放整齐，方可离开现场。

（4）在2m以上高空进行电焊、气割时，要系符合防火要求的安全带。

（5）在工作过程中，乙炔瓶和氧气瓶要有一定的安全距离（相距5m以上）。

# 附录 矿山生产技术管理相关标准名录

GB/T 17766—1999《固体矿产资源/储量分类》
DZ/T 0033—2002《固体矿产勘查 矿山闭坑地质报告编写规范》
GB/T 18341—2001《地质矿产勘查测量规范》
DZ/T 0205—2002《岩金矿地质勘查规范》
DZ/T 0214—2002《铜、铅、锌、银、镍、钼矿地质勘查规范》
DZ/T 0130—2006《地质矿产实验室测试质量管理规范》
GB/T 20899—2007《金矿石化学分析方法》
DZ/T 0079—1993《固体矿产勘查 地质资料综合整理、综合研究规定》
GB 50026—2007《工程测量规范》
GB 16423—2006《金属非金属矿山安全规程》
GB 6722—2011《爆破安全规程》
GBJ 213—1990《矿山井巷工程施工及验收规范》
GB 18152—2000《选矿安全规程》
GB 50231—2009《机械设备安装工程施工及验收通用规范》
GB 50275—2010《压缩机、风机、泵安装工程施工及验收规范》
GB 50377—2006《选矿机械设备工程安装验收规范》
GB 50276—2010《破碎、粉磨设备安装工程施工及验收规范》
GB 50278—2010《起重设备安装工程施工及验收规范》
GBJ 204—1983《钢筋混凝土工程施工及验收规范》
GB 50300—2001《建筑工程施工质量验收统一标准》
GB 50303—2002《建筑电气工程施工质量验收规范》
GB 50149—2010《电气装置安装工程母线装置施工及验收规范》
《企业会计准则》(2006)中华人民共和国财政部第 33 号 2006 年 2 月 15 日

# 参 考 文 献

[1] 张宝仁等编著. 黄金矿山地质学[M]. 北京：中国建材工业出版社，1997.
[2] 李守义等编. 矿产勘查学[M]. 北京：地质出版社，2003.
[3] 杨云保等主编. 固体矿产勘查技术[M]. 北京：地质出版社，2007.
[4] 刘玉强等主编. 固体矿产地质勘查、资源储量报告编制文件及规范解读[M]. 北京：地质出版社，2007.
[5] 张正禄主编. 工程测量学[M]. 武汉：武汉大学出版社，2005.
[6]《采矿设计手册》编辑委员会. 采矿设计手册[M]. 北京：中国建筑工业出版社，1986.
[7]《岩金露天矿山实用手册》编写组. 岩金露天矿山实用手册[M]. 北京：中国工人出版社，1990.
[8] 焦玉书主编. 金属矿床露天开采[M]. 北京：冶金工业出版社，1995.
[9] 戴俊主编. 爆破工程[M]. 北京：机械工业出版社，2007.
[10] 李俊平主编. 采空区处理的理论与实践[M]. 北京：冶金工业出版社，2012.
[11] 李培铮主编. 金银生产加工技术手册[M]. 长沙：中南大学出版社，2003.
[12] 王俊等主编. 炭浆提金工艺与实践[M]. 北京：冶金工业出版社，2000.
[13] 于春梅主编. 选矿原理与工艺[M]. 北京：冶金工业出版社，2008.
[14] 李建勇主编. 机电一体化技术[M]. 北京：科学出版社，2004.
[15] 王运敏主编. 中国采矿设备手册[M]. 北京：科学出版社，2007.
[16] 李葆文主编. 简明现代设备管理手册[M]. 北京：机械工业出版社，2005.